Für Ulla,

Viel Spaß

beim Lesen!

20. Januar 2020

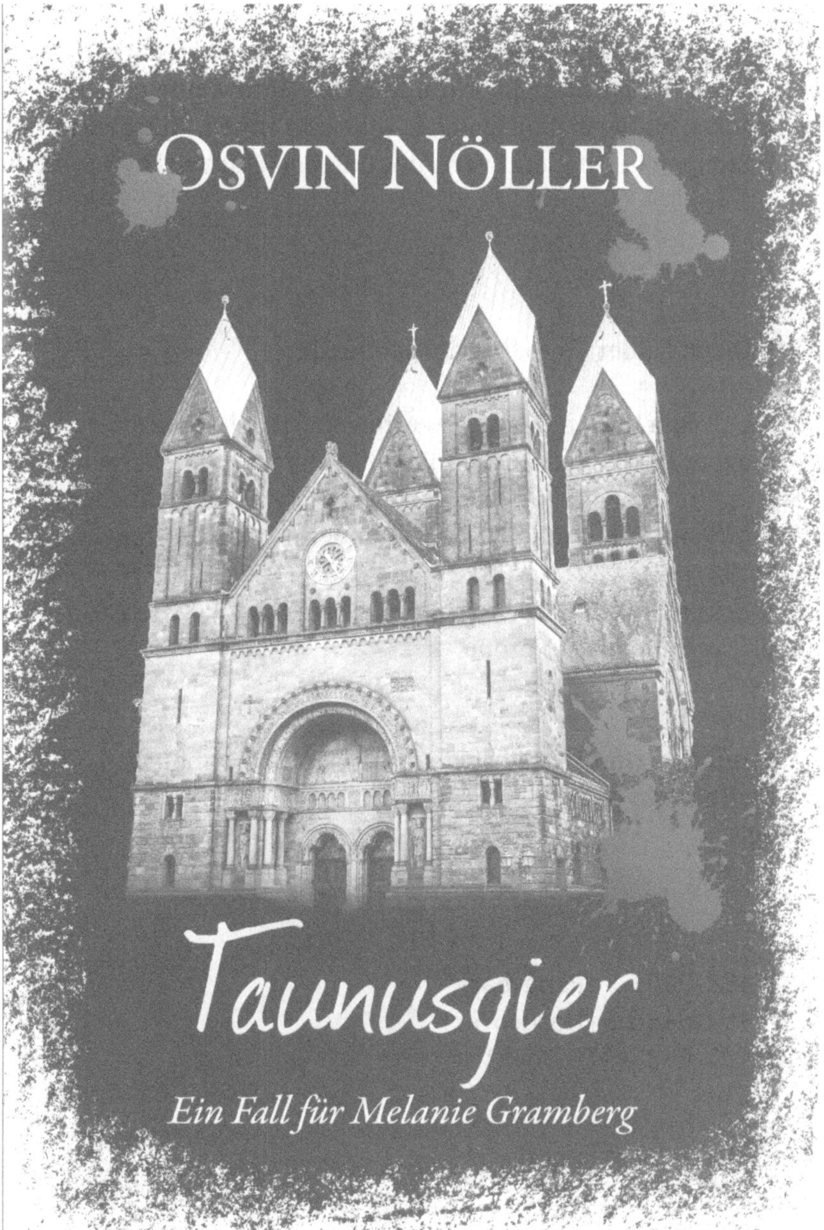
Osvin Nöller
Taunusgier
Ein Fall für Melanie Gramberg

Lektorat: Ursula Hahnenberg · www.buechermacherei.de
Satz & Layout/E-Book: Gabi Schmid· www.buechermacherei.de
Covergestaltung: smartline werbeagentur · www. smartline.info
Fotos/Grafiken: Fotostudio Hawlitzki · www.fotostudio-hawlitzki.de; #40879994, #43442311, #83127590, #179270296, #256200474 | AdobeStock; #266276900 – Urheber: Laura Crazy; #181321614 – Urheber: sehbaer_nrw | Fotolia

Verlag: tredition GmbH, Halenreie 40-44, 22359 Hamburg
www.tredition.de
1. Auflage

978-3-7497-0485-9 (Paperback)
978-3-7497-0486-6 (Hardcover)
978-3-7497-0487-3 (e-Book)

14. April

Melanie trat aufs Bremspedal, wich im letzten Moment einem links auftauchenden Stadtbus aus, um sofort wieder Vollgas zu geben. Der Audi A6 schoss mit einem Satz voran, die Tachonadel zitterte zwischen achtzig und hundert Stundenkilometern. Der Lärm des Sondersignals tötete jedes Bedürfnis, ein Gespräch zu führen.

Die Knöchel ihrer Hände, die das Lenkrad umklammerten, grenzten sich weiß von der übrigen Haut ab. Sie begann, die Einsatzfahrt trotz des zunehmenden Straßenverkehrs und der nass schimmernden Fahrbahndecke zu genießen. Dennoch fluchte sie ab und zu, wenn ein Fahrer das dunkle Zivilfahrzeug zu spät bemerkte oder schlichtweg ignorierte. Lenken, bremsen, den Fuß erneut aufs Gaspedal pressen, die Routine ließ sie wie ferngesteuert handeln.

In ein paar Minuten würden sie den Einsatzort erreichen. Ihr Blick wanderte zum Rückspiegel. Die Kollegen Holger Liebig und Fred Spiegel hielten die oberhalb der Türen angebrachten Haltegriffe fest und wirkten völlig gelassen. Sie hatten ihre Sturmhauben übergezogen, Helme und vier Maschinenpistolen lagen neben ihnen. Auf dem Beifahrersitz saß Erik, Melanies Partner und Lebensgefährte. Seine Finger flogen über das Display des Smartphones, die Haube steckte im Schutzhelm, den er zwischen den Füßen eingeklemmt hatte.

Melanie durchfuhr es wie bei einem Stromstoß, als der Wagen in einer langen Linkskurve ausbrach. Sie ging kurz vom Gas, tippte das Bremspedal an, lenkte gegen und beschleunigte erneut. Der Audi schleuderte, fand aber zurück in die Spur.

„Scheiße!“ Eriks Stimme. „Mein Handy liegt im Fußraum! Kannst du nicht anständig fahren?“, zischte er ihr zu, öffnete den Sicherheitsgurt und tauchte ab.

Sie amüsierte sich. Erik hing mit dem Kopf abwärts, Rumpf und Beine befanden sich irgendwo zwischen Fußmatte und Seitenfenster. Die plötzlich auftauchende Bewegung vor dem Wagen ahnte Melanie mehr, als sie sie erkannte. Für den Bruchteil einer Sekunde war sie wie gelähmt. Auf dem Bürgersteig tanzte ein Mädchen mit Kopfhörern auf den Ohren in Richtung eines Zebrastreifens, der wenige Meter vor ihnen über die Straße führte. Die Erstarrung löste sich schlagartig, Melanie stieg mit ihrem gesamten Gewicht aufs Bremspedal, lenkte gleichzeitig blitzartig gegen die Laufrichtung der Kleinen. Das erschrockene, kindliche Gesicht verschwamm und verwandelte sich in Eriks, der Melanie anlächelte. Nein, er schien sie zu verhöhnen!

***

Melanies Herz raste, der Schlafanzug klebte am Körper, als sie langsam aus dem Bett kroch. Sie griff nach einem Umhang, den sie am Abend auf den Stuhl gelegt hatte, als habe sie den Traum erwartet. Der Digitalwecker auf dem Nachttisch zeigte 2:13 Uhr. Sie schlurfte in die Küche, öffnete die Kühlschranktür und nahm sich eine Flasche Almdudler. Es war die Vorletzte, sie musste daran denken, das Fach aufzufüllen. Sie entfernte den Deckel mit dem am Kühlschrank befestigten Flaschenöffner und trank die Kräuterlimonade in einem Zug aus.

Ihre Gedanken rotierten wie in einem Karussell. Immer wieder tauchten Fetzen der Traumszene auf. Wie sehr hatte sie gehofft, die Albträume hinter sich gelassen zu haben. Dr. Randke hatte ihr bei der abschließenden Sitzung vor ziemlich genau drei Monaten doch Hoffnung gemacht! Leider hatte er sich wohl geirrt. Das ganze Elend war zurück.

Erik und sie hatten heiraten wollen. Der Termin hatte bereits festgestanden. Es hätte einer ihrer letzten gemeinsamen Einsätze sein sollen, da er in ein anderes Team versetzt werden sollte. Als Ehepaar wäre eine dermaßen enge Zusammenarbeit unmöglich gewesen. Sie seufzte und schlurfte ins Wohnzimmer, dessen Möbel vom Stil her völlig unterschiedlich waren, aber dennoch zusammenpassten. Melanie nahm den Laptop und einen schmalen Schnellhefter vom Schreibtisch und trug beides auf den winzigen Balkon, den ein Strandkorb fast ausfüllte. Die umliegenden Häuser im Hamburger Schanzenviertel lagen wie ausgestorben vor ihr, nur eine getigerte Katze schlich auf der Straße umher.

Melanie ließ sich in den Korb fallen, legte die nackten Füße aufs Balkongeländer und öffnete den Computer auf ihrem Schoß. Sie fröstelte einen Moment, doch die für April deutlich zu milde Nachtluft hielt sie im Schlafanzug und mit dem Umhang problemlos aus. Die Datei mit dem angefangenen Abschlussbericht zu ihrem letzten Auftrag erschien auf dem Bildschirm. Es ging um eine Beobachtung, die sie für einen Ehemann durchgeführt hatte, der vermutete, dass seine Frau ihm untreu war. Die werte Dame vergnügte sich tatsächlich regelmäßig mit einem Arbeitskollegen.

Sie überflog ihre Notizen und las sich den bisherigen Bericht durch. Dann überarbeitete sie einen Abschnitt und korrigierte ein paar Schreibfehler, bevor sie ihre Finger über die Tastatur tanzen ließ und den Text fertig schrieb. Die letzten Zeilen fielen ihr zunehmend schwer, ihre Augen drohten zuzufallen und sie musste sich zwingen, zu Ende zu schreiben. Schließlich schaltete sie den PC aus und schlief sofort ein.

***

>

„Verflucht!“, entfuhr es ihr, als Sonnenstrahlen sie weckten. 8:44 Uhr! Eigentlich war es nicht schlimm, verschlafen zu haben, sie hatte keine Termine und ihre Wohnung lag direkt unter ihrem Büro. Dennoch schoss sie hoch und konnte gerade noch verhindern, dass der Computer in hohem Bogen über das Geländer flog. Der Tag fing ja prima an!

Nach einer Kurzdusche verzichtete sie wie fast immer auf Make-up und schlüpfte in ihre Lieblingsjeans und eine Bluse. Den Kaffee stürzte sie im Stehen hinunter und bereute dies, als der Gaumen schmerzhaft zu bitzeln begann. Sie hasste es, wenn der Tag hektisch startete, und ärgerte sich vor allem, weil es an dem blöden Traum lag.

Endlich schnappte sie sich Laptop und Schnellhefter, glitt in ihre braunen, abgewetzten Sneakers und zog beim Verlassen der Wohnung die Tür ins Schloss. Sie stieg die Holztreppe hoch und stutzte, als sie den Treppenabsatz vor ihrem Büro erreichte. Auf den Stufen zur oberen Etage saß ein ihr unbekannter Mann, der aufsprang.

„Guten Morgen, Frau Gramberg, nehme ich an.“

Wer denn sonst? Er wartete schließlich vor dem Eingang mit der Aufschrift *Detektei Melanie Gramberg*.

Sie musterte ihn. „Moin, mit wem habe ich das Vergnügen?“ Er war in etwa so groß wie sie selbst, Mitte vierzig, wirkte gepflegt und trug das gewellte, blonde Haar kurz geschnitten. Seinen Anzug gab es sicherlich nicht von der Stange.

„Pascal Wolter.“ Er hielt ihr die Hand entgegen, die sie zögernd ergriff. Sein Händedruck war fest und angenehm.

Melanie schloss die Bürotür auf und schaltete die Beleuchtung an. „Folgen Sie mir bitte.“

Sie ging geradeaus auf eine Glastür zu, die sie aufstieß. Mit einer Handbewegung bedeutete sie dem Besucher, einzutreten. Sie zeigte auf eine Sitzgruppe mit vier Holzstühlen, die sie auf einem Flohmarkt gefunden hatte.

Wolters Blick schweifte durch den Raum. Seine Mimik sprach Bände.

Melanie deutete auf einen Sekretär und den zwei Meter breiten Schreibtisch. „Die Möbel sind Erbstücke meiner Großeltern. Bisschen renovierungsbedürftig, dafür antik und von ideellem Wert." Warum rechtfertigte sie sich für ihre Einrichtung?

Wolter nickte wie gedankenverloren. Sein Blick blieb an einem weißen Ikea-Regal mit unzähligen Ordnern und Büchern hängen. Er runzelte kurz die Stirn und setzte sich.

„Kaffee, Tee, Wasser?" Sie überlegte, ob er auf sie sympathisch wirkte.

„Nein, danke." Er sah sie an und lächelte. „Ich habe Sie mir älter vorgestellt."

„Aha." Der Kerl bewarb sich unverblümt um das Prädikat eines aufgeblasenen Fatzkes.

„Weshalb?" Melanie legte den Laptop auf die Arbeitsplatte, den Hefter daneben und nahm ihm gegenüber Platz.

„Nur so, dachte, Sie wären eher um die fünfzig. Man hat Sie mir als besonders erfahren beschrieben." Er stockte, als würde ihm in diesem Augenblick bewusst, wie unhöflich er sich verhielt. „Sorry, wollte nicht ungehobelt wirken", schob er hastig nach.

Zu spät, Bürschchen, schoss es Melanie durch den Kopf.

„Ich benötige Ihre Hilfe." Wolter öffnete sein Jackett und entnahm der Innentasche eine schmale Mappe, die er vor ihr ablegte und glattstrich. „Sie sollen meinen Bruder finden. Es muss ihm etwas passiert sein!" Er deutete auf die Unterlagen. „Hier drin sind Informationen, die Ihnen einen Überblick geben können." Er griff in die Außentasche der Jacke und holte einen dicken Umschlag heraus. „Reichen 10.000 Euro als Vorschuss?"

Ein eiskalter Schauer überlief Melanie. Sie glaubte, sich verhört zu haben. Der Typ musste spinnen! „Sachte! Wie kommen Sie darauf, dass ihm was zugestoßen sein könnte? Wieso gehen Sie nicht zur Polizei?"

„Da war ich. Die glauben, er hält sich irgendwo bei bester Gesundheit auf. Aber Jan würde nie einfach abhauen. Gewöhnlich ruft er unsere Mutter mindestens zweimal pro Woche an. Wir haben seit drei Monaten nichts mehr von ihm gehört. Seine Freundin behauptet, er sei abgehauen, ohne ein Wort zu sagen."

„Aha. Von wo aus hat er sich zuletzt gemeldet? Wo lebt er?" Einerseits schien ihr Besucher besorgt, andererseits irritierte sie irgendetwas an dessen Auftreten.

„Er wohnte in Bad Homburg. Das ist eine Kurstadt im Taunus."

Sie nickte. „Ich kenne die Stadt. Ich habe mal ein Seminar in Frankfurt besucht und da übernachtet." Warum erzählte sie ihm das? Sie seufzte. „Herr Wolter, es tut mir leid, ich kann Ihren Auftrag nicht annehmen."

Er erstarrte und die Augen verengten sich zu schmalen Schlitzen.

„Ich bearbeite nur Fälle in Hamburg und Umgebung. Das Rhein-Main-Gebiet ist entschieden zu weit entfernt."

„Hören Sie bitte, Sie müssen ihn suchen!" Sein plötzliches Flehen war eine zusätzliche Facette, die den diffusen Auftritt immer rätselhafter erscheinen ließ. „Ist der Vorschuss zu niedrig? Sagen Sie mir Ihre Konditionen! Helfen Sie mir!"

Melanie überlegte. Das Geld reizte sie kolossal, da die Startmonate in der Selbstständigkeit alles andere als üppig verlaufen waren.

Ihr Besucher schien ihr Zögern zu bemerken. „Ich mache Ihnen einen Vorschlag." Er legte eine Visitenkarte auf den Tisch. „Denken Sie darüber nach und rufen Sie mich bis morgen Abend an. Ich möchte betonen, dass ich Sie unbedingt engagieren will! Wolfgang Schuldt hat gesagt, dass Sie die Beste für diesen Job sind!“ Er stand auf.

Ein erneuter Schauer überlief sie. Ausgerechnet Schuldt! „Woher kennen Sie ihn?“

„Er ist der Lebensgefährte meiner Mutter.“ An der Bürotür blieb er stehen. „Ich erwarte Ihren Anruf. Einen schönen Tag noch!“

Mit schnellen Schritten verließ Pascal Wolter das Büro.

//

Ein Jahr zuvor

„Vergiss es! Ich nehme die Kündigung nicht an!" Polizeidirektor Wolfgang Schuldt schob den Brief, den Melanie auf den Tisch gelegt hatte, zurück. Er deutete auf das Holster mit der Walther PPK, den Polizeiausweis und die Metallmarke, die daneben lagen.

„Nimm deinen Kram und geh zum Team. Sie erwarten ihre Leiterin bereits sehnsüchtig!"

Sie wunderte sich, wie beherrscht sie blieb, obwohl es in ihr brodelte wie in einem Topf mit kochendem Wasser. „Wolfgang, du verstehst mich anscheinend nicht! Das hier ist kein Jux! Es ist vorbei! Ich kann das nicht mehr. Nicht nachdem, was passiert ist! Mir stehen zweiundvierzig Tage Urlaub und der Ausgleich unzähliger Überstunden zu. Heute ist mein letzter Tag!" Sie gab sich Mühe, ihn anzufunkeln.

Die Blitze schienen anzukommen. „Mel, mir ist klar, dass du eine schwere Zeit hinter dir hast. Mir liegt aber eine blitzsaubere Dienstfähigkeitsbescheinigung vor, ausdrücklich für die Verwendung beim mobilen Einsatzkommando sowie als Führungskraft. Ich habe mir den Bericht zigmal durchgelesen. Er ist absolut perfekt! Nicht der kleinste Makel. Dr. Randke schwärmt geradezu von dir!" Er machte eine kurze Pause. „Wir brauchen dich!"

„Danke, das ehrt mich! Ist in der Realität dummerweise nicht so, wie es aussieht. Ich hab immerhin den Tod des Mannes verursacht, mit dem ich ein gemeinsames Leben verbringen wollte. Zudem hätte ich beinahe ein Kind totgefahren, weil ich unachtsam war. Ich habe die Regeln verletzt und dafür die schreckliche Quittung bekommen. Außerdem leide ich nach wie vor unter Albträumen." Sie holte Luft. „Okay, nicht mehr jede Nacht, sondern, wenn ich Glück hab, nur ein- bis zweimal im Monat. Was für ein Wahnsinnserfolg! Wolfgang, der Dienst im MEK ist keine Option! Ich wäre eine unberechenbare Gefahr für sämtliche Kollegen, die Vertrauen zu mir haben! Ein anderer Job kommt auch nicht in Frage. Da würde ich unglücklich werden. Versteh das doch." Sie erhob sich. „So, genug der Rede, akzeptiere die Kündigung. Ich geh zur Mannschaft und informiere sie." Es war, als sei eine unerträgliche Last von ihr abgefallen.

In Schuldts Miene spiegelte sich mit einem Mal Entsetzen. „Es ist dir tatsächlich ernst damit. Ist das dein letztes Wort?" Er sprang auf. „Du bist die Beste, die wir haben! Gehst immer voraus, zögerst nie. Warum gibst du auf? Das kann ich nicht glauben! Das Disziplinarverfahren wurde niedergeschlagen und die Klage von Eriks Eltern gegen dich abgewiesen. Du bist erst vierunddreißig und hast eine blendende Karriere vor dir. Weshalb willst du das alles wegschmeißen?"

„Das nennt man Vernunft, Wolfgang. Ich habe die Pflicht, euch, genauso wie mich, zu schützen." Sie streckte ihm die Hand entgegen. „Es würde mir viel bedeuten, wenn du bei meinem Abschiedsumtrunk dabei wärst!"

15. April

„Er hat deinen Namen von Schuldt?“ Fred Spiegel massierte den schwarzen Flaum auf seinem fast kahlen Schädel.

„Behauptete er. Wird schon stimmen. Warum sollte er das erfinden?“ Melanie sah sich um und atmete tief ein. Sie trank zwar keinen Alkohol, mochte aber den malzigen Geruch, der durch den Gastraum waberte.

Das Brauhaus Joh. Albrecht füllte sich allmählich, immer mehr Gäste passierten die Brücke über den angrenzenden Fleet und hielten auf den Eingang zu. Sie lächelte ihren Ex-Kollegen an. „Bevor ich es vergesse: Danke, dass du dir spontan Zeit genommen hast.“

„Wenn eine charmante Frau mich zum Mittagessen einlädt, lehne ich selten ab.“ Zwei dunkle Augen strahlten sie voller Wärme an.

Melanie wurde bewusst, dass er den letzten Kontakt zu ihrem früheren Umfeld darstellte, auch wenn sie sich nur alle paar Monate sahen. Irgendwie wurde es um sie immer einsamer, zumal sie selbst die bestehenden Freundschaften seit dem Unglück kaum pflegte.

„Passt zu Schuldt“, unterbrach er ihr Grübeln. „Er spricht nach wie vor von dir wie von einer Heiligen und nervt uns mit Lobgesängen über deine Fähigkeiten.“ Fred lachte. „Warum willst du den Auftrag nicht annehmen?“

Melanie zuckte mit den Schultern. „Habe bei dem Ganzen ein Störgefühl. Welcher seriöse Mensch schleppt Unsummen an Geld mit sich herum und bietet einer Privatdetektivin, die er vorher nie gesehen hat, einen derartigen Vorschuss an? Da ist was faul!“ Sie trank einen Schluck von der Kräuterlimonade.

Der Exkollege schüttelte sich theatralisch. „Gießt du die schreckliche Brühe immer noch literweise in dich rein?“ Unverhohlen musterte er sie. „Mir ist es schleierhaft, wie du dabei diese sensationelle Figur hältst."

„Fleißig Sport treiben, mein Lieber. Jeden Tag Schwimmen und dreimal die Woche Krafttraining." Sie nippte erneut am Glas und blickte Fred direkt an. „Jetzt lenk nicht ab. Was sagst du zu dem Typ?"

„Ich gebe zu, das Ganze klingt ein wenig ungewöhnlich. Falls Schuldt ihn tatsächlich schickt, ist er allerdings vermutlich in Ordnung." Er zögerte. „Wenn es deine Nerven beruhigt, kann ich ja in den Computer schauen, ob es etwas zu den Brüdern gibt." Er schob sich ein Stück Brezel in den Mund.

Melanie formte die Lippen zu einem angedeuteten Kuss. „Danke! Du bist ein Schatz!" Insgeheim hatte sie gehofft, dass er ihr diesen Gefallen anbieten würde, und zauberte einen Zettel mit den Kontaktdaten aus ihrer Jackentasche.

Der Polizist nickte. „Schön, dass Madame das endlich bemerken! Ich besitze weit mehr Qualitäten, als du denkst. Du müsstest sie nur kennenlernen wollen." Er zwinkerte ihr zu.

Melanie lachte und drohte ihm mit dem Zeigefinger. „Psst!" Sie trank den Rest ihrer Limonade aus und stellte sich einen Augenblick vor, mit ihm zusammen zu sein. Sie mochte Fred und hätte sich in einem anderen Leben, vor allem unter besseren Umständen, vielleicht in ihn verliebt. Er war allerdings Erik so unglaublich ähnlich. Wäre er nicht eine billige Ersatzlösung?

Sie verdrängte die Gedanken und wandte sich ihm erneut zu. „Es gibt noch einen Grund", erklärte sie. „Ich verspüre keinerlei Lust, wer weiß wie lange in einer langweiligen Kurstadt zu verbringen."

„Warum? Wird doch prima bezahlt. Wäre eine nette Abwechslung für dich. Du musst das nur mit deinen sonstigen Klienten vereinbaren können."

Melanie seufzte. „Sind gerade keine am Start. Den letzten Auftrag habe ich gestern abgerechnet."

Er breitete seine Hände aus. „Na also, worauf wartest du?"

Ihr Smartphone klingelte. Nach einem schnellen Blick auf das Display drückte sie den Anruf weg.

„Nichts Wichtiges?", erkundigte sich der Freund. „Geh ruhig dran."

Sie schüttelte den Kopf. „Meine Schwester. Die kommt wieder." Wie auf Kommando läutete ihr Telefon erneut. Melanie stieß den Atem aus und nahm das Gespräch an.

„Anja, es passt im Moment nicht. Ich ruf dich …"

Die Anruferin unterbrach sie. „Mel, Vater hatte einen Schlaganfall und liegt auf der Intensivstation im Mathilden-Hospital. Sieht übel aus. Ich glaube, du solltest kommen!"

***

Obwohl das Foyer weit und luftig war, waberte ein Geruch aus Krankheit und Desinfektion, durch die Halle. Melanie sah sich um und knetete ihre Hände, bis sie in einer Sitzecke Anja entdeckte, die aufsprang. Die kalkweiße Gesichtsfarbe bildete einen scharfen Kontrast zu ihren geröteten Augen.

„Super, dass du da bist", begrüßte sie Melanie. „War mir unschlüssig, ob du ihn überhaupt sehen willst." Sie zögerte. „Nach dem, was zwischen euch war."

Melanie verzog das Gesicht. „Mach dir keinen Kopf. Er bleibt ja unser Vater. Obwohl er das mir gegenüber in den letzten Jahren kaum gezeigt hat." Ihr Körper straffte sich. „Sag, wie schlimm ist es?"

„Ziemlich! Ich habe ihn heute im Bett gefunden. Er ist auf einer Seite gelähmt und außerstande zu sprechen. Bin nicht sicher, ob er alles wahrnimmt. Die Ärzte haben mir wenig Hoffnung gemacht. Vermutlich hab ich ihn zu spät entdeckt."

Anja schluchzte, worauf Melanie sie in den Arm nahm und ihr einen Kuss auf die Stirn drückte. Unwillkürlich wurde sie wieder zu der Beschützerin, die sie früher oft gewesen war.

Sie fuhren mit dem Lift zur Intensivstation. Anja lief zielstrebig voraus, um schließlich vor einer Tür zu stoppen.

„Mel, du darfst nicht erschrecken. Er sieht aus wie der Leibhaftige persönlich und sein Gesicht ist völlig verzerrt." Sie klopfte, öffnete die Tür und ließ Melanie den Vortritt.

Ulrich Gramberg lag in einem Einzelzimmer. Glücklicherweise hatte Anja sie gewarnt, denn von dem einst charismatischen Hanseaten war rein äußerlich nichts mehr übrig. Dort lag ein todgeweihtes Häufchen Elend mit aschfahler Haut, das an einen Tropf angeschlossen war und dessen letzte Lebenszeichen von rhythmisch blinkenden Geräten begleitet wurden. Zum Glück hatte man den akustischen Überwachungston abgeschaltet.

Melanies Kloß im Hals, der sich beim Betreten der Klinik gebildet hatte, schien ihr allmählich die Kehle zuzudrücken.

Seine schielenden Pupillen orientierten sich in ihre Richtung. Aus dem Augenwinkel registrierte sie, dass sein Pulsschlag sich rasant beschleunigte und die Anzeige bei 135 Schlägen einpendelte. Gramberg versuchte, zu sprechen, was in ein paar gurgelnden Geräuschen mündete.

„Papa, ich bin es. Mel."

Der Herzschlag näherte sich der Marke von 150. Anja war im Hintergrund geblieben, während Melanie einen Stuhl nahm und sich neben das Bett setzte. Vorsichtig ergriff sie die rechte Hand ihres Vaters und streichelte sie. Er beobachtete sie, wobei sein Puls unverändert galoppierte. Sie drehte den Kopf. „Würdest du uns einen Augenblick allein lassen?"

Anjas Blick fixierte Melanie. „Hältst du das für eine gute Idee?“

„Bitte!“

Anja verzog das Gesicht, wandte sich jedoch ab und verließ den Raum. Melanie blickte ihrem Vater direkt in die Augen. „Es tut mir sehr leid. Das hast du nicht verdient.“ Sie überlegte kurz, ob es richtig war, sich mit ihm auszusprechen. Es konnte eigentlich keine Aussprache geben, trotzdem war es ihr wichtig, denn möglicherweise bedeutete das heutige Treffen den endgültigen Abschied. Sie gab sich einen Ruck.

„Es ist für mich furchtbar traurig, dich unter diesen Umständen wiederzusehen. Ich möchte dir etwas sagen, was ich zu lange mit mir herumschleppe.“ Der Pulsschlag erhöhte sich auf 160.

Sie zögerte und strich dem Vater zärtlich über den Kopf. „Wir haben beide Fehler gemacht und ich bin mir sicher, es wäre nicht zu unserem Zerwürfnis gekommen, wenn wir Sturköpfe anständig miteinander gesprochen hätten.“

Sie hielt inne und holte tief Luft. „Dir muss früh klar gewesen sein, dass ich nie Jura studieren und die Anwaltspraxis übernehmen würde. Ich bin nicht geeignet für Gerichtssäle und ellenlange Schriftsätze. Ich wollte schon immer zur Polizei gehen. Dort konnte ich etwas Sinnvolles tun und gleichzeitig meine Grenzen austesten. Leider hat Eriks Tod alles zerstört. Mindestens so schlimm empfinde ich, dass du mit mir gebrochen hast, weil ich den Dienst quittiert habe und ich in deinen Augen eine Versagerin bin. Den Kontakt zu mir abzubrechen und mich letztes Jahr bei Mutters Beerdigung zu schneiden, hat mir teuflisch wehgetan.“

Sie schluckte mehrmals. „Papa, ich kann nicht mehr Polizistin sein. Die Schuld, die ich an dem Unglück habe, verhindert das! … Deshalb bin ich ausgeschieden.“ Melanie lächelte, als sich der Herzschlag ihres Vaters leicht beruhigte. „Denk bitte darüber nach.“

Der Kloß in ihrem Hals löste sich wie von Zauberhand auf. „Ich liebe dich sehr!"

Seine Pupillen glitzerten, er drückte ihre Hand spürbar. Als der Versuch zu sprechen erneut kläglich scheiterte, liefen ihm dicke Tränen die Wangen entlang. Er schien ihr einen liebevollen Blick zuzuwerfen.

Sie stand auf, beugte sich über ihn, küsste ihn auf die Stirn und hielt ihn eine Weile fest. Mit jeder Sekunde entspannte er sich weiter.

„Danke", flüsterte sie, nickte ihm zu und verließ den Raum. Es wurde ihr bewusst, dass sie gerade endgültig Abschied genommen hatte. Sie trauerte und weinte, obwohl sie es unsagbar erleichterte, endlich die Möglichkeit gehabt zu haben, ihre Gefühle ihm gegenüber zu erklären. Sie war ihrem Vater so nahe gewesen wie vielleicht seit ihrer Kindheit nicht mehr.

***

Anja wartete in einer Sitzgruppe am Ende des Gangs. Sie runzelte die Stirn. „Wie ist es gelaufen? Was hast du ihm gesagt?"

Melanie überlegte kurz, wie sie es ausdrücken sollte, entschied sich schließlich für den direkten Weg. „Was notwendig war und ich glaube, er hat es verstanden."

„Mel, du darfst nicht so streng mit ihm sein."

„Kleines, Vater ist ein störrischer Egoist!", entgegnete Melanie mit ruhiger Stimme. „Für ihn zählen nur Juristen. Meine Polizeikarriere hat er als einen Job zweiter Klasse angesehen, den ich zu allem Überfluss versemmelt habe."

„Hör endlich mit dem Selbstmitleid auf. Du wurdest von den Anschuldigungen freigesprochen. Hätte sich Erik angeschnallt, würde er leben wie du und deine Kollegen!"

„Lassen wir das.“ Melanie zögerte. „Wir werden Papa verlieren.“

„Ich weiß“, flüsterte die Schwester. Sie atmete tief ein und presste die Luft aus den Lungen.

Melanie fasste in diesem Moment einen Entschluss. „Kleines, ich bin immer für dich da, das weißt du. Ausgerechnet jetzt muss ich für einen Auftrag ins Rhein-Main-Gebiet und habe dort eine Weile zu tun. Aber du kannst mich jederzeit erreichen. Ich bin dann in wenigen Stunden zurück!“

***

Melanie saß kurz vor Mitternacht in ihrem Strandkorb. Sie knöpfte die Strickjacke zu und wickelte die Beine in eine Wolldecke. Die Stille fühlte sich unwirklich an. Wie war es möglich, dass all die Menschen in den benachbarten Häusern keinerlei Geräusche verursachten? Sie befürchtete beinahe, das Rascheln der Seiten auf ihrem Schoß sei im ganzen Block zu hören. Plötzlich zuckte sie zusammen, als das Handy neben ihr zu brummen begann.

„Hi Mel, störe ich? Schläfst du schon?“

Dann wäre ich ja wohl kaum beim ersten Klingelton drangegangen, dachte sie. „Hallo Fred, nein, alles geschmeidig.“

„Ich wollte Bescheid sagen, dass nichts Negatives zu den Brüdern im Computer zu finden ist.“ Bei ihr stellte sich Enttäuschung ein. „Wie ich gehört habe, hast du den Auftrag angenommen!“

Melanie stutzte. „Woher weißt du das?“

„Jetzt bist du baff, was? Du wirst nicht erraten, wer vorhin bei mir war.“

Ein Schauer überlief sie. „Mach's nicht so spannend. Wird nicht der regierende Bürgermeister gewesen sein.“

Fred lachte. „Fast! Schuldt höchstpersönlich hat sich die Ehre gegeben.“

„Aha?"

„Er wusste, dass du den Fall übernimmst, und forderte von mir äußerste Verschwiegenheit. Außerdem fabulierte er ziemlich wirr, es könne sein, dass du mich in einer bestimmten Sache, die mit einer verschwundenen Person in Hessen zusammenhänge, kontaktierst."

Melanie legte die Stirn in Falten. „Hört sich schräg an. Was hast du erwidert?"

„Ich hab mich dumm gestellt, was mir bekanntlich nicht schwerfällt." Er lachte erneut. „Es kommt noch besser. Unser strenger Hüter der Dienstvorschriften hat mich angewiesen, dich zu unterstützen und ihn gleichzeitig auf dem Laufenden zu halten!"

Was hatte das zu bedeuten? Warum wollte ihr früherer Vorgesetzter über ihre Ermittlungen informiert werden? Und Fred quasi aufzufordern, gegen Vorschriften zu verstoßen, schlug dem Fass den Boden aus. Was steckte hinter all dem?

„Hallo Mel, bist du noch da? Erzähl mal, was hat dieser Typ gesagt?"

Sie berichtete ihm hastig von ihrem Anruf bei Wolter. „Er brachte die Kohle tatsächlich vorbei. Du hättest sein Gesicht sehen sollen, als ich ihm versprach, eine ordnungsgemäße Rechnung auszustellen und Belege für sämtliche Ausgaben vorzulegen. Ich wette, das Geld ist dunkelschwarz!"

Fred prustete. „Köstlich. Pass auf, ein bisschen was konnte ich über die Brüder recherchieren. Dein Auftraggeber ist als Makler für hochpreisige Immobilien vor allem im norddeutschen Raum bekannt. Ausschließlich Buden im siebenstelligen Bereich. Dabei kann man leicht Schwarzgeld sammeln, meine Liebe. Der Bruder ist freier Übersetzer und Dolmetscher, der in der Welt herumzukommen scheint, sofern man seiner Webseite Glauben schenken darf. Kein Wunder, dass die hessischen Kollegen wenig Lust hatten, der Vermisstenanzeige nachzugehen. Würde mich nicht überraschen, wenn er freiwillig weitergezogen ist und vergessen hat, sich bei Mutti abzumelden."

Melanie machte sich Notizen. „Wir werden sehen. Das hilft mir auf jeden Fall sehr. Danke dir."

„Da nicht für. Immer wieder gerne."

Sie legte auf und nahm den Bad Homburger Stadtplan. Schnell fand sie die Neue Mauerstraße, in der sich, und damit mitten in der Altstadt, die Gaststätte Zum Silbernen Bein befand. Ein verrückter Name! Welche Bedeutung er wohl besaß?

***

Das Telefon klingelte.

„Guten Abend."

„Hi, du rufst schon wieder mit einer fremden Nummer an."

„Klar. Wie oft muss ich dir noch sagen, dass es wichtig ist, die Telefonnummern regelmäßig zu wechseln. Pass auf. In eurer Umgebung taucht demnächst eine Privatdetektivin auf. Sie heißt Melanie Gramberg und soll Jan suchen. Du musst sie im Auge behalten!"

„Aha, warum? Wir haben mit Jans Verschwinden nichts zu tun."

„Das will ich für euch hoffen. Dennoch ist es ratsam, aufzupassen. Die ist clever. Nicht, dass sie bei ihren Recherchen vom Weg abkommt und bei unseren Geschäften landet. Sie wird die Ermittlungen bestimmt im Silbernen Bein beginnen."

„Okay, verstehe. Wie sieht sie aus?"

„Mitte dreißig, circa einen Meter fünfundsiebzig groß, grüne Augen, drahtig, schwarzer Bubikopf. Sei einfach vorsichtig. Und behalte das für dich. Je weniger Bescheid wissen, umso besser."

„Glaubst du, sie kommt uns in die Quere?"

„Hoffentlich nicht. Ich beobachte ihre Schritte von hier aus. Wir tauschen uns regelmäßig aus. Wie läuft es mit dem neuen Kunden? Wie hieß er doch gleich?"

„Rosenthal. Schleppend. Einerseits möchte er, andererseits will er Sabrina Eskir nicht allein lassen."

„Ihr solltet das Mädel loswerden."

„Tolle Idee! Und wie?"

Die Stimme lachte fies. „Sei kreativ! Ich melde mich."

Die Leitung war tot.

18. April

Melanie traf am frühen Nachmittag in Bad Homburg ein. Mit dem Taxi fuhr sie vom Bahnhof aus in die Elisabethenstraße, in der sich das Hotel Homburger Haus befand.

Sie zahlte, stieg aus und betrachtete das Gebäude. Es stammte aus der Gründerzeit, Elemente der Moderne vermischten sich mit dem Ursprung. Melanie nickte anerkennend und trat durch die Eingangstür, wo sie überrascht stehenblieb. Der Fliesenboden im Schachbrettmuster war ein echter Hingucker.

Sie checkte bei einem freundlichen Angestellten ein, ließ sich einen Stadtplan geben und stieg eine schwarze Holztreppe hinauf in das erste Stockwerk.

Das Zimmer dominierte ein Boxspringbett. Ihr neues Domizil mit der auf alt getrimmten Einrichtung, zu der die langen, grellroten Vorhänge passten, gefiel ihr sofort.

Hier lässt es sich aushalten, dachte sie, packte den Koffer aus und schloss Wolters Unterlagen in das im Kleiderschrank eingebaute Schließfach ein.

Trotz der kühlen Temperaturen klebte die Bluse an ihrem Oberkörper und ihre Lider wurden schwer. Zeit für eine Dusche, obwohl der Gedanke, sich einfach aufs Bett zu legen und eine Weile zu dösen, ebenfalls lockte. Sie widerstand dem Reiz, zog sich aus und stellte sich unter die Brause, deren Wasserstrahl sie so heiß einstellte, bis ihre Haut zu kribbeln begann. Endlich fühlte sie sich wieder einigermaßen frisch und unternehmungslustig.

Sie hatte bisher keine Idee, wie sie vorgehen sollte. Aus den Unterlagen kannte sie nur die Adresse, an der Jan Wolter bis zu seinem Verschwinden gelebt hatte. Das Haus mitten in der Altstadt gehörte einer Sabrina Eskir, die im Erdgeschoss eine Gaststätte betrieb, soviel hatte sie von Pascal Wolter erfahren. Die Wirtin war mit dem Verschwundenen liiert gewesen.

Melanie nahm sich vor, zunächst das Umfeld zu sondieren. Was lag näher als ein unverbindlicher Kneipenbesuch?

Sie schlenderte durch die Elisabethenstraße bis zur Obergasse, folgte dann der Rind'sche-Stift-Straße zu einem Platz, der sich An der Weed nannte.

Melanie schmunzelte. Was der wohl bedeutete? Bevor sie weiter darüber nachdenken konnte, entdeckte sie das Gaststättenschild Zum silbernen Bein. Sie schaute auf ihr Smartphone und stellte fest, dass das Wirtshaus seit zwei Minuten geöffnet haben musste.

In ihrem Magen entstand ein leichter Druck, als sie die Neue Mauerstraße überquerte und auf den Eingang zu schlenderte. Sie ließ den Blick über das Gebäude schweifen. Es handelte sich um ein dreigeschossiges, weiß verputztes Doppelhaus. Wie alt mochte es sein? Schwer zu sagen, allerdings wirkte es top renoviert.

***

„Guten Tag", grüßte Melanie den einzigen anderen Gast mit einem Lächeln und ging zu einem Tisch auf der anderen Seite der Gaststube, an dem sie Platz nahm. Der Mann um die Vierzig trug die schulterlangen, blonden Haare in der Mitte gescheitelt. Das dunkelblaue T-Shirt und die Jeans hatten bessere Tage gesehen, auch die schwarzen Lederstiefel wirkten verschlissen. Zwei Narben auf der Stirn und an der rechten Wange zierten sein zerfurchtes Gesicht. Die Bizepse betonten eine durchtrainierte Figur.

Er grinste Melanie an und nippte an einem Bier. „Hi," kam der Gruß mit tiefer Stimme zurück.

Sie sah sich um. Zehn derbe Holztische mit hellbraunen Tischplatten, mit jeweils vier bis sechs dunkelbraunen Holzstühle, verteilten sich im Gastraum. Dazu ein runder Stammtisch, wie der Tischaufsteller verriet, an dem zwölf Personen sitzen konnten.

Die Wände waren im unteren Drittel mit dunklem Holz vertäfelt, über dem Regale angebracht waren. Neben verschiedenen Bierkrügen standen hellgraue bauchige Keramikkrüge unterschiedlicher Größe mit blauer Musterung, deren Verwendungszweck sich Melanie nicht erschloss. Fotos mit Szenen aus der Gaststätte hingen zwischen den Gegenständen. An der Längsseite gegenüber dem Eingang befand sich der ebenfalls holzverkleidete Tresen, rechts davon ein Gang, der zu den Toiletten führte. Aus dieser Umgebung war Jan Wolter verschwunden.

Ein Schrei riss Melanie aus ihren Gedanken. „Sabrina, Kundschaft!"

Fast augenblicklich erschien aus einer Tür in der Nähe der Theke eine Frau in Melanies Alter. Die feuerroten Haare, die ihr beinahe bis zum Po reichten, ließen das Gesicht schmal wirken. Sie trug ein violettes, knielanges Wollkleid und Chucks.

Melanie erkannte Sabrina Eskir, deren Bild sie in den Unterlagen gesehen hatte. Das also war Jan Wolters Lebensgefährtin.

„Hallo." Die Wirtin blickte Melanie freundlich an und gab ihr eine Getränkekarte. „Was darf es sein? An Speisen haben wir das, was dort auf der Tafel steht", erklärte sie und zeigte auf eine Schiefertafel.

Melanie überflog die Angebote. „Ich hätte gern einen Wurstsalat." Sie zögerte. „Haben Sie Kräuterlimonade?"

Sabrina verzog das Gesicht. „Kräuterlimonade?" Es schien beinahe, als wollte Melanie etwas Unanständiges bestellen. Plötzlich huschte ein Lächeln über Sabrinas Miene. „Ach ja, ich kann Ihnen eine Bionade Kräuter bringen. Ist das ok?"

„Perfekt!“ Geht doch. Kein Almdudler, aber immerhin. Sabrina verschwand hinter dem Tresen.

Die Eingangstür öffnete sich und ein Mann um die zwanzig mit kurzen, blonden Haaren betrat den Gastraum. Er trug einen Anzug ohne Krawatte. Die Pausbacken passten zum leicht korpulenten Körperbau, der wegen seiner geringen Größe massig wirkte. Sein Blick erschien Melanie grimmig. Er steuerte auf die Theke zu. Überraschenderweise klang die Stimme, gemessen an der Erscheinung, beinahe piepsig.

„Ein Bier und ein Schmalzbrot.“

Die Wirtin schaute den Neuankömmling ohne erkennbare Regung an. „Herr Schneider, Sie wissen, dass Sie hier nichts bekommen! Wie oft muss ich Ihnen noch sagen, dass Sie bei mir Hausverbot haben?“ Sie öffnete die Bionade-Flasche.

Das Gesicht des Jünglings verfärbte sich. „Jetzt hör mir mal zu, du Schlampe.“ Seine Worte überschlugen sich. „Ich bin ein deutscher Bürger und verlange, dass du mich anständig bedienst!“

„Wenn Sie nicht auf der Stelle mein Lokal verlassen, rufe ich die Polizei.“ Sabrina nahm das Telefon.

Blitzartig beugte sich der Typ vor und packte das Handgelenk der Frau. „Untersteh dich! Ich will ein Bier und ein Schmalzbrot“, zischte er.

Der Mann am Tisch erhob sich. Nach wenigen Schritten stand er neben dem Unruhestifter, den er deutlich überragte.

„Lass sie einfach los“, forderte er den Blonden leise auf. „Du hast gehört, was sie gesagt hat. Du bist hier unerwünscht. Mach 'nen Abgang!“

Schneider wandte sich ihm zu. Sein Kopf schien platzen zu wollen, am Hals pochte eine dicke Ader. Er ließ die Wirtin los. „Was fällt dir ein, mir zu drohen?“ Er ging dabei einen Schritt zurück. „Früher wären solche wie du ins Arbeitslager gekommen!“

Die barsch klingenden Worte passten nicht zu den zuckenden Mundwinkeln.

Der Langhaarige lächelte. „Gut gebrüllt, Junge! Wir hatten alle unseren Spaß, aber jetzt ist die Show vorbei. Entweder, du gehst freiwillig oder ich helfe dir.“ Er näherte sich dem Blonden, der weiter zurückwich. Plötzlich drehte sich der Jüngling um und eilte aus der Gaststube. „Das wird euch leidtun!“

Sabrina rieb sich das Handgelenk. „Danke, Olli, willst du noch ein Bier?“

***

Melanie erhob sich und schlenderte in Richtung Toilette. Am Tresen vorbei erreichte sie eine Steintreppe, die sie langsam hinabstieg und dabei überlegte, ob sie die Wirtin auf den Vorfall ansprechen sollte. Schließlich entschied sie sich dagegen, da sie möglichst wenig auffallen wollte. Am Ende der Treppe stand sie vor zwei gegenüberliegenden Stahltüren. Ein Stück weiter sah sie die Eingänge zu den Örtlichkeiten und eine Tür mit der Aufschrift *Privat.*

Melanie blieb vor den Eisentüren stehen und horchte nach oben. Geschirr klapperte. Automatisch drückte sie die Klinke der rechten Tür runter und war erstaunt, sie unverschlossen vorzufinden. Ihr Körper spannte sich, als sie den Raum betrat und die Tür hinter sich heranzog, jedoch angelehnt ließ. Sie fand einen Lichtschalter, sofort wurde es hell. Dieser Kellerraum war vielleicht zehn Quadratmeter groß. Links an der Wand stand ein Metallregal, auf dessen Fachböden Kästen und Schachteln lagen, die mit einer zentimeterdicken Staubschicht bedeckt waren.

Melanie runzelte die Stirn, als sie auf den Fußboden sah. Die blanken Rollen des Gestells passten nicht zu dem ansonsten vergammelten Drumherum. Auch der Boden sah frisch geputzt aus.

Plötzlich entdeckte sie eine weitere, durch das Regal fast vollständig verdeckte, massive Tür. Vorsichtig ging sie darauf zu. Sie würde es nicht hören können, wenn jemand die Treppe hinunterkam. Kurz entschlossen drehte sie sich um und verschloss die Tür zum Treppenhaus.

Über dem verborgenen Eingang stand *Schutzraum für 250 Menschen*. Diese Stahltür stammte auf keinen Fall aus der Zeit des zweiten Weltkriegs, so glänzend und sauber, wie sie aussah, zudem wirkte das Schloss modern.

Melanie machte mit ihrem Smartphone ein paar Fotos. Ein flaues Gefühl im Magen ermahnte sie, dass es Zeit wurde, zu gehen. Sie hielt sich schon ziemlich lange hier unten auf und vermutlich würde die Wirtin bald nach ihr sehen kommen. Vorsichtig öffnete sie die Tür einen Spalt breit. Als sie niemanden sah, huschte sie schnell aus dem Raum. Sie blieb stehen und lauschte. Nur Geschirrklappern im Erdgeschoss. Hastig lief Melanie zur Toilette.

Als sie wieder in die Gaststube kam, war der Langhaarige verschwunden und sein Tisch abgeräumt. An ihrem Platz stand der Wurstsalat, den sie in kürzester Zeit vertilgte. Sabrina lächelte ihr zu. Sie wirkte völlig entspannt.

„Möchten Sie noch etwas trinken?

Melanie sah auf die Uhr. „Danke, nein. Machen Sie mir bitte die Rechnung."

19. April

„Timo, ich bin es leid. Wir brauchen das Doppelhaus in der Neuen Mauergasse und zwar gestern!“ Frank Schüttler schob sich im Ledersessel nach vorne. „Wie ist der aktuelle Stand?“

Timo Rall kannte die Ungeduld des Chefs seit vielen Jahren. Immer, wenn der Abschluss eines Immobiliengeschäfts bevorstand, wurde der Architekt nervös. Jetzt würde es nicht mehr lange dauern, bis er aufsprang und seine zwei Meter durch das Büro tigern ließ. Dann gab es folgende Möglichkeiten: Entweder grinste er plötzlich und sagte: „Komm, lass uns einen Kaffee trinken.“ Oder er kündigte Timo fristlos, weil er unfähig sei. Timo hatte aufgehört zu zählen, wie oft er schon rausgeflogen war. Es war einerlei, denn Frank erschien spätestens eine Stunde danach, entschuldigte sich und erklärte ihn zum besten Mitarbeiter, den er je beschäftigt hatte. Was blieb ihm auch übrig? Er war der Assistent, der Schüttler den Rücken freihielt und alle Aufträge ohne Murren erledigte, selbst diejenigen, die sonst niemand ausführen wollte.

Heute war die Situation jedoch anders. Der Startpunkt ihres Projektes war abhängig von dem Anwesen mit der Gaststätte und obwohl der Kauf in den Sternen stand, war Schüttler am Morgen im Rathaus gewesen. Er hatte mit dem Bauamtsleiter dic geplante Neubebauung des Areals besprochen. Dabei hatte er so getan, als müsse er nur noch auf die Grundbucheintragungen warten, um mit dem Abriss der Gebäude zu beginnen. Timo war gespannt, wie der heutige Auftritt seines Chefs sich entwickeln würde.

„Unverändert. Rosenthal, dem die linke Hälfte gehört, wäre möglicherweise bereit, zu verkaufen. Er scheint sich nach einem Altersruhesitz umzusehen. Das Blöde ist, dass er das Haus nur aufgeben will, wenn die Eskir ihres ebenfalls veräußert. Die verehrte Frau Wirtin ist leider hart wie Kruppstahl. Sie lehnt jede Verhandlung ab." Wie er den Job hasste! Er wusste genau, was jetzt kommen würde.

„Na, dem Juden werden wir sicher helfen können. Da gibt es doch die Seniorenbetreuung. Red mal mit denen, damit die ihm ein Angebot erstellen." Schüttlers Stimme klang noch immer angespannt.

„Hab längst mit der Klettke gesprochen. Sie bearbeitet ihn, er ist aber erst 52. Er privatisiert."

Schüttlers Miene verdunkelte sich. Der nächste Ausbruch bahnte sich an. „Dann klemm dich dahinter!", schrie er unvermittelt los. „Reden allein bringt nichts!" Feine Tropfen Spucke flogen über den Tisch, weshalb Timo einen Schritt zurücktrat. „Der Eskir musst du die Lust vermiesen, dort zu wohnen. Mach ihr das Leben zur Hölle! Lass dir endlich was einfallen! Wie oft muss ich dir das noch sagen?" Er sprang auf und ging im Büro auf und ab. Seine Stimme wurde leiser, er flüsterte beinahe. „Timo, falls du mit der Aufgabe überfordert bist, suche ich mir jemanden, der das kann."

Aha, jetzt war es soweit! Schüttler blieb direkt vor Timo stehen, der ihn unbeeindruckt ansah und sich aufreizend langsam durch den roten Vollbart strich. Diesmal wich er nicht zurück, auch wenn er acht Zentimeter kleiner als sein Chef war und zu ihm aufsehen musste. Es entwickelte sich ein Blickduell.

Timo entfernte einen imaginären Fussel vom Leinenjackett und verengte die Augen. „Frank, es reicht mir. Lass mich in Ruhe arbeiten! Ich werde alles daransetzen, die Grundstücke an Land zu ziehen. Alles!" Er funkelte Schüttler an. „Hör endlich auf, unsinnigen Druck aufzubauen, und die Welt durcheinanderzubringen!" Er drehte sich um und schlenderte betont lässig zur Tür. Er öffnete sie und verließ den Raum.

„Du bist gefeuert! Endgültig! Ich mach dich fertig!“, klang es hinter ihm her.

Timo lachte.

***

Melanie saß beim Frühstück und las die Nachrichten in ihrem Smartphone. Sie fühlte sich nach einer traumlosen Nacht ausgeruht und gehörte zu den letzten Frühstücksgästen, bevor das Buffet abgeräumt wurde.

Sie dachte an ihren Besuch im Silbernen Bein. Im Nachhinein kam es ihr albern vor, das Risiko eingegangen zu sein, den Keller der Wirtschaft zu untersuchen. Dennoch sagte der Bauch ihr, dass es spannend sein könnte, hinter diese verborgene Tür zu schauen. Deshalb schrieb sie eine neue Notiz in ihr Handy: *Schutzraum Kneipe: Warum wird ein genutzter Zugang versteckt?*

Die Pöbeleien des jungen Mannes, Schneider hieß er, gingen ihr durch den Kopf und sie musste zugeben, dass das Eingreifen des Langhaarigen durchaus Stil gehabt hatte. Er schien nicht nur ein interessanter Typ, sondern auch Stammgast im Lokal zu sein. Ihn sollte sie im Auge behalten.

Sie trank den Kaffee aus und überprüfte ihre Mails. Abgesehen von ein paar Werbebotschaften gab es eine Nachricht, in der sich der Kollege meldete, an den sie Klienten während ihrer Abwesenheit verwies. Er hatte eine Anfrage und wollte wissen, ob sie den Auftrag zu übernehmen gedenke. Sie lehnte ab und wünschte dem Detektiv viel Erfolg.

Schnell schrieb sie Pascal Wolter eine Botschaft, in der sie mitteilte, dass sie sich in Bad Homburg befand und in den nächsten Tagen melden würde, falls es Neuigkeiten gäbe. Zunächst war es jedoch wichtig, ein Schwimmbad zu finden und bestenfalls ein

Fitnessstudio dazu. Es war jetzt bereits der zweite Tag ohne den gewohnten Sport und das ging gar nicht. Außerdem vermisste sie ihren geliebten Strandkorb. Sie musste unbedingt eine gemütliche Ecke finden, die ihr als Ersatz für ihr Refugium dienen konnte.

Nachdem sie an der Rezeption gefragt hatte, packte sie ihre Badesachen ein und spazierte bei angenehmen Temperaturen und strahlendem Sonnenschein durch den Kurpark zum Seedammbad.

Das Außenbecken hatte leider noch nicht geöffnet, aber Melanie genoss es dennoch, die kürzeren Bahnen im Innenbereich mit kräftigen Zügen zu durchpflügen, bis sie nach 2.000 Metern kurzatmig aus dem Wasser stieg.

Als sie später das Bad verließ, verspürte sie Tatendrang, obwohl sie keine Idee hatte, wie sie etwas über Jan Wolter und sein Verschwinden in Erfahrung bringen sollte, ohne sich zu outen.

Am Thermalbad entlang spazierte sie zurück in den Park und betrat die Brunnenallee im Kurpark.

Beinahe hätte sie die Männer übersehen, die auf einer Mauer vor einem Trinkbrunnen saßen. Melanie schaltete die Musik aus, trennte das Kabel der Kopfhörer von ihrem Smartphone und verstaute alles in ihrer Sporttasche. Langsam schritt sie an der Szene vorbei und blieb an einem Baum stehen, von dem aus sie einen günstigen Blick auf das Geschehen bekam.

Schneider saß neben einem Typen um die vierzig. Der trug ein schwarzes Sakko zu einer gleichfarbigen Jeans und redete auf sein Gegenüber ein, der ihm gespannt zuzuhören schien.

Was der Mann wohl von dem rabiaten Jüngling wollte?

Sie ärgerte sich, dass sie ihre Kamera nicht mitgenommen hatte, um aus der Entfernung ein paar Aufnahmen machen zu können.

Der Ältere hatte die Ansprache beendet und drehte sich um. Er ging den Weg entlang zur Brunnenallee, der unweit von Melanies Standort endete. Schnell sprang sie zu einer Parkbank und setzte sich keine Sekunde zu früh. Der Rothaarige mit dem kurz geschnittenen Vollbart schlenderte an ihr vorbei, ohne sie eines Blickes zu würdigen.

***

„Wie ist es gelaufen?" Frank Schüttler lehnte sich im Bürosessel zurück und verschränkte die Arme hinter seinem Kopf.

„Ist alles auf dem Weg, wie ich es gesagt habe." Timo stand vor dem Schreibtisch. Der Disput und die Kündigung vom Vormittag schienen vergessen. Der Architekt wirkte bestens gelaunt. Die gewellten Haare lagen genauso akkurat wie am Vormittag und Timo fragte sich wieder einmal, wie viel Zeit er wohl für das perfekte Styling benötigte. „Es gibt doch noch etwas. Wir wurden beobachtet."

Schüttler setzte sich aufrecht hin und nahm einen Füllfederhalter, mit dem er spielte. „Wieso? Von wem?"

„Wenn ich das wüsste. Eine Frau, so Mitte dreißig, hat sich von der Brunnenallee aus für uns interessiert und dabei vermutlich Fotos mit dem Smartphone geschossen. Schneider hat sie zuerst bemerkt, worauf ich anschließend an ihr vorbeigegangen bin. Ich kenn die nicht."

„War es vielleicht diese Journalistenschnepfe vom Taunusblick, die uns letztens mit ihren Fragen und Recherchen auf den Nerv ging? Wie hieß die gleich?" Schüttler zündete sich eine Zigarette an, stand auf und öffnete das Fenster.

„Du meinst Nadine Gissel. Nein, die sieht anders aus. Ich glaube nicht, dass die Tussi im Park eine Reporterin war. Schon allein, wie sie mir später gefolgt ist. Ich hatte fast den Eindruck, sie sei eine Polizistin."

Der Chef zog die Stirn in Falten. „Red keinen Scheiß. Sie hat dich wirklich verfolgt? Bist du dir sicher?"

„Ja, ganz bestimmt. Ich hab sie bis zur Kurhausgarage geführt und dort abgehängt. Ich behaupte ja nicht, dass sie von der Polizei war. Schien mir nur so. Manchmal habe ich sie unterwegs nicht gesehen und plötzlich tauchte sie vor mir wieder auf. Machte sie ziemlich professionell."

„Das gefällt mir nicht. Schnüffeleien sind das Letzte, was wir brauchen."

Timo winkte ab. „Frank, das ist mir eh klar. Ich sage dir das nur, damit du in den nächsten Tagen aufpasst." Er beschrieb Melanie in wenigen Worten. „Sei einfach vorsichtig."

***

Melanie betrat das Silberne Bein, wo ihr nicht nur ein ordentlicher Geräuschpegel, sondern zudem alkoholgeschwängerte Luft entgegenschlug. An einer Seite des Lokals hatte man die Tische zusammengerückt, an denen eine Gruppe jüngerer Leute feierte. Gegenüber, in der Nähe des Tresens saß ein Gast um die fünfzig, der ein paar Kilogramm zu viel mit sich herumschleppte. Die kurzen schwarzen Haare hatten längst Raum für die Verbreiterung seiner Stirn gemacht. Der Bartschatten sollte dies vielleicht kaschieren.

Er lächelte Melanie an, die unschlüssig in der Wirtsstube stehen blieb. Schließlich nahm sie am Nachbartisch des Mannes Platz und nickte ihm zu.

„Na, eine Bionade Kräuter?"

Melanie zuckte zusammen. Sabrina musste aus einer seitlichen Tür gekommen sein, die Melanie bisher nicht wahrgenommen hatte.

„Ja, gerne."

Der Tischnachbar beugte sich ein wenig herüber. „Sie hab ich hier noch nie gesehen. Sind Sie das erste Mal da?", rief er laut genug, um den Lärm der Feier zu übertönen.

Interessant, wie einfach es hier war, Kontakt zu bekommen!

„Beinahe, ich war gestern hier“, entgegnete sie.

Sabrina stellte die Limonade und ein Glas vor Melanie.

Er klopfte auf seinen Bauch und lachte. „Da war ich im Fitnessstudio. Man muss ja was machen.“

Melanie wurde es zu blöd, sich auf die Entfernung hin zu unterhalten. Sie stand auf und ging hinüber.

„Darf ich hier Platz nehmen? Ist mir zu anstrengend, so zu schreien.“ Sie zeigte in Richtung der Gruppe. „Die Gesellschaft ist ziemlich ausgelassen.“

Er deutete auf einen Stuhl. „Gern. Hier ist es immer gleich sehr laut, sobald mehr als fünf Gäste quatschen. Ich heiße Ralf Rosenthal. Ich wohne nebenan.“

„Melanie Gramberg. Bin hier auf Urlaub.“ Sie setzte sich.

Sie plauderten ein bisschen über Bad Homburg. Rosenthal verkündete stolz, von Geburt an im Nachbarhaus zu leben. Die ganze Nachbarschaft sei alteingesessen, auch wenn in den vergangenen Jahren ein paar Auswärtige zugezogen seien.

Melanie unterbrach ihn. „Sagen Sie mal, woher kommt eigentlich der merkwürdige Name des Gasthauses?“

Rosenthal grinste. „Das ist schnell erzählt. Landgraf Friedrich II, der das Landgrafenschloss bauen ließ, verlor 1659 bei einer Schlacht sein Bein. Deshalb hat man ihm eine Prothese angefertigt, die nicht nur mit Federn besetzt war, sondern sogar silberne Scharniere besaß. Sie können das Original im Schloss besichtigen.“

„Aha, was es alles gibt!“ Melanie nahm einen Schluck Limonade.

Die Eingangstür öffnete sich und ein Mann betrat den Raum. Er war vom Alter her schwer zu schätzen. Sie vermutete, dass er zumindest deutlich über sechzig Jahre alt war. Sein schlohweißes Haar und der dazu passende dichte Vollbart wirkten verfilzt, jedoch nicht wirklich ungepflegt, wohingegen seine Kleidung abgewetzt und schmuddelig aussah. Er trug einen verschmutzten Rucksack auf dem Rücken, grüßte die Anwesenden freundlich und ging direkt zur Theke. Sabrina schien ihn erwartet zu haben und führte ihn zur Kellertreppe, wo die beiden verschwanden.

Rosenthal las anscheinend die Fragezeichen auf Melanies Stirn. „Er heißt Siegfried Graf zu Biebenau und ist tatsächlich adlig. Er lebt auf der Straße, man munkelt, er sei früher Staatsanwalt gewesen. Er selbst spricht nicht darüber. Einmal die Woche erscheint er hier, um unten zu duschen, wo immer saubere Anziehsachen auf ihn warten. Sabrina wäscht die Klamotten bis zum nächsten Mal, schneidet ihm jeden Monat die Haare und stutzt ihm den Bart. Ist so was wie ihre soziale Tat."

Melanie schüttelte den Kopf. „Unglaublich! Wie kommt das?"

„Weiß ich nicht!", behauptete Rosenthal.

Sie hatte den Verdacht, dass er mehr wusste, als er preisgab.

„Eines Tages war er da. Anfangs dachten alle, da liefe was zwischen den beiden. Das ist Quatsch, obwohl Sabrina nicht wirklich Glück mit den Männern hat."

Melanies Puls beschleunigte sich. „Inwiefern?"

„Nun ja, in den vergangenen zwei Jahren hatte sie drei Freunde. Nichts hat lange gedauert. Der Letzte hat hier sogar gewohnt und im Lokal geholfen. Aber einen auf den anderen Tag war er plötzlich verschwunden. Spurlos!" Er trank einen Schluck Bier. „Hat sie nicht verdient, sie ist eine tolle Frau!", flüsterte er, als spräche er zu sich selbst.

Der Stadtstreicher erschien wieder und hatte sich mit sauberen Kleidern und ordentlich gekämmten Haaren völlig verändert. Wenn Melanie ihm so begegnet wäre, hätte sie in ihm niemals einen Obdachlosen vermutet.

Er setzte sich an den Nachbartisch und Sabrina brachte ihm Schnitzel mit Bratkartoffeln und ein Weizenbier, das er in zwei

Zügen austrank. Sabrina nahm das leere Glas und stellte ihm kurz darauf ein neues hin. Er schien ausgehungert, so wie er sich über das Essen hermachte. Die seitliche Tür öffnete sich und eine Gruppe Senioren kam aus dem angrenzenden Raum. Sie gingen zum Tresen, bezahlten und verließen das Lokal.

Eine Grauhaarige, die ihre langen Haare zu Zöpfen geflochten hatte und ein bodenlanges schwarzes Kleid trug, kam ebenfalls aus der Nachbarstube. Das silberne Amulett an ihrem Hals war für Melanies Geschmack ein wenig zu wuchtig und erinnerte sie an Indianerschmuck. Ihre dünnen Lederschuhe konnte sie auf einem Mittelaltermarkt erworben haben.

Melanie sah aus dem Augenwinkel, dass der Graf einen Moment zu essen aufhörte und der Frau nachblickte, als sie an ihm vorbeiging, ohne ihn zu beachten. Sein Gesicht verzerrte sich. Wut oder Angst?

Das Publikum war hier irgendwie speziell. Gestern der Langhaarige und der Junge, der vielleicht ein Rechtsradikaler war, heute der obdachlose Adlige und die Althippiefrau. Interessant!

Rosenthal, der die Szene anscheinend nicht wahrgenommen hatte, räusperte sich. „Hallo, sind Sie noch bei mir?“, erkundigte er sich mit einem ironischen Unterton.

Sie fuhr zusammen. „Oh, Entschuldigung. Ich war wohl in Gedanken.“

Ihr Gesprächspartner lachte. „Das war nicht zu übersehen. Ich habe Sie gerade gefragt, woher Sie kommen.“

Melanie erzählte von Hamburg. Sie traute sich nicht, nach Jan Wolter zu fragen, denn sie befürchtete, neugierig zu wirken.

Rosenthal half ihr. „Ist ja lustig! Sabrinas Freund, von dem ich vorhin sprach, kam ebenfalls aus Hamburg. Er hieß Jan Wolter.“ Jetzt fehlte nur noch, dass er sie fragte, ob sie den Verschollenen kenne.

„Wer ist sie?“, wechselte Melanie das Thema und zeigte mit dem Kopf in Richtung Tresen, an dem die Frau mit den Zöpfen bei Sabrina stand.

„Das ist Marion Klettke. Sie kümmert sich mit ihrem Lebensgefährten um Senioren aus der Region. Werner Mumer ist heute anscheinend nicht da. Die beiden sind richtige Alt-68er und geben sich nach wie vor so. Waren damals bei den Studentenunruhen in Frankfurt dabei und haben an der Startbahn West Steine geworfen. Allerdings haben sie die Kurve gekriegt und viel Geld verdient. Nun können sie sich ihre Spleens leisten.“ Es hörte sich wie eine einfache Feststellung an, ohne die geringste Andeutung von Neid.

Der Graf erhob sich abrupt. Langsam kam er zu ihrem Tisch, blieb stehen und beugte sich zu ihnen.

Seine Stimme klang sonor. „Na, Ralf, da hast du ja eine Hübsche gefunden. Willst du sie mir nicht vorstellen?“

Melanie befürchtete bereits, er wolle aufdringlich werden, als er lauter sprach. „Mädchen, du bist mir sympathisch. Deshalb ein Rat: Pass auf dich auf. Hier geschehen merkwürdige Dinge!“ Er zwinkerte ihr zu.

Sabrina tauchte neben ihm auf. „Lass gut sein, Siggi! Du vergraulst mir ja die Gäste.“

Der Angesprochene funkelte Melanie aus schwarzen Augen an. „Es gibt hier böse Menschen“, murmelte er.

Ruckartig wandte er sich zur Wirtin um. „Danke, mein Schatz, bis bald mal wieder.“ Plötzlich hatte er es eilig und nahm seinen Rucksack, um in wenigen Sekunden nach draußen zu verschwinden.

21. April

Melanie stand in der Dorotheenstraße vor der gigantisch wirkenden Erlöserkirche. Bereits der äußere Anblick des Gotteshauses mit den vier Türmen erinnerte sie an eine Kathedrale. Als sie den Innenraum betrat, ließ sie die Inneneinrichtung einige Minuten auf sich wirken. Aufgrund des dunklen Wandmarmors und der riesigen Goldmosaike im Deckengewölbe, kam ihr die Hagia Sophia in Istanbul und deren byzantinischer Baustil in den Sinn. Sie überlegte eine Weile, ob das in der Kuppel hängende Lichtkreuz dazu passte, akzeptierte es dann schließlich. Interessant empfand sie zudem die Besucherplätze, die aus einfachen Stuhlreihen bestanden.

Sie hätte ewig hier stehen und die Atmosphäre aufsaugen können. Wann war sie zuletzt in einer Kirche gewesen? Vermutlich bei ihrer Konfirmation und das war zwanzig Jahre her. Auch wenn der Ort keinen vollwertigen Ersatz für ihren geliebten Strandkorb darstellte, fühlte sie sich hier geborgen. Ein wunderbarer Platz, um zur Ruhe zu kommen und die Gedanken fließen zu lassen.

Sie schlenderte zu einem Stuhl in der hintersten Ecke und setzte sich. Das würde ihr Stammplatz werden. Plötzlich dachte sie an den Vater. Sie nahm das Handy aus der Jackentasche und las wieder Anjas Kurznachricht vom Morgen. Er habe sich spürbar erholt, nachdem in den Tagen davor das Schlimmste zu befürchten gewesen sei. Er registriere die Umwelt, und sein Zustand wäre stabil, trotzdem sei nicht damit zu rechnen, dass sich die Lähmungserscheinungen und das Sprachvermögen deutlich verbessern könnten. Melanie steckte das Telefon wieder ein und lächelte. Die Worte gaben ihr Hoffnung.

Ihre Gedanken wanderten zu der Gaststätte, in der sie den Schlüssel zu Jan Wolters Verschwinden vermutete.

Die Menschen, die sie bisher getroffen hatte, erschienen ihr ungewöhnlich und bei manchem spürte sie ein Geheimnis. Sah man vielleicht von Rosenthal ab, der nett und normal wirkte.

Melanie wurde vor allem aus dem merkwürdigen Auftritt des obdachlosen Grafen nicht schlau. Weshalb hatte er ausgerechnet an ihrem Tisch die düsteren Sätze gesprochen, die wie eine Warnung klangen.

Genauso interessierte sie der aggressive Rechte. Warum trieb sich Schneider in der Wirtschaft rum, obwohl er Hausverbot hatte. Wollte er provozieren oder verbarg sich etwas Ärgeres dahinter? Mit wem hatte er sich am Brunnen im Kurpark getroffen? Der Rotbärtige hatte auf sie den Eindruck gemacht, als erteile er dem Jungen Aufträge. Es war zu schade, dass sie nicht herausgefunden hatte, wer er war. Mittlerweile war sie sicher, dass er sie bemerkt und im Parkhaus bewusst abgehängt hatte. Sonst wäre er bestimmt mit einem Auto herausgekommen und sie hätte sich das Kennzeichen merken können. Anscheinend war er durch einen der Fußgängerausgänge verschwunden. Blöd gelaufen, aber nicht mehr zu ändern. Allerdings war sie fest davon überzeugt, ihn wiederzusehen.

***

Im Silbernen Bein saßen Marion Klettke und ein untersetzter Mann, der ihr in Sachen Hippieaussehen in nichts nachstand an einem der Tische. Das musste dieser Werner Mumer sein, von dem Rosenthal gesprochen hatte. Er schien etwas älter als Marion zu sein. Die einzig an den Schläfen und dem Hinterkopf vorhandenen braunen Haare waren im Nacken zu einem langen Zopf zusammengefasst. Zu einem bunten Hemd trug er eine schwarze Lederhose und Sandalen, aus denen grellgrüne Socken lugten. Vor ihnen standen gerippte Gläser mit einer gelblichen Flüssigkeit.

Rosenthal winkte Melanie vom Stammtisch aus zu.

„Hallo, Herr Rosenthal." Sie setzte sich unaufgefordert zu ihm.

Er grinste sie an. „Ralf! Hier duzen sich alle."

„Gern, wenn du mich Mel nennst." Irgendwie mochte sie ihn.

Sabrina kam mit einem Lächeln herbei und stellte eine Kräuterlimonade auf den Tisch. Zu Melanies Überraschung nahm sie ebenfalls Platz.

„Wie ich sehe, haben Sie Anschluss gefunden. Schön, denn wer in so kurzer Zeit das dritte Mal bei uns ist, sollte nicht allein bleiben. Ich heiße übrigens Sabrina." Sie streckte Melanie die Hand hin, die sie mit einem Lachen ergriff.

„Melanie, aber sag bitte Mel."

In den nächsten Minuten glaubte sie sich in einem Verhör zu befinden, was sie ein bisschen amüsierte. Sabrina fragte sie regelrecht aus, wobei Melanie wenig Mühe hatte, unbefangen zu antworteten. Einzig ihren Beruf und den wahren Grund ihrer Anwesenheit verschwieg sie. Sie behauptete vielmehr, dass sie eine Büroangestellte sei, die ein paar Monate Auszeit genommen habe, um sich Deutschland anzusehen. Dabei würde sie sich treiben lassen.

„Und", bohrte Ralf, „wie findest du Bad Homburg?"

„Ausgesprochen schön! Besonders die Altstadt mit dem Schloss und natürlich der tolle Kurpark sind super."

Aus dem Augenwinkel beobachtete sie, dass die Althippies ihre Unterhaltung unterbrochen hatten und versuchten, das Gespräch mitzuhören.

Ralf hatte es ebenso bemerkt. „Marion, Werner, ihr bekommt ja Elefantenohren!" Er lachte laut. „Auf, kommt rüber, dann könnt ihr alles viel besser verstehen."

Das Paar stand tatsächlich auf und setzte sich zu ihnen an den Stammtisch. Die beiden stellten sich vor und auf der Stelle war Melanie mit den beiden per du.

Werner hob sein Glas. „Sabrina, hast du noch zwei Äppler?"

Die Wirtin erhob sich. Sie schien Melanies fragenden Blick bemerkt zu haben. „Mel, der Apfelwein ist unser Nationalgetränk. Gibt es hier überall in der Gegend." Sie zeigte auf die Keramikkrüge mit der blauen Musterung im Regal. „Normalerweise wird der Äppler, wie wir ihn im Volksmund nennen, in diesen Bembeln serviert. Musst du mal probieren."

Melanie verzog das Gesicht. „Besser nicht. Mal abgesehen davon, dass ich Alkohol meide, klingt das für mich ziemlich schräg. Da bleibe ich lieber bei meiner Kräuterlimonade."

Sabrina grinste und holte die bestellten Getränke, wobei sie Melanie unaufgefordert eine neue Bionade mitbrachte.

Die Eingangstür öffnete sich und ein Mann betrat das Lokal, der vom Typ her nicht so recht hierher passte. Mit seiner in Schwarz und Weiß gehaltenen und erkennbar teuren Kleidung wirkte der Mittfünfziger etwas abgehoben, zudem verlieh ihm die Größe von knapp zwei Metern eine natürliche Dominanz.

Er kam an den Tisch und nickte zum Gruß. „Frau Eskir, Herr Rosenthal, ich müsste Sie bitte einmal sprechen." Sein Blick fiel auf Melanie, für deren Geschmack einen Augenblick zu lang, bevor er sich wieder an Sabrina und Ralf wandte. „Allein und unter sechs Augen."

Er schien es gewohnt, Anweisungen zu erteilen. Sicherlich verdunkelte sich seine Miene deshalb, als Sabrina in betont lässigem Ton antwortete. „Es gibt nichts, was wir nicht hier vor meinen Gästen besprechen könnten, Herr Schüttler. Falls Sie gekommen sind, um zu fragen, ob ich das Haus endlich an Sie verkaufe, war Ihr Weg ohnehin umsonst. Wenn Sie etwas trinken oder essen möchten, bediene ich Sie gerne. Nehmen Sie bitte Platz, wo immer es Ihnen genehm ist.“ Sie machte keinerlei Anstalten, aufzustehen.

Schüttler wurde rot, er formte die Hände neben dem Körper zu Fäusten. Das versprach spannend zu werden!

Die Stimme wurde eine Spur lauter. „Frau Eskir, teilen Sie mir Ihren Verkaufspreis mit und ich sehe, was ich tun kann.“ Ralf hatte er anscheinend vergessen.

Sabrina wirkte unverändert entspannt. „Keine Chance! Egal, was Sie mir anbieten. Da wird sich nichts ändern!“

Schüttler begann zu zittern. „Glauben Sie mir, Sie veräußern es, weil ich weiß, dass es sich für Sie bald nicht mehr lohnen wird, hier zu leben. Ich gebe Ihnen Brief und Siegel, dass Sie demnächst auf den Knien angekrochen kommen und mich anflehen, das Haus zu kaufen! Dann bestimme ich den Preis!“ Eine reife Tomate konnte kaum röter als sein Kopf sein.

Ralf meldete sich. „Falls es Sie interessiert: Ich verkaufe nur zusammen mit Frau Eskir.“ Sein Schmunzeln verriet, wie viel Spaß er daran hatte, diesen Kerl zu ärgern.

Das gab dem Gast den Rest. „Das wird Ihnen leidtun! Denken Sie an meine Worte! Sagen Sie mir hinterher nicht, ich hätte Sie nicht gewarnt.“ Er drehte sich auf dem Absatz um und rannte zum Ausgang, vor dem er im letzten Moment einem Pärchen auswich, das hereinkam und ihm verwundert nachschaute.

***

Melanie betrat den Schlosspark durch den Eingang Dorotheenstraße. Ein Schild hinter dem zweiflügeligen, schmiedeeisernen Tor verriet ihr, dass der Park um 20:30 Uhr schloss. Sie schaute auf ihr Smartphone: 19:18 Uhr. Der breite Kiesweg lief direkt auf einen Schlossflügel zu, rechts davon lag die Orangerie.

Sie entdeckte den kleinen Wegweiser zu Goethes Ruh. Ihr Weg führte sie an der Schlossparkmauer entlang nach links. Hoffentlich stimmte Rosenthals Vermutung, der Graf halte sich am Abend hier auf. Es wurde gemunkelt, dass er hier meist übernachtete, was eigentlich unmöglich war, weil der Park über Nacht verschlossen wurde. Einige Meter weiter ging es abwärts und bald war das Dach eines Pavillons zu sehen. Ein runder, mit Kies bedeckter Platz, der durch Beete unterbrochen wurde, lag seitlich ein Stück tiefer. Melanie schaute hinunter, konnte allerdings nicht erkennen, ob sich der Obdachlose in der Nähe befand. Plötzlich kräuselte sich Zigarettenrauch in der Luft und jemand hustete. Sie hatte ihn gefunden. Langsam ging sie nach unten.

„Kommen Sie nur her. Ich hab Sie längst gesehen. Sie müssen sich vor mir nicht verstecken!“, rief er hinter dem Häuschen hervor.

Melanie trat grinsend auf die Fläche. „Guten Abend. Ich wollte Sie nicht stören.“

Der Graf saß auf einem Schlafsack vor dem Eingang und hatte ein schmales Buch auf dem Schoß, in dem er anscheinend gelesen hatte. Er nahm seine Hornbrille ab und schaute die Besucherin mit interessiertem Blick an.

„Genau das wollten Sie und haben es bereits getan. Ich freue mich aber über Besuch.“ Er klopfte auf die freie Stelle neben sich auf der Unterlage. „Setzen Sie sich. Es ist nicht sonderlich gemütlich, aber besser als zu stehen. Außerdem schaue ich nicht so gern zu Menschen auf.“ Er schmunzelte.

Melanie ließ sich auf dem Kies ihm gegenüber im Schneidersitz nieder. Wie alt mochte er sein? Er war schwer zu schätzen. Mitte, Ende fünfzig vielleicht. Sie schielte nach dem Buchtitel. Der Spieler von Dostojewski, eine verblüffende Lektüre für einen Obdachlosen.

Der Stadtstreicher schien ihren Blick wahrgenommen zu haben. „Wussten Sie, dass Dostojewski die Idee zu der Geschichte in der hiesigen Spielbank bekam, in der er sein Geld verzockte?"

„Aha", war das einzige, was Melanie im Moment dazu einfiel, so verblüfft war sie.

„Jetzt erkenne ich Sie", fuhr er fort. „Sie sind das hübsche Mädchen aus dem Silbernen Bein." Er zwinkerte ihr zu. „Es war nur eine Frage der Zeit, bis Sie bei mir auftauchen."

Sie zog die Augenbrauen hoch und verschränkte die Arme vor der Brust. „Wie kommen Sie darauf?"

„Weil du neugierig bist." Er duzte sie auf einmal. „Und außerdem irgendwie zur Justiz gehörst. Das habe ich sofort gemerkt. Übrigens halte ich dich für eine Hamburger Deern!"

Melanie verstand zunächst nicht, worauf er hinauswollte, doch plötzlich dämmerte es ihr. Woher konnte er wissen, dass sie bei der Polizei gewesen war? „Waren Sie wirklich früher Staatsanwalt, wie man munkelt? Ich meine, bevor Sie …"

„Bevor ich Penner wurde", ergänzte er den Satz grinsend. „Kann sein, vielleicht auch nicht. Die Leute quatschen viel, bis es abends dunkel wird." Er zog an seiner Zigarette.

„So wie Sie?", provozierte Melanie. Auf eine gewisse Art und Weise fand sie ihn sympathisch.

Der Graf lachte kurz lauthals, wurde dann wieder ernst. „Nein, alles, was ich in der Kneipe gesagt habe, stimmt. Ich hab keine Ahnung, warum du hier bist und was du im Schilde führst." Er hob die Hände wie zur Abwehr. „Ich will es nicht wissen. Behalte es für dich und erzähle es am besten niemandem. Dass du hier sitzt und nicht abstreitest, bei der Justiz zu arbeiten, gibt mir Vertrauen." Er nahm einen tiefen Zug und begann erneut zu husten.

Ein merkwürdiger Kauz. Er sprach mit ihr, als kenne er sie schon ewig.

„Was meinten Sie mit der gefährlichen Umgebung und den Dingen, die hier geschehen?"

Der Graf lachte trocken. „Du fällst natürlich gleich mit der Tür ins Haus. Gefällt mir! Ich drücke es mal so aus: Mir verschwinden rund um die Kneipe in letzter Zeit zu viele Menschen."

Melanie setzte zu einer Frage an, doch er hob eine Hand. „Warte einen Moment. Ich will nicht sagen, Sabrina könnte etwas damit zu tun haben. Aber sie steht irgendwie im Mittelpunkt. Sie hat es allerdings wirklich nicht einfach."

In Melanies Bauch breitete sich plötzlich ein Ameisenvolk aus. Endlich schien sie weiterzukommen. „Wer ist denn verschwunden?"

„Nun, vor zehn Jahren machte sich ihr Onkel vom Acker, der bei ihr im Haus wohnte. Ein schrecklicher Typ. Er hat seine Sachen gepackt und ist abgehauen. Hat die Kleine mit der Wirtschaft allein gelassen. Dann waren da ihre Freunde. Eigentlich nette Typen. Keiner hat es lange ausgehalten und einer nach dem anderen haute über Nacht ab. Schon komisch." Er drückte die Zigarette im Kies aus, nahm eine Plastiktüte aus der Jackentasche und steckte die Kippe hinein. Die Tüte wanderte zurück in die Jacke.

Melanie holte ihr Smartphone aus der Hosentasche. „Kennen Sie die Namen der Männer?"

„Lass mich nachdenken." Falls ihn ihre direkte Frage verwunderte, zeigte er es jedenfalls nicht. Stattdessen nannte er ihr zwei Namen und wusste sogar noch, aus welcher Region sie kamen. Sie machte sich Notizen.

Sie stutzte, als er die Aufzählung beendete. „Das sind alle?"

Der Graf schlug sich vor die Stirn. „Den letzten hätte ich beinahe vergessen. Ist erst ein paar Monate her. Er hieß Jan Wolter und kam aus Hamburg.“ Er zwinkerte und beugte sich ein wenig vor. „Den musst du dir ja nicht aufschreiben, den kennst du ja schon.“ Erneut lachte er, als habe er einen Witz gemacht.

Langsam wurde es Melanie mulmig. Wie leicht sie der Obdachlose zu durchschauen schien. „Hilft Sabrina niemand im Lokal?“

„Doch, ihre Cousine Katja ist Teilhaberin. Sie ist jedoch oft in der Welt unterwegs, wie derzeit auch. Zudem unterstützt Olli sie ab und zu.“

Melanie überlegte. „Das ist so ein Langhaariger, der vergessen hat, wie alt er ist, oder? Ich meine, wegen seines Äußeren.“

„Ja, du hast ihn prima beschrieben. Macht ein bisschen auf Rocker. Eigentlich ist er gemütlich.“ Zu ihrer Überraschung nahm er ein Handy aus dem Rucksack und schaute darauf.

„Mädchen, du musst gehen. Ich erwarte Besuch. Es wäre nicht ratsam, wenn wir zusammen gesehen würden.“ Jetzt neigte er sich weit vor. „Pass auf und mach deinen Job, wie immer der aussieht. Sei vorsichtig mit den Leuten, mit denen du sprichst. Es gibt hier richtig üble Gestalten. Ralf kannst du vertrauen. Der ist okay. Außerdem musst du wissen, dass die Wände Ohren haben und Menschen bisweilen verfolgt werden. Sieh dich also vor. So, und nun hau ab! Geh durch den Park zurück.“ Er zeigte in die entgegengesetzte Richtung zu der, aus der sie gekommen war.

Sie stand auf und holte aus ihrer Geldbörse einen 50-Euroschein, den sie ihm hinhielt.

„Was soll das?“, fragte er mit einem Stirnrunzeln.

„Das, mein lieber Graf, ist ein Zuschuss für einen ehemaligen Fastkollegen.“

Er nahm das Geld und deutete eine Verbeugung an. Sie hörte ihn noch eine Weile lachen, als sie den Weg geradeaus hinauf zum

Schloss ging. Sie hatte es fast erreicht, als eine Frau den Park betrat, in etwa so alt wie sie selbst. Sie war schlank, hatte schulterlange, gelockte Haare und trug ein blaues Kostüm mit einer weißen Bluse und Pumps. Nicht gerade die Kleidung für einen Spaziergang im Schlosspark. Sie folgte dem Weg an der Mauer entlang, der zu Goethes Ruh führte und den Melanie vor nicht allzu langer Zeit gegangen war.

Merkwürdig, dachte sie. Ob das der Besuch war, den der Graf erwartete? Sie interessierte brennend, wer die Dame wohl sein mochte, verwarf jedoch den Gedanken, zurückzugehen.

Stattdessen schlenderte sie zum Schlossflügel, neben dem eine riesige Libanonzeder stand. Auf einem Schild vor dem Baum las sie, dass die Zeder im Jahr 1822 gepflanzt wurde und ein Geschenk des englischen Königshauses an den damaligen Landgrafen zu dessen Hochzeit war. Das Gehölz hatte seine königliche Ausstrahlung in jedem Fall bewahrt, wie Melanie fand.

Sie durchquerte den Flügel, in dem sich ein Café befand, und gelangte in den Schlosshof mit dem hohen weißen Turm, der ihr bereits von der Stadt aus aufgefallen war. Bald kam sie in die Altstadt und lief in Richtung Hotel, wo sie duschen und sich umziehen wollte.

Sie sah sich um. Ein undefinierbares Gefühl sagte ihr, dass ihr jemand folgte. Sie konnte allerdings nichts Ungewöhnliches entdecken. Wurde sie wegen der Ratschläge des Obdachlosen plötzlich paranoid?

Kurz bevor sie den Eingang ihrer Unterkunft erreichte, drehte sie sich abrupt um. Rund fünfzig Meter hinter ihr verschwand ein Mann in einem Hauseingang, sonst war niemand zu sehen. Sie schüttelte den Kopf und betrat das Homburger Haus.

***

Interessant, dachte Timo, der das Gartenhäuschen in Goethes Ruh von Weitem beobachtete. Die Frau, die ihn im Kurpark vermutlich fotografiert hatte, hockte beim Grafen. Sie unterhielten sich offenbar prächtig.

Schüttler hatte ihm nicht nur von dem Besuch in der Gaststätte berichtet, sondern auch vermutet, dass die Frau dort gesessen haben könnte, als er mit Sabrina Eskir gesprochen hatte.

Timo vermochte sich lebhaft vorzustellen, wie die Unterhaltung ausgesehen hatte. Er war stinksauer darüber, dass sein Chef schon wieder einen Alleingang unternommen und damit die Maßnahmen, die er selbst angeleiert hatte, in Gefahr brachte. Schließlich war er zum Schlosspark aufgebrochen, um sich zu beruhigen.

Jetzt stand sie auf und reichte dem Obdachlosen einen Geldschein. Bezahlte sie ihn für irgendetwas? Für Informationen?

Die Besucherin hielt fast direkt auf ihn zu, sodass er schnell hinter einen Baum verschwand. Als sie seinen Standort passiert hatte, sah er ihr vorsichtig hinterher. Sie war stehengeblieben, als eine weitere Person den Park betrat.

Was wollte die denn hier? Er schüttelte den Kopf, als er sah, dass die Dame ebenfalls auf dem Weg zu dem Stadtstreicher zu sein schien. Hatte er heute Besuchstag? Timo hätte hier mit einigen Menschen gerechnet, aber nicht mit Nadine Gissel. Zu gern hätte er gewusst, was sie mit dem Grafen zu tun hatte und überlegte. Dem Bubikopf folgen, um endlich herauszufinden, wer sie war, oder zu erfahren versuchen, was die Redakteurin des Taunusblicks bei dem Penner suchte. Er entschied sich, dem ersten Gedanken zu folgen.

Aus dem Augenwinkel nahm er wahr, wie die Frau den Schlossflügel betrat, zögerte einen Moment und setzte alles auf eine Karte, weil ihm die Verfolgung durch den möglicherweise leeren Schlosshof zu gewagt erschien. Er spurtete los und rannte durch die Löwengasse Richtung Marktplatz, bog in die Orangeriegasse ein und gelangte heftig schnaufend an den Haupteingang des Schlosses in der Herrngasse. Als er diese hinabsah, sah er die Frau, die ein Stück vor ihm in die Altstadt schlenderte.

Timo folgte in ungefährlichem Abstand. Plötzlich drehte sie sich um, spazierte dann unbeirrt weiter. Bevor sie das Homburger Haus erreichte, wandte sie sich erneut blitzschnell um. Er hatte das Glück, gerade noch in einen Hauseingang springen zu können. Hoffentlich hatte sie ihn nicht gesehen.

Er wartete ein paar Minuten, und nahm ein leeres weißes Kuvert aus der Innentasche seines Sakkos, das er zuklebte. Er betrat das Hotel, orientierte sich kurz und lief zielstrebig auf die Rezeption zu. Ein junger Angestellter schaute ihn erwartungsvoll an.

„Guten Tag." Timo zögerte und legte den Umschlag, zusammen mit einem 10-Euroschein, auf den Tresen. „Ich habe ein etwas ungewöhnliches Anliegen. Vorhin hatte ich das Vergnügen, mit der fantastisch aussehenden Dame, die gerade hier reinkam, im Café am Marktplatz zu sitzen. Könnten Sie ihr vielleicht den Briefumschlag aushändigen?" Er lächelte den Rezeptionisten mit einem verschwörerischen Blick an.

„Ah, das war bestimmt Frau Gramberg." Der Mitarbeiter zwinkerte ihm zu. „Klar, mache ich sofort. Ich kann sie schnell anrufen." Er griff zum Hörer.

Timo hob erschrocken die Hände. „Nein, bloß nicht, dann ist die Überraschung dahin. Bitte sagen Sie ihr nicht, wer das abgegeben hat. Sie soll ein wenig rätseln. Sie verstehen, was ich meine?" Ein weiterer 10-Euroschein wanderte über den Tresen.

Der Angestellte verengte die Augen. „Okay, wie Sie wollen." Er steckte den zweiten Geldschein ein, nahm einen Stift und schrieb zu Timos Freude *Frau Melanie Gramberg, Zimmer 212,* auf den Umschlag.

22. April

Melanie saß auf ihrem vertrauten Stuhl in der Erlöserkirche und ließ die Geschehnisse des vergangenen Tages Revue passieren. Wie verblüfft war sie gewesen, als der Hotelangestellte ihr am Abend einen leeren Briefumschlag mit einem verschmitzten Lächeln übergeben hatte. Nach einigem Hin und Her erbarmte sich der nette Herr, den Überbringer zu beschreiben. Der Typ aus dem Kurpark! Da war sie sicher. Was wollte der Kerl von ihr? Viel mehr beunruhigte sie der Umstand, dass er sie kannte und wusste, in welchem Hotel sie übernachtete. Sie musste unbedingt herausfinden, wer ihr neuer Verehrer war!

Das Treffen mit dem obdachlosen Grafen wertete sie als aufschlussreich. Abgesehen von der Tatsache, dass sie von ihm die Namen von Sabrinas Freunden erfahren hatte, kam ihr deren Verschwinden ebenfalls seltsam vor. Melanie war nach ihrer Begegnung mit dem Stadtstreicher überzeugt, dass das Gerücht, er sei einmal Staatsanwalt gewesen, stimmte. Gerade das verlieh seinen Beobachtungen Glaubwürdigkeit.

Sie erhob sich und verließ die Kirche. Vor dem Eingang setzte sie sich auf eine Bank und wählte Fred Spiegels Nummer.

Wider Erwarten ging er ans Telefon. „Hi, Mel. Was darf ich für die werte Ex-Kollegin tun?"

„Hallo, Fred. Du könntest ein paar Personen recherchieren und schauen, ob du etwas Ungewöhnliches über sie findest."

„Ts, ts, du weißt schon, dass das illegal ist und mich den Job kosten kann, oder?" Er schnaufte übertrieben.

„Ach, wer hatte mir noch gesteckt, dass du von oberster Stelle die Anweisung hast, meinen Auftrag zu unterstützen?" Sie wusste nicht so recht, wie ernst es ihm mit dem Einwand war, wurde jedoch sofort beruhigt.

„Ja, ja, da will ich mal nicht so sein“, gab er sich gönnerhaft. „Zur Not fange ich bei dir in der Detektei an.“ Es raschelte in der Leitung. „Schieß los, ich hab Papier und Stift.“

Sie gab ihm die Namen der Gaststättenbesucher, die sie bisher kennengelernt hatte, des Weiteren erzählte sie ihm kurz von Leo Schneider. Schließlich erwähnte sie die merkwürdigen Begegnungen mit dem Herrn aus dem Kurpark, der ihr den Umschlag ins Hotel gebracht hatte.

„Mel, das gefällt mir nicht“, unterbrach Fred. „Finde heraus, wer das ist. Sei bloß vorsichtig! Es muss einen Grund geben, warum er sich für dich interessiert. Nicht, dass er etwas mit Wolters Verschwinden zu tun hat!“

„Ich passe schon auf und weiß mich gegebenenfalls zu wehren. Das weißt du.“

„Mel, deine schwarzen Gürtel nützen dir im Zweifel wenig. Nimm das nicht auf die leichte Schulter! Besorg dir wenigstens eine Waffe.“

Der schlagartig einsetzende Regen zwang Melanie, aufzuspringen und sich in den Kircheneingang zu flüchten.

„Ich komme auch so zurecht. Trotzdem danke für deine Fürsorge.“ Sie lachte und bemerkte sofort, wie falsch es klang. „Ich kann dir ein Bild von ihm senden“, schob sie schnell nach. „Vielleicht schaust du mal.“

„Mach das. Hab aber nicht zu viel Hoffnung. Erstens müsste die Gesichtserkennung funktionieren und er zweitens erfasst sein.“

„Logisch. So, jetzt haben wir noch diesen Architekten Frank Schüttler und die Ex-Freunde von Sabrina Eskir. Als da wären: Matthias Leber aus Düren und Philipp Heimke aus Michelstadt in Hessen. Check bitte, ob Vermisstenmeldungen vorliegen.“ Sie machte eine winzige Pause. „Du bist übrigens ein Schatz.“

Er räusperte sich. „Das weiß ich. Dir ist hoffentlich klar, dass ich einen klitzekleinen Job habe. Außerdem bin ich ab morgen bei einem überregionalen Training."

Sie grinste. „Ist doch super. Da kannst du es nicht liegen lassen und wirst mir die Ergebnisse heute schicken."

Fred pustete in die Leitung. „Ich glaub es nicht. War's das?"

„Fast, einen weiteren gibt es noch." Sie berichtete ihm von dem Grafen und dem Verdacht, dass er früher Staatsanwalt gewesen sein könnte.

Nach ein paar belanglosen Neckereien legte sie auf. Der Platzregen war vorübergezogen und gleißendes Sonnenlicht bahnte sich seinen Weg durch die Restwolken. Eben typisches Aprilwetter.

***

Melanie betrat das Hotelzimmer kurz vor 12 Uhr. Sie zuckte zusammen und plötzlich vibrierten ihre Nerven. Irgendetwas stimmte nicht! Zunächst wusste sie nicht, was sie störte, bis ihr Blick auf den Fußboden fiel. Vor dem Koffergestell glänzte eine unscheinbare Pfütze. Als sei jemand nass hereingekommen und habe an der Stelle eine Weile gestanden.

Eine heiße Welle durchfuhr sie. Das Zimmermädchen dürfte es kaum gewesen sein, da sie aufgeräumt hatte, während Melanie beim Frühstück war.

Vorsichtig spähte sie ins Badezimmer. Leer. Sie öffnete den Koffer. Trotz ihrem Hang zur Ordnung befanden sich verschiedene Dinge nicht dort, wo sie aus ihrer Sicht hingehörten.

Zum Glück hatte sie Wolters Unterlagen im Safe verschlossen. Sie hielt kurz inne, nur um mit bangem Gefühl zum Schrank zu eilen. Die Tresortür war verschlossen. Sie entriegelte sie und atmete tief aus. Die Dokumente lagen exakt in derselben Position, in der Melanie sie zurückgelassen hatte.

Schnell überprüfte sie, wo der ungebetene Gast überall gewesen war. Das Bettlaken wirkte an den einigen Stellen nachlässig in den Rahmen gestopft, was nicht zum exzellenten Service des Hotelpersonals passte. Außerdem war eine ohnehin leere Schreibtischschublade nicht vollständig geschlossen. Melanie ließ sich in den Sessel fallen. In ihrem Kopf kreisten die Gedanken. Wer war eingebrochen und warum?

Sie stand auf und öffnete die Tür. Am Schloss gab es nicht die geringste Einbruchsspur. Der Eindringling war kein Anfänger! Sie war in der Lage, das zu beurteilen, waren doch die wenigsten Türen ein wirkliches Hindernis für ihre eigenen filigranen Werkzeuge.

Gedankenverloren verschloss sie die Zimmertür und ging zurück zum Sessel. Es lag auf der Hand, dass das das Werk des Rotbärtigen sein musste, der anscheinend nicht nur herausgefunden hatte, wo sie übernachtete.

Sie schien ihm auf die Füße getreten zu sein. Womit? Die Anspannung zog sich in ihr zusammen, wie ein Tier vor dem Angriff. Konnte das eine Spur sein? Sie erinnerte sich an Freds Worte und nahm sich vor, zukünftig deutlich aufmerksamer zu sein.

„Mein Freund, dich kauf ich mir!“, murmelte sie vor sich hin.

***

Am späten Nachmittag war es im Silbernen Bein ruhig. An einem Tisch saßen zwei ältere Männer bei einem Bier und unterhielten sich angeregt. Ralf Rosenthal hatte am Stammtisch Platz genommen, ein Apfelwein stand vor ihm. Von der Wirtin war nichts zu sehen. Melanie grüßte laut und setzte sich zu Sabrinas Nachbar.

Er schaute sie besorgt an. „Na Mel, du siehst irgendwie mitgenommen aus. Fehlt dir was?"

„Hi, lass mal, mir schwirrt gerade vieles durch den Kopf", entgegnete sie.

„Soll ich dir eine Limonade holen?" Ohne ihre Antwort abzuwarten, stand er auf, ging hinter den Tresen und kam wenig später mit einer Kräuterlimonade sowie einem Glas zurück an den Tisch. Beides stellte er vor sie hin, wofür sie ihn mit einem Lächeln belohnte. Sie erinnerte sich an den Rat des Grafen, Rosenthal zu vertrauen.

„Sag mal, kennst du einen Rotschopf, so um die vierzig, etwas größer als ich, leicht gewelltes Haar und kurz gestutzter Vollbart?"

Ihr Tischnachbar überlegte einen Moment. „Da fällt mir eigentlich nur Timo Rall ein. Warum?"

„Aha, wer ist das?" Sie trank einen Schluck Limonade und sah ihn erwartungsvoll an.

„Er ist der Assistent, die rechte Hand oder wie immer du es ausdrücken möchtest, von Schüttler, dem Immobilienmenschen, der letztens hier war. Erinnerst du dich? Der unsere Häuser unbedingt kaufen will." Er schaute sie an. „Jetzt sag schon, was ist mit dem? Wie kommst du auf ihn?"

Der Architekt also. Aus welchem Grund brach dessen Adlatus bei ihr ein? „Ach, nur so. Ich hab den mit Schneider zusammen gesehen. Das hat mich irritiert."

Ralf runzelte die Stirn. „Hoppla! Der Nazi und Rall! Gut zu wissen. Woher kennst du denn den Schneider?"

Sie erzählte ihm von dem Vorfall in der Gaststätte und wie Oliver Grundke die Situation bereinigt hatte.

Die Eingangstür öffnete sich und die Frau aus dem Schlosspark betrat das Lokal. Erneut sah sie aus, als sei sie auf dem Weg zu einem offiziellen Anlass, diesmal war das Kostüm allerdings grau.

Rosenthal verzog das Gesicht. „Die hat gerade noch gefehlt", raunte er Melanie zu. „Das ist Nadine Gissel, Reporterin bei unserer regionalen Zeitung, dem Taunusblick."

Die Journalistin grüßte und setzte sich an einen der Nachbartische. Melanie spürte einen unangenehmen Druck auf ihrer Blase und entschuldigte sich, weil sie die Örtlichkeiten aufsuchen wollte. Als sie vor der Treppe an der angelehnten Küchentür vorbeiging, vernahm sie eine fremde Stimme. Als sie ihren Namen hörte, blieb sie stehen und stellte sich so hin, dass sie frühzeitig erkennen konnte, falls jemand aus der Wirtsstube auf sie zukommen würde.

Normalerweise war Sabrina um diese Zeit immer allein in der Wirtschaft, soweit Melanie wusste. Eine aggressiv klingende Frauenstimme war zu hören. „Bin mir noch nicht schlüssig. Finde es ungewöhnlich, dass eine Urlauberin jeden Tag in deiner Kneipe rumhängt." Oha, sie sprach ganz sicher über Mel. „Besser, du passt ein bisschen auf. Vom Gefühl her glaube ich, dass mit der was nicht stimmt!"

Melanie erkannte im letzten Moment, dass einer der Senioren auf die Treppe zukam und eilte nach unten, um in der Damentoilette zu verschwinden. Sie grübelte. Wer war die Frau? Wieso erlaubte die sich ein Urteil, ohne sie jemals getroffen zu haben?

Als sie zurück zum Stammtisch kam, fand sie Rosenthal und Nadine Gissel im Gespräch vor. Die Journalistin hielt wohl gerade einen Monolog, als ihr auf dem Tisch liegendes Telefon klingelte.

„Ja, was gibt es?“ Während sie zuhörte, stand sie langsam auf. „Unglaublich! Ist aber nicht das Schloss, oder?“ Sie nahm ihre Handtasche. „Okay, bin auf dem Weg.“

Dann wandte sie sich an Ralf. „Ich muss. Im Schlosspark brennt es. In der Nähe von Goethes Ruh.“

So schnell es ihr in dem engen Rock möglich war, stolzierte sie auf den Pumps aus dem Gasthaus.

***

„Die Kleine aus dem Kurpark ist eine Privatdetektivin!“ Mit einer gewissen Genugtuung registrierte Timo die Blässe seines Chefs, der hinter dem Schreibtisch thronte. Das hielt ihn jedoch nicht davon ab, die Sache alles andere als spaßig zu finden.

„Was?“, polterte Schüttler los. „Wieso treibt sich eine Schnüfflerin hier rum? Woher weißt du das überhaupt?“

Timo verschränkte die Arme. „Ich habe nicht die geringste Ahnung, was sie vorhat. Sie kommt aus Hamburg, was mich etwas überrascht. Ist ein bisschen weit weg von ihrem eigentlichen Jagdgebiet.“ Er hob beschwichtigend die Hände. „Muss ja nichts mit uns zu tun haben. Wir sollten trotzdem vorsichtig sein.“

Schüttler bohrte erneut. „Sag endlich, wie du das erfahren hast!“

Timo grinste. „Das willst du nicht wissen. Vertraue mir!“

„Okay, lass dir aber eins gesagt sein: wenn was schief geht, arbeitest du auf eigene Rechnung!“

Das war Timo bewusst. Der Chef erwartete zwar von ihm, dass er die Kastanien aus dem Feuer holte, falls es brenzlig wurde, würde er jede Beteiligung an was auch immer abstreiten. Das war in Timos üppigem Gehalt quasi eingepreist.

„Ich spreche morgen noch einmal mit Rosenthal. Vielleicht knacke ich ihn. Überlege, ob wir ihm nicht beim Umzug ins Seniorenparadies helfen könnten. Werde mir die Klettke und den Mumer diesbezüglich vornehmen. Die sollen das ebenfalls unterstützen."

„Einverstanden, Hauptsache, wir kommen voran! Zieh die Daumenschrauben bei der Eskir an. Ich will die beiden Häuser und zwar bald!"

***

Sabrina setzte sich zu Rosenthal an den Tisch. „Ralf, was hältst du von Melanie?"

Er überlegte kurz. „Sie ist nett. Warum?"

„Mir erscheint sie manchmal merkwürdig. Es ist irgendwie nicht normal, dass sich eine Urlauberin wie sie tagelang bei uns in Bad Homburg aufhält und dann jeden Tag hierherkommt."

„Wieso? Ihr gefällt es hier und das spricht für deine Kneipe mitsamt ihren freundlichen Gästen. Sei einfach froh." Die Wirtin lächelte gedankenversunken und nickte.

Er schmunzelte. „Ist es für dich überhaupt nicht vorstellbar, das Haus zu verkaufen?", wechselte er plötzlich das Thema.

Sabrina stutzte. „Nein. Warum? Du kennst meine Meinung und den Grund! Was soll die Frage?"

Selbstverständlich kannte er ihr Geheimnis. „Das Problem ist zu lösen." Er hielt kurz inne. „Ich hab nachgedacht und mit Marion gesprochen. In dieser Seniorenresidenz auf Gran Canaria ist ein Appartement frei. Überleg mal: Wir brechen hier alle Zelte ab und ziehen dorthin. Du kaufst dir eine Wohnung in der Nähe der Residenz, eröffnest eine Bar und wir genießen die Sonne. Wie wäre das?"

Sabrina sprang auf. „Spinnst du jetzt total? Was mache ich ein Leben lang auf der Insel? Ich bin 32! Keine richtigen Jahreszeiten, jeden Tag bescheuerte Touristen. Was bitte ist daran erstrebenswert? Ich würde kaputt gehen. Vergiss es! Tu von mir aus, was du nicht lassen kannst, aber ohne mich!"

Ralf hob beschwichtigend die Hände. Eigentlich hatte er früher mit diesem Ausbruch gerechnet. „Nicht aufregen. Ist nur eine Idee. Ich wollte sowieso zunächst Uwe Klarer anrufen."

Sabrina verzog das Gesicht, was Ralf nicht überraschte, denn sie hatte den ehemaligen Stammgast nie wirklich gemocht und war froh gewesen, als er Bad Homburg verließ.

„Weshalb?", erkundigte sie sich.

„Na, der lebt dort. Marion und Werner haben ihm geholfen, hier alles aufzuräumen, und ihm die Unterkunft vermittelt. Hast du das nicht mitbekommen?"

Sie schüttelte den Kopf. „Nein. Ist mir auch egal."

Das Thema war für die Freundin damit erledigt. Er erhob sich ebenfalls. „Ich geh zum Schlosspark und sehe mir an, was da passiert ist."

***

Melanie stand vor der Erlöserkirche und telefonierte mit Fred. „Also, wenn ich zusammenfassen darf. Bis auf Schneider sind alle Personen, die du mir genannt hast, sauber. Schüttler erscheint etwas dubios. Aber wie sagt man so schön? Im Zweifel für den Angeklagten."

Melanie ging die Informationen im Geist durch. Er hatte berichtet, dass der Jungnazi aufgrund verschiedener Delikte wie Landfriedensbruch, Volksverhetzung und das Zeigen von Nazisymbolen zu einzelnen, kleineren Strafen verurteilt worden war. Die letzte lag ein halbes Jahr zurück. Gegen den Architekten war zweimal wegen Betrugs ermittelt worden. Letztlich hatte man ihm nichts nachweisen können.

Melanie schaute zum Schlosspark. Die Menschenmenge vor dem Flatterband der Polizei am Eingangstor vergrößerte sich minütlich. Dahinter standen drei Feuerwehrfahrzeuge und ein Rettungswagen. An der Kreuzung zur Löwengasse ein Polizeiwagen und ein dunkles Zivilfahrzeug mit einem auf dem Dach befestigten Blaulicht.

Freds Stimme kam aus der Ferne. „Übrigens, Matthias Leber, der Ex-Freund aus Düren, lebt nicht mehr in Deutschland." Er räusperte sich. „Philipp Heimke ist in Michelstadt gemeldet."

Ein Stück entfernt am Zaun erkannte Melanie die Klettke und Mumer. Direkt vor dem Absperrband versuchte Nadine Gissel mit einem Polizisten ins Gespräch zu kommen. Die einzige Reaktion bestand in einem Kopfschütteln, begleitet von einer grimmigen Miene.

Melanie konzentrierte sich wieder auf ihren Gesprächspartner. „Fred, was ist mit dem Grafen?" Sie lief die paar Schritte zum Kircheneingang, weil sie ihn bei dem Geräuschpegel kaum verstehen konnte.

„Ach ja, Siegfried Graf zu Biebenau. Hätte ihn fast vergessen. Der war tatsächlich einmal Staatsanwalt in Düsseldorf. Ist dort unter ominösen Umständen ausgestiegen und bald darauf verschwunden. Seine Frau hat sich vorher umgebracht. Schuldt konnte sich daran erinnern, da das alles wohl mit dem Fall von irgendeinem bekannten Dealer zusammenhing und durch die Presse ging. Ich habe recherchiert. Es gibt keine Eintragungen zu ihm. Ist schon krass, dass der jetzt auf der Straße lebt."

Melanie sah einen blauen Audi die Dorotheenstraße entlangkommen. Er bremste wenige Meter von ihr. Ein schlaksiger Typ, Mitte dreißig, zwängte sich unter dem Flatterband durch und eilte auf das ankommende Auto zu. Aus ihm stieg ein Mann um die vierzig. Die gewellten schwarzen Haare reichten ihm bis beinahe zu den Schultern, die dürre Gestalt steckte in Jeans, einem braunen T-Shirt und einer dunklen Lederjacke. Dazu trug er Sportschuhe.

„Du Fred, ganz lieben Dank für deine Hilfe", flüsterte Melanie in ihr Handy. „Ich muss Schluss machen. Hier wird es gerade spannend. Melde mich wieder."

Das waren hundertprozentig Polizisten! Sie schlenderte wie zufällig auf die beiden zu. Sie schienen keinerlei Notiz von ihr zu nehmen, weshalb sie sich hinter dem Wagen auf eine Bank setzte und damit aus deren Blickfeld verschwand.

„Na, Sandro, was soll das Großaufgebot hier?", begann der Neuankömmling.

„Im Schlosspark hat es gebrannt, genauer gesagt direkt bei Goethes Ruh."

Melanies Magen zog sich zusammen.

„Die Wehr hat das Feuer gelöscht. Wie es scheint, wurden die Sachen von einem Penner abgefackelt, der dort öfter sein Quartier aufgeschlagen hat. Zum Glück haben die Flammen nicht auf den Pavillon übergegriffen. Die Kriminaltechnik ist bereits eingetroffen."

„Was ist mit dem Obdachlosen? Hat er den Brand verursacht?"

„Das wissen wir nicht. Er ist verschwunden."

„Super! Kannst du mir mal bitte erklären, warum wir dann hier sind? Die Mordkommission ruft man, wenn es einen Toten gibt oder zumindest den Verdacht, es könnte einen gegeben haben!" Der Unmut in seiner Stimme war kaum zu überhören.

„Das ist ja das Problem! Die Kollegen von der Streife haben uns sofort gerufen. An der Tür der Hütte haftet eine Menge Blut. Damit sind wir in der Verlosung."

***

Melanies rechtes Bein war eingeschlafen. Sie musste sich anders hinsetzen, am besten aufstehen, was sie schließlich tat. Der ältere Mann fuhr herum und funkelte sie an.

„He, was machen Sie da? Haben Sie uns belauscht?"

Sie zeigte auf das Smartphone, das sie noch immer in der Hand hielt, und schüttelte den Kopf. „Quatsch, warum sollte ich? Hatten Sie was Interessantes zu erzählen? Ich habe telefoniert!" Sie wusste nicht, ob die beiden ihr das glaubten, doch das war ihr egal, denn in diesem Moment sah sie Rosenthal durch die Löwengasse auf das Geschehen zugehen. Bevor die verdutzt schauenden Kriminalbeamten etwas erwidern konnten, war sie an ihnen vorbei gehumpelt und lief auf Ralf zu.

Von links eilte Nadine Gissel herbei. „Ah, die Herren Schubert und Kimmerle von der Mordkommission! Sie können mir sicher endlich Auskunft geben, was hier eigentlich passiert ist."

Ralf blickte erstaunt, als Melanie ihn am Arm packte und zurück in die Gasse zog. Schnell berichtete sie ihm von dem mitgehörten Gespräch.

Er rieb sich das Kinn. „Das hört sich übel an. Hoffentlich stammt das Blut nicht von Siggi."

Melanie wiegte den Kopf. „Wäre schön, nur von wem sollte es denn sonst sein?"

„Vom Brandstifter. Der gute Siegfried ist ziemlich kräftig und weiß sich zu wehren. Außerdem ist er ja, wie du gehört hast, weg. Der oder die Täter werden ihn wohl kaum am helllichten Nachmittag durch den Schlosspark getragen haben." Er grinste schief und wirkte auf Melanie nicht überzeugend.

Ihr Handy klingelte. Anja.

„Hallo, was gibt es?"

„Mel, du musst sofort kommen! Vater hat aufgegeben. Die Ärzte geben ihm höchstens ein paar Stunden!"

27. April

Melanie hingen die Erlebnisse der vergangenen Tage wie Mühlsteine um den Hals. Endlich war sie zurück in Bad Homburg, um ihren Auftrag zu erledigen und dennoch kreisten die Gedanken permanent um Hamburg. Sie versuchte, ihre Nerven zu beruhigen, und wo sollte das besser klappen als in der beinahe mystischen Atmosphäre der Erlöserkirche.

Gänsehaut überzog sie, als sie an die Beerdigung ihres Vaters dachte, die sich als gesellschaftliches Ereignis entpuppt hatte. Mit zahlreichen Vertretern der Anwaltsgilde, den Abgesandten der Stadt und unzähligen Menschen, die Melanie nicht kannte.

Sie war Fred Spiegel und Wolfgang Schuldt dankbar gewesen, dass sie gekommen waren. Aber warum hatte Wolfgang nichts über ihre Suche nach Jan Wolter gesagt? Sie hatte ihn ebenfalls nicht angesprochen, da sie einerseits den Anlass als unpassend empfand, andererseits Fred nicht kompromittieren wollte, weil sie ja Schuldts Interesse von ihm wusste.

Eine Träne löste sich und kullerte ihre Wange entlang. Wäre die Bahn dieses eine Mal pünktlich gewesen, hätte ihr Vater bei ihrem Eintreffen noch gelebt. Wie friedlich er ausgesehen hatte, als er in dem Sterbezimmer gelegen hatte.

Melanie nahm ein Papiertaschentuch aus der Jackentasche und schnäuzte sich die Nase. Sie musste die Ermittlungen vorantreiben und baldmöglichst zu Ende bringen, schon, um Anja zur Seite zu stehen, die viel stärker trauerte als sie selbst.

Sie verzog das Gesicht, als die Gedanken den Weg zurück zum Fall fanden. Sie hatte zwar verschiedene Fäden gefunden, aus denen ließ sich aber kaum etwas stricken.

Ihr Auftraggeber war gestern bei ihrem Treffen nicht besonders begeistert gewesen, als sie ihm vorsichtig mitgeteilt hatte, wie wenig sie bisher erfahren hatte. Sie grinste, als sie daran dachte, dass sie ihn schließlich davon überzeugen hatte können, geduldig zu bleiben, weil sie weder unnötig auffallen, noch wichtige Spuren vernichten wollte. Wenn es wenigstens welche gegeben hätte!

Melanie erhob sich. Sie musste sich um Sabrinas andere Ex-Freunde kümmern. Mit Philipp Heimke würde sie beginnen und ihn in Michelstadt aufsuchen. Schließlich hatte der ebenfalls die Kurstadt Hals über Kopf verlassen. Vielleicht konnte er ihr etwas zu den Gesamtumständen hier vor Ort erzählen und sein Wohnort lag nur rund neunzig Kilometer entfernt. Das ließ sich mit einem Mietwagen leicht bewältigen.

***

Die Stimme klang entspannt. „Die Gramberg ist wieder in Bad Homburg. Hast du sie getroffen?"

„Nein. Hat sie uns im Visier?"

„Bisher nicht. Sie sucht nach wie vor Jan. Du musst aufpassen, wo und wie sie ermittelt. Insbesondere jetzt, da der Penner verschwunden ist. Gibt es dazu was Neues?"

„Ja, das ist blöd. Die Polizei streift hier herum. Zwei Beamte haben im Silbernen Bein Fragen gestellt, weil er dort regelmäßig war. Es hält sich das hartnäckige Gerücht, dass das Blut, das sie gefunden haben, vom ihm stammt. Soll ziemlich viel gewesen sein. Sabrina ist mit den Nerven völlig fertig. Sie hatte einen Zusammenbruch und liegt im Krankenhaus."

„Aha. Was ist mit Rosenthal? Wie weit seid ihr mit dem."

„Geht voran. Er überlegt ernsthaft, nach Gran Canaria zu ziehen. Dann würde er das Haus verkaufen und alle Zelte abbrechen."

„Endlich. Bleibt an ihm dran. Da darf jetzt nichts anbrennen. Er ist ein dicker Fisch für uns. Das dürft ihr nicht vermasseln. Hörst du?“

„Klar, brauchst du mir nicht zu sagen!“

„Will ich hoffen“, entgegnete die Stimme und legte ohne einen Abschiedsgruß auf.

***

Melanie betrat die gut besuchte Wirtschaft. Am Stammtisch saß wie so oft Ralf und an einem Ecktisch Marion Klettke und Werner Mumer. Sie unterhielten sich mit einer älteren Dame, die Melanie nicht kannte.

Überrascht entdeckte sie hinter dem Tresen nicht Sabrina, sondern eine schlanke junge Frau. Sie war in etwa so alt wie die Wirtin, hatte schwarze, gewellte Haare, die ihr bis zum Rücken reichten und trug ein knöchellanges, weit geschnittenes Kleid, das an ein buntes Patchwork erinnerte.

Melanie setzte sich unaufgefordert zu Ralf, der sie sofort anstrahlte.

„Schön, dass du wieder da bist“, begrüßte er sie. „Wir haben hier Wetten abgeschlossen, ob du noch einmal auftauchst. War es sehr schlimm?“

Sie erzählte kurz von der Beerdigung des Vaters, allerdings ohne in die Einzelheiten zu gehen. Vielmehr tat sie so, als berühre sie das alles wenig.

Ralf berichtete seinerseits von Sabrinas Nervenzusammenbruch und ihrem Krankenhausaufenthalt. Er sei am Nachmittag bei ihr gewesen und hoffe, dass sie bald entlassen werde. Das Verschwinden des Grafen hätte sie dermaßen aus der Bahn geworfen. Er zeigte zur Bar. „Das ist übrigens Katja, Sabrinas Cousine. War in den vergangenen Wochen mit dem Rucksack in der Welt unterwegs, deshalb kennst du sie nicht."

Die Frau erschien am Tisch und fragte nach der Bestellung.

„Eine Kräuterlimonade, bitte."

„Katja, darf ich dir Mel vorstellen? Sie war in letzter Zeit fast jeden Tag hier und hat sich ein wenig mit uns angefreundet. Ein neuer Stammgast!"

Die Bedienung lächelte und streckte ihr die Hand entgegen. „Freut mich, Katja."

„Melanie, aber alle sagen nur Mel."

Die Cousine verschwand in Richtung Tresen, während sich Melanie wieder Ralf zuwandte. „Wo wohnt sie denn? Bei Sabrina?"

Er schüttelte den Kopf. „Nein, sie hat ein paar Häuser entfernt eine Wohnung."

Melanie überlegte. Das war die Chance, auf die sie gewartet hatte!

Die Eingangstür öffnete sich und Leo Schneider betrat forsch das Lokal. Schnurstracks lief er auf die Bar zu und polterte sofort los: „Ein Bier, und zwar zackig!" Er schien zur Verstärkung seiner Forderung einen Kasernenton imitieren zu wollen und lachte hämisch.

Katja zuckte zusammen und sah ihn mit weit aufgerissenen Augen an. „Herr Schneider", sie zögerte, „Sie haben bei uns Hausverbot und das wissen Sie! Verlassen Sie bitte die Gaststube." Sie stand da wie angewurzelt.

„Pass mal auf, du Schnepfe! Mir ist egal, was ihr hier erzählt. Ich hab eine Hopfenkaltschale bestellt und ich bekomme jetzt sofort eine!" Er beugte sich vor. Die Stimme wurde einen Tick leiser, dennoch konnte Melanie alles gut verstehen.

„Falls ich nicht blitzartig ein volles Glas vor mir habe, mache ich aus dieser Kaschemme eine Achterbahn." Wie zur Bekräftigung fegte er eine Spendendose vom Buffet, die krachend auf dem Boden landete, zum Glück jedoch verschlossen blieb.

Katja bewegte sich im Zeitlupentempo zum Zapfhahn. „Okay, einen Augenblick“, flüsterte sie.

Melanie sah sich um. Keiner der Anwesenden machte Anstalten, einzugreifen und der Bedienung zur Seite zu stehen. Einige schauten gebannt zum Tresen, andere schienen sich auf einmal für die Tischplatten vor ihnen zu interessieren.

Melanie versuchte so viel Entschlossenheit, wie es ihr möglich war, in den Befehl zu legen. „Stopp, Schneider!“ Sie sprang auf.

Katja hielt inne und sah verdutzt herüber.

Der Jungnazi wirbelte herum. „Wer bist du denn, Kleine? Spinnst du? Setz dich wieder brav hin und spiel mit deinen Puppen.“

Melanie ging auf ihn zu. „Sie haben es gehört und sind schon letztens von Sabrina daran erinnert worden, dass Ihr Adoniskörper hier unerwünscht ist. Verschwinden Sie einfach und suchen Sie sich eine andere Bühne für Ihr armseliges Programm!“

Schneider trat einen Schritt auf sie zu. Melanie fixierte den Störenfried und behielt dabei seine Bewegungen fest im Blick. Jeder ihrer Muskeln war zum Zerreißen angespannt. Sie befand sich zum ersten Mal seit mehr als zwei Jahren im Kampfmodus, obwohl ihr durchaus klar war, dass ihr das notwendige Training in den Kampfsportarten und eine Waffe fehlten. Dennoch wich sie keinen Zentimeter zurück.

Ohne erkennbaren Ansatz holte Schneider aus und versuchte, ihr eine kräftige Backpfeife zu versetzen. Sie hatte auf genau diesen Fehler gewartet. Mit einem Sprung zur Seite brachte sie sich außerhalb seiner Reichweite. Der Schlag ging ins Leere und brachte den Angreifer aus dem Gleichgewicht. Sofort war sie neben ihm, ergriff seinen Schlagarm, den sie weit nach hinten bog. Es blieb ihm nichts übrig, als sich vornüberzubeugen, wollte er nicht riskieren, den Arm gebrochen oder ausgekugelt zu bekommen. Sie schob ihr rechtes Knie in seine Kniekehle und nagelte ihn damit quasi auf einen Tisch.

„Lass mich los, du Schlampe, sonst mach ich dich fertig!", zischte Schneider.

Melanie erhöhte den Druck auf den gestreckten Arm.

„Ahhh, bist du verrückt, du reißt mir den Arm raus!" Jetzt klang es eher weinerlich.

„So, mein Freund. Wir beide gehen langsam hinaus. Ich rate dir, lieb zu sein, ansonsten tut es gleich saumäßig weh." Erneut drückte sie den ausgestreckten Arm ein bisschen höher.

„Au, ahh, du blöde Kuh!", jammerte der Jüngling, setzte sich aber brav in Bewegung. Ohne Gegenwehr lief er mit hochrotem Kopf und gebeugt auf den Ausgang zu, kontrolliert von einer völlig automatisch handelnden Ex-Polizistin.

Draußen vor der Tür ließ sie ihn schlagartig los und gab ihm einen kräftigen Stoß, der ihn auf die Knie warf. Dadurch verschaffte sie sich einen Abstand, genau so, wie sie es beabsichtigt hatte.

„Ich sage es dir nur einmal, du Held! Du lässt dich hier nie mehr blicken. Beim nächsten Mal weiß ich nicht, ob ich meine Motorik im Griff habe. Verstehst du mich?"

Er erhob sich mühsam und funkelte sie an. Plötzlich nahm er eine kurze Eisenstange, die an der Wand neben ihm angelehnt war. Mit ihr holte er aus, sprang auf sie zu, zielte auf Melanies Kopf.

Doch sie stand bereits einen Meter links versetzt und nutzte die Fliehkraft des Schlages aus, indem sie seinen Schlagarm ergriff und auf ihren angewinkelten Oberschenkel schlug.

Die Waffe schepperte auf den Asphalt. Schneiders Schrei hörte man sicher zwei Straßen weiter. Er übertönte das hässliche Krachen in seinem Arm. Sie ließ ihn einen Augenblick los, trat ihm in die Kniekehlen, um sofort den gesunden Arm hochzuziehen, als er flach auf dem Bauch lag. Schnell stellte sie ihren Fuß auf den Hals des Überwältigten. „Zum letzten Mal. Reicht dir das oder muss ich dir noch mehr wehtun?“

„Du hast mir den Arm gebrochen“, jammerte er.

„Ganz allein deine Schuld! Ich werde dich nun loslassen und dann verschwindest du! Verstanden?“

Sie ging einige Meter zurück, nach wie vor unter voller Anspannung. In ihrem Magen brodelte es.

Er rappelte sich auf und hatte Tränen in den Augen. „Das büßt du mir! Du wirst dir wünschen, dass wir uns nie begegnet wären!“, schluchzte er, drehte sich aber um und verschwand über die Weed.

Hinter ihr klatschte jemand in die Hände. Melanie fuhr herum. Sie hatte Oliver Grundke nicht kommen gehört. Der Langhaarige grinste.

„Starker Auftritt! Respekt! Wo hast du das denn gelernt?“

Warum hatte ihr neuer Fan die ganze Auseinandersetzung tatenlos beobachtet?

28. April

Melanies Atem stieg in der sternenklaren Nacht deutlich sichtbar im Schein der Straßenlaternen auf. Die Stille wurde kurz vor 2 Uhr vom Röhren eines durch die Höhestraße rasenden Motorrads unterbrochen.

Sie bewegte sich schwarz gekleidet durch die Altstadt. Es kam ihr extrem entgegen, die Innenstadt absolut menschenleer vorzufinden. Wieder prüfte sie in der Jackentasche, ob ihr Smartphone und das Etui mit dem Einbruchswerkzeug vorhanden waren. Einmal mehr war sie froh, auf die Kamera verzichtet zu haben, weil sie mit dem „leichten Gepäck" deutlich beweglicher war. Fotos konnte sie gegebenenfalls mit dem Handy machen.

Das Silberne Bein lag dunkel vor ihr. Katja hatte die Gaststätte vermutlich um 1 Uhr geschlossen und danach aufgeräumt. Sie sollte längst daheim sein. In Rosenthals Wohnung brannte in einem der Fenster die Deckenbeleuchtung. Sie musste vorsichtig sein. Eine getigerte Katze flitzte um die Ecke, ohne die geringste Notiz von ihr zu nehmen.

Melanie sah sich ein letztes Mal um, bevor sie in den Hof schlich, um zum Seiteneingang zu gelangen, der direkt ins Treppenhaus führte. Ihr Herz klopfte im Hals und die Hände in den Handschuhen fühlten sich feucht an. Es war nicht neu für sie, irgendwo einzudringen, früher war dies jedoch durch ihren Beruf veranlasst gewesen. Ihr war sehr wohl bewusst, dass sie sich heute strafbar machte. Aber es gab keinen anderen Weg, Antworten auf die drängendsten Fragen zu erhalten.

Die Außentür gab nach wenigen Sekunden nach und ließ sich öffnen. Schnell schlüpfte sie hindurch, drückte die Eingangstür ins

Schloss und schlich die Treppe nach oben. Durch ein vergittertes Fenster fiel genügend Licht einer Straßenlaterne ins Treppenhaus, damit sie sich orientieren konnte. Sie hatte beschlossen, zunächst Sabrinas Wohnung zu durchsuchen, bevor sie ihre Aufmerksamkeit der geheimnisvollen Stahltür im Keller widmen wollte.

Im ersten Stock erreichte sie eine weiße Holztür. Hier musste die Wirtin wohnen. Ralf hatte Melanie erzählt, dass sich eine weitere Unterkunft in der zweiten Etage befand, die im Moment leer stünde. Auch die Wohnungstür stellte für Melanie kein Hindernis dar.

Melanie schaltete die Taschenlampe an und schirmte den Schein mit der Hand ab. Im Flur der Wohnung erkannte sie einen kleinen Schrank mit einem Körbchen darauf, in dem sicher die Schlüssel abgelegt wurden. Außerdem hing eine Garderobe an der Wand. Links ging es zur Küche, die schon bessere Zeiten gesehen hatte, aber aufgeräumt und sauber wirkte. Geradeaus gab eine geöffnete Tür den Blick ins Wohnzimmer frei. Es war ausreichend groß, um einem antik wirkenden Esstisch, einer dunkel gebeizten Schrankwand und einer Polstergarnitur spielend Platz zu bieten. Die Einrichtung erinnerte Melanie ein wenig an die Wohnung ihrer Großeltern.

Schnell öffnete sie die Schubladen und Türen des Wohnzimmerschranks und durchsuchte die Fächer. Nichts von Belang.

Ein kurzes, dennoch systematisches Durchforsten der Küchenschränke brachte ebenfalls keine nennenswerten Erkenntnisse. Blieb das Schlafzimmer, das rechts von der Wohnstube lag. Hier stammten die weißen Lackmöbel vermutlich aus den 1970er-Jahren und passten so gar nicht zu der modern und alternativ wirkenden Sabrina.

Zunächst durchkämmte Melanie die Schubfächer einer Herrenkommode und nahm sich danach den großen Flügelschrank vor. In einer Kiste, die sich hinter einem Stapel T-Shirts befand, entdeckte sie eine Fotosammlung. Die meisten Bilder sagten ihr nichts. Allerdings fiel ihr auf, dass es verschiedene Aufnahmen gab, auf denen die Wohnungseigentümerin mit einer Frau zu sehen war, die ihr ähnelte, wahrscheinlich die Mutter. Die Fotografien waren fast alle an den Seiten abgeschnitten oder abgerissen. Es schien, als habe jemand einen unerwünschten Menschen darauf ausgelöscht. Melanie grübelte. Was hatte das zu bedeuten?

Plötzlich blieb ihr Blick an einer Fotoaufnahme hängen, die in der Gaststube entstanden sein musste. Darauf erkannte sie Sabrina und Jan Wolter. Neben ihnen standen eine weibliche und zwei männliche Personen, deren Anblick Melanies Herz höherschlagen ließ: Pascal Wolter und Wolfgang Schuldt! Die Frau konnte durchaus die Mutter der Brüder, also Schuldts Lebensgefährtin sein.

Immerhin wusste Melanie jetzt, dass ihr Auftraggeber und ihr ehemaliger Chef mindestens einmal Bad Homburg besucht hatten. Sie lichtete die Aufnahme ab und nahm die übrigen Fotografien aus dem Karton. Plötzlich stutzte sie. Auf dem Boden des Behälters lagen ein Personalausweis, ein Führerschein und eine Kreditkarte, alle ausgestellt auf Jan Wolter!

Melanie machte Bilder von den Ausweispapieren und legte alles zurück. Das ergab wenig Sinn! Wieso sollte Sabrina die Dokumente des verschwundenen Lebensgefährten aufheben? Wichtiger erschien ihr zu klären, wie Wolter ohne die Papiere auskam. Falls er sie überhaupt noch benötigte.

Melanie wollte sich auf den Weg in den Keller machen und hätte beinahe eine schmale Tür neben dem Wohnungseingang übersehen. Sie vermutete einen Abstellraum dahinter und stellte verblüfft fest, dass der Zugang verschlossen war. Kein ernst zu nehmendes Problem.

Als sie den Raum betrat, traute sie ihren Augen nicht. Sie stand in einem vollständig eingerichteten Kinderzimmer! Besonders die in der Mitte befindliche, kunstvoll geschnitzte Babywiege war beeindruckend. Obwohl die Möbel aus einer länger zurückliegenden Zeit zu stammen schienen, wirkte alles neu und unbenutzt. Hier hatte ganz bestimmt nie ein Kind gelebt. Wofür benötigte Sabrina ein solches Zimmer?

***

Melanie ging noch einmal aufmerksam durch die Wohnung, um sich zu vergewissern, dass sie keine Hinweise auf ihren Besuch hinterlassen hatte, und verschloss die Wohnungstür. Zügig lief sie die Treppe hinunter in den Keller. Zunächst interessierte sie die linke Stahltür, die bei ihrem letzten Besuch verschlossen gewesen war. Hinter ihr verbarg sich ein geräumiger Vorratsraum, in dem mehrere Kühlgeräte mit angeschlossenen Bierfässern standen. Bald widmete sie sich dem gegenüberliegenden Raum.

Als sie das Regal von der Wand wegzuschieben versuchte, glaubte sie ein quietschendes Geräusch außerhalb des Kellerraums zu hören. Sie hielt inne, schlich ins Treppenhaus und lauschte. Nichts!

Stirnrunzelnd eilte sie zurück. Das ohnehin fast leere Gestell ließ sich problemlos auf den Rollen bewegen und gab die dahinterliegende Tür frei. Auch dieses Schloss stellte keine Herausforderung dar.

Langsam öffnete sie die Tür und leuchtete in den Schutzkeller. Er war fensterlos, wie sie erwartet hatte. Ein leichter Windzug wehte ihr entgegen und erklärte ein zartes Rauschen. Ein frischer, etwas süßlicher Geruch schwebte durch den Raum. Sie suchte mit der ausgestreckten Hand nach einem Lichtschalter, als ein schabender Laut an ihr Ohr drang. Ihr Körper kribbelte, als sie starr stehen blieb und erneut den Atem anhielt. Nichts, bis auf das Geräusch der Lüftung. Hatte sie Halluzinationen?

Das Licht flammte auf, diverse Neonröhren blendeten sie. Die Leuchtkörper surrten. Das Ganze dröhnte in Melanies Ohren, wobei sie sich darüber im Klaren war, dass sie sich das aufgrund der ansonsten herrschenden Stille einbildete.

Vor ihr lag ein lang gezogener, vollständig gefliester Kellerraum. Einzig die Decke war gekalkt. Rundherum waren Sitzbänke in den Wänden verankert. In der hinteren Ecke befand sich ein Emaille-Waschbecken mit Armaturen, die Melanie aus Freilichtmuseen kannte. Schräg davor an der Wandfläche stand eine mindestens zwei Meter große, mit einem Vorhängeschloss gesicherte Holztruhe, die an Wäschetruhen in alten Bauernhäusern erinnerte.

Melanie spürte die Bewegung eher, als sie sie sah. Sie versuchte herumwirbeln, als sie etwas an der rechten Schläfe traf und die Welt um sie herum verschwand.

***

Sandro blickte von dem vor ihm liegenden Bericht auf und sah Schubert an, der ihm gegenüber saß.

„Ist alles ziemlich verworren. Der Obdachlose heißt Siegfried Graf zu Biebenau."

Schubert runzelte die Stirn.

„Das ist tatsächlich sein Name", bekräftigte Sandro. „Er ist in der Stadt bekannt, gilt als friedlich und angenehme Erscheinung." Sandro blätterte eine Seite um.

„Trotzdem hatte jemand etwas gegen ihn, sonst wäre ja sein Lager nicht abgebrannt", gab Schubert zu bedenken. Er lehnte sich zurück.

„Sieht so aus. Er scheint ein Einzelgänger zu sein. Eine Zeugin erzählte, dass er von der Wirtin des Silbernen Beins bemuttert wird."

Schubert stellte die Unterarme auf der Tischplatte auf, schob die Hände ineinander und stützte das Kinn darauf. Jetzt war er mit höchster Konzentration bei der Sache, wie Sandro wusste. Gut so!

„Aha, das ist die Wirtschaft an der Weed, oder?"

Sandro nickte.

„Was heißt das?"

Sandro berichtete von den regelmäßigen Besuchen bei Sabrina Eskir. „Ich habe versucht, sie zu erreichen. Sie liegt im Krankenhaus und ist nicht vernehmungsfähig. Ich bleibe dran."

„In Ordnung. Wissen wir mittlerweile, von wem das Blut stammt?"

„Vermutlich vom Grafen. Wir haben in der Nähe des Pavillons eine Haarbürste gefunden und die DNA abgeglichen. Identisch. Er dürfte erhebliche Verletzungen davongetragen haben. Es handelt sich um circa einen halben Liter."

Schubert stand auf, ging zu einer weißen Tafel und nahm einen Stift. „Trotzdem ist er verschwunden!" Er begann zu schreiben. „Möglichkeit eins: Der Graf verletzte sich, wie auch immer, und konnte abhauen. Dann müsste Blut auf dem Fluchtweg zu finden sein."

Er drehte sich zu Sandro um. „Gibt es jedoch nicht. Passt demnach nicht." Er schrieb weiter. „Möglichkeit zwei: Er schaffte es nicht mehr, zu fliehen, und die Täter haben ihn weggeschafft. Auch in dem Fall hätte es Blutspuren geben müssen!" Er bewegte sich zurück zum Schreibtisch. „Mensch, Sandro, wo ist er? Er kann sich schlecht weggebeamt haben!"

Sandro rieb sich den linken Nasenflügel. „Das ist die Preisfrage." Er kaute auf der Lippe. „Er war übrigens mal Staatsanwalt, ist aber rund fünfzehn Jahre her," ergänzte er.

„Sag das noch mal!", warf Schubert wie elektrisiert ein. Seine Stimme hörte sich eine Spur zu laut an. „Ist das wahr?"

Sandro zuckte zusammen. Ihm war in diesem Moment klar, dass er diese Information hätte früher mitteilen müssen. Er sollte die Fakten einfach besser sortieren, wie es Martin schon öfter angemahnt hatte.

Unsicherheit machte sich in ihm breit. „Es ging irgendwie um einen toten Dealer, in dessen Zusammenhang gegen den Grafen, aber auch andere ermittelt wurde. Ich hatte den Eindruck, als ob die Düsseldorfer Kollegen die Sache nicht wieder aufwärmen wollten. In jedem Fall ist er freiwillig ausgeschieden. Dann explodierte sein gesamtes Leben, er verlor anscheinend alles und landete auf der Straße," schloss er die Ausführungen. Sein Telefon klingelte. „Ja?"

„Sandro," meldete sich die diensthabende Polizistin in der Einsatzzentrale, „macht euch auf den Weg in den Schlosspark. Bei Goethes Ruh liegt eine leblose Person!"

***

Sandro glaubte zunächst an ein Déjà-vu, als sie an der Erlöserkirche eintrafen. Schubert parkte an derselben Stelle wie ein paar Tage zuvor, als sie wegen des Feuers hier gewesen waren. Allerdings saßen sie heute zusammen im Audi.

Es begann zu nieseln, was Sandro bewog, einen Schirm aus dem Kofferraum zu holen, während der Partner sich die Kapuze seines Anoraks über den Kopf zog.

Erneut war der Eingang zum Schlosspark mit Flatterband abgesperrt, wieder hatte sich eine Menschenansammlung davor und am Zaun versammelt. Nadine Gissel war natürlich ebenfalls da, sie schien wirklich hervorragende Kontakte zu besitzen.

Die Beamten gingen den Weg an der Mauer abwärts und erreichten schließlich die Ruhezone mit dem Gartenpavillon. Überall schwirrten Menschen in weißen Ganzkörperanzügen umher, fotografierten oder maßen die Szenerie aus.

In der Mitte der runden Grasfläche lag eine Person. Das konnte Sandro erkennen, obwohl vier Spurensicherer den Blick einschränkten. Aus dieser Gruppe löste sich ein Mann und kam auf sie zu.

„Hallo, Hartmut, was haben wir?“, begrüßte Schubert Klinger, den Leiter der Kriminaltechnik.

„Hi, eine männliche Leiche, circa 50 Jahre alt. Ein Meter dreiundsiebzig groß.“

Die drei erreichten den Toten. Sandro zeigte auf den Leichnam. „Was hat er da am Kopf?“

„Er trägt eine Kippa und auf der Stirn ist ein Hakenkreuz eingeritzt. Ohne unserem Leichenfledderer vorgreifen zu wollen, wette ich, dass er vor dem Ableben zusammengeschlagen wurde. Er hat diverse Blutergüsse, die den Eindruck machen, als seien sie ihm erst kürzlich zugefügt worden. Dann hat man ihm vermutlich in den Hals gestochen und dabei die Schlagader getroffen.“

Schubert umrundete den Körper und wandte sich wieder Klinger zu. „Erste Frage: Kennen wir seinen Namen? Könnte aufgrund der Inszenierung ein Jude sein. Zweite Frage: Er liegt hier im blutgetränkten Schlafanzug, hingegen sehe ich rundherum wenig Blut. Ist der Fundort der Tatort? Würde sagen, nein.“

Klinger schüttelte den Kopf. „Du hast völlig recht. Er wurde nicht an dieser Stelle getötet. Es ist noch nicht sicher, wer das ist, wobei einer der Kollegen ihn zu erkennen glaubt. Er soll Ralf Rosenthal heißen, in der Neue Mauerstraße wohnen und im Gasthaus Zum Silbernen Bein Stammgast sein. Vom Nachnamen her klingt es tatsächlich nach einem jüdischen Bürger.“

Schubert kratzte sich am Kinn. „Jetzt wird es spannend! Letzte Woche brennt es hier und der Obdachlose, der sich hier öfter aufgehalten hat, ist seitdem verschwunden. Der hat einen Kontakt zur Wirtin des Lokals, in dem angeblich unser heutiges Opfer verkehrte. Wenn es dieser Rosenthal ist, wovon ich zunächst mal ausgehe. Das kann doch kein Zufall sein!"

„Es kommt noch besser: Der Kollege sagte auch, dass es in der Vergangenheit in der Kneipe ab und zu Stunk mit mindestens einem Neonazi gab, der dort Hausverbot haben soll!" Klinger malte ein imaginäres Hakenkreuz in die Luft.

***

Melanies Kopf dröhnte, um sie herum war es dunkel. Vorsichtig tastete sie die rechte Schläfe ab. Eine leicht geschwollene Stelle schmerzte. Wenigstens brachte die Lüftung ein bisschen Kühlung. Sie stand langsam auf und versuchte, sich zu orientieren. Nicht so einfach in dieser totalen Finsternis. Schritt für Schritt ging sie mit ausgestreckten Armen vorwärts. Sie hoffte, eine Wand zu finden, an der sie sich entlang tasten wollte.

Etwas Hartes prallte gegen ihr Schienbein, das dermaßen stark schmerzte, dass sie einen Schrei ausstieß. Sie rieb sich das Bein. Das musste die Kiste sein! Sie war in die falsche Richtung gelaufen. Melanie konzentrierte sich. Wenn sie nicht alles täuschte, war hinter der Truhe eine Wand, von der aus sich die Tür rechts befinden sollte.

Endlich erreichte sie den Eingang und fand den Lichtschalter. Wieder kniff sie die Lider zusammen, als sie das aufflammende Neonlicht blendete und einen weiteren Stich in ihren Schädel sendete. Sie blinzelte, um sich an die Helligkeit zu gewöhnen und öffnete schließlich die Augen.

Vor ihr lag der geflieste Raum, wie sie ihn beim Betreten vorgefunden hatte. Überrascht stellte sie fest, dass sie keine Jacke trug, ihr Handy und das Einbruchswerkzeug waren mit dem Kleidungsstück verschwunden. Auch die Armbanduhr hatte der Angreifer ihr abgenommen.

Die Eingangstür war verschlossen, ein Türgriff fehlte. Ein heißer Schauer überlief sie. Sabrina war auf unbestimmte Zeit nicht zu Hause! Die Chance, dass die Cousine Katja in den Keller kam und sie hörte, war ziemlich gering, zumal heute in der Wirtschaft Ruhetag war. Eine Mischung von Wut und Verzweiflung stieg in ihr auf. Wer sollte sie hier suchen und vor allem finden?

„Bleib ruhig!", murmelte sie und atmete betont langsam und gleichmäßig. Es musste einen Ausweg geben und den würde sie finden.

Ihr Blick schweifte durch den Raum und blieb am Waschbecken hängen. Sie ging dorthin und öffnete den Wasserhahn. Das Wasser lief, obwohl zunächst nur eine rostbraune Brühe aus dem Hahn floss, bevor die Flüssigkeit klar wurde. Wenigstens würde sie nicht verdursten.

Auf der anderen Seite verlief der Schutzkeller L-förmig weiter. Hier war er etwas schmaler, aber weiterhin geräumig. Überall waren Löcher in einer Höhe von ungefähr fünfzig Zentimetern in regelmäßigen Abständen in die Fliesen gebohrt. Melanie vermutete, dass zu der Zeit, als der Keller seine Schutzfunktion erfüllte, hier Sitzbänke gestanden hatten. Aufgrund verschiedener Flecken auf dem Boden konnte sie erkennen, dass sich dort einmal Schränke befunden haben mussten.

Irgendwie brachte sie das alles nicht voran. Wie sollte sie hier rauskommen? Eine zündende Idee wollte ihr nicht kommen, sie benötigte Werkzeug. Sie saß auf der Truhe, als sie ein Geräusch jenseits der Tür aufschreckte: Schritte! Ganz eindeutig!

„Ist da jemand?", schrie sie so laut es ihr möglich war. „Ich bin hier drin. In dem Raum hinter dem Regal. Können Sie mich hören? Hallo!"

Nach einem kurzen Schnarren kratzte es am Schlüsselloch der Eingangstür.

***

Frank Schüttler saß kreidebleich am Schreibtisch und starrte an die Decke. Timo hatte den Chef noch nie so erlebt. Er schien um Jahre gealtert zu sein.

Timo setzte sich auf den Besucherstuhl. „Was ist passiert? Du siehst aus, als sei dir der Leibhaftige begegnet."

„So ähnlich ist es auch. Ich brauche die zwei Häuser in der Neuen Mauerstraße, sonst kann ich einpacken! Es geht keinen Deut voran. Eigentlich müsste der Abriss in acht Wochen beginnen, wenn wir den Zeitplan einhalten wollen. Ich habe gerade mit dem Investor gesprochen. Er ist nicht bereit, einen Aufschub zu gewähren, und will abspringen, falls wir das Ganze nicht bis Ende Mai in trockenen Tüchern haben. Selbst wenn die Eskir und der Rosenthal morgen unterschreiben würden, wird es mit der Umschreibung und allem Anderen kaum mehr zu schaffen sein. Außerdem ist die Eskir im Krankenhaus und wir kommen nicht an sie ran. Das Projekt fällt wie ein Kartenhaus in sich zusammen und danach bin ich fertig. Ich werde die übrigen Häuser nicht zwischenfinanzieren können. Das haben mir die Banken gesagt. Ich brauche den Einstieg des Bauträgers."

Timo überlegte. Das hörte sich ziemlich blöd an. Ihm war schon seit Längerem klar, dass die Chose immer enger wurde, aber er hatte eigentlich erwartet, dass Schüttler einen Plan B in der Tasche hatte und über die notwendigen Reserven verfügte. Dem war offenkundig nicht so. In seinem Bauch wuchs ein Kloß. Es hatte Zeiten gegeben, da war der Überbringer einer schlechten Nachricht getötet worden. Ganz so schlimm würde es heute nicht sein. Dennoch fühlte er sich gerade außerordentlich übel und Schüttler tat ihm fast leid. Es blieb nichts übrig, es musste sein.

„Frank, ich befürchte, es kommt noch dicker! Rosenthal ist tot! Sie haben ihn am Morgen im Schlosspark gefunden. Er wurde, wie es aussieht, ermordet!"

Der Architekt riss die Augen auf und sank in sich zusammen. Jegliche Spannung schien aus dem Körper zu weichen. Die Stimme wurde zu einem Flüstern. „Woher weißt du das? Das darf nicht sein. Er muss das Haus an mich verkaufen!" Tränen rannen die Wangen hinunter. Er sprang auf und begann zu schreien. „Timo, hast du damit etwas zu tun? Sag es mir! Sofort!"

***

Nachdem ein Kriminaltechniker die Wohnungstür geöffnet hatte, betraten Schubert, Kimmerle und Klinger vorsichtig Rosenthals Wohnung.

Sandro hegte keinen Zweifel mehr, dass es sich bei dem Toten im Schlosspark um den Wohnungseigentümer handelte, dennoch hatten sie zunächst vorschriftsmäßig geklingelt und erst, als sich niemand meldete, die Tür geöffnet.

Sandro sah sich um und ließ die Räume auf sich wirken, während sie den Flur entlanggingen. Sie waren modern und hell eingerichtet. Im Flur, Bad und der Küche lag Fliesenboden, ansonsten war Parkett verlegt. Links lag das Schlafzimmer. Er zog sich Latexhandschuhe über und griff nach der Klinke der gegenüber liegenden Zimmertür. Abgeschlossen. Wer verschloss ein Zimmer in einer Junggesellenwohnung?

Die andere Tür auf dieser Seite war angelehnt. Sandro schob sie vorsichtig auf, während die Kollegen neben ihn traten.

„Hoppla, hier ist Schluss mit lustig", meldete sich Schubert. Der Esszimmertisch im Wohnzimmer schien an eine Regalwand gerammt worden zu sein, sechs Stühle lagen über die ganze Stube verteilt, eine Couch war umgestürzt.

Sandros Blick blieb am Fußboden in der Mitte des Raums hängen. „Hartmut, jetzt hast du Arbeit. Wir haben den Tatort gefunden", stellte er trocken fest und zeigte auf eine rote Lache, die zum Teil getrocknet und in das Parkett gesickert war. Eindeutig Blut.

Der Spurensicherer nickte. „Das passt. Ich rufe die Jungs rein."

Er wollte sich umdrehen, als er von Schubert am Arm zurückgehalten wurde. „Lass uns erst in den verschlossenen Raum sehen."

Sie gingen zu der dazu gehörenden Tür. Sandro und Schubert zogen die Waffen aus den Holstern und Klinger hielt sich nicht lange auf. Nach seinem Fußtritt knallte die Tür gegen eine Wand. Sie schoben die Revolver zurück in die Etuis.

Der Rollladen war runtergelassen, die drei breiten Tischplatten mit den darauf befindlichen technischen Geräten wirkten in der Dunkelheit gespenstisch. Das Bild eines riesigen Monitors in der Mitte des Zimmers warf ein diffuses Licht auf die Szenerie. Der Bildschirm war in vier Abschnitte geteilt, die verschiedene Wohnräume zeigten.

Sandro zog die Jalousie hoch. „Rosenthal überwacht eine Wohnung, die jedenfalls nicht seine ist", stellte Klinger fest. „Wo mag das sein?"

Er war an den Tisch herangetreten und bediente einen Rekorder, der vor dem Fernseher stand. Die Aufnahmen liefen langsam zurück. Er stoppte den Rücklauf. „Schaut euch das an."

Eine schwarz gekleidete, mittelgroße Gestalt war zu erkennen, die sich in einer Wohnstube aufhielt. Sie trug eine Sturmhaube und Handschuhe. Der Kriminaltechniker ließ die Bilder bis zu dem Zeitpunkt zurücklaufen, an dem die Person das erste Mal auf dem Bildschirm auftauchte. Er startete den Vorlauf und die Polizisten verfolgten, wie der Vermummte durch die Räume ging, sich jeweils kurz umblickte, um dann zu verschwinden.

„Leute“, meldete sich Schubert, „wenn die Uhr stimmt, war das vor zehn Minuten! Spul mal weiter zurück.“

Diesmal schaltete der Kollege den schnellen Rücklauf ein und die Szenen flogen vorbei. Plötzlich erkannten sie wieder einen Menschen und Klinger drückte die Stopptaste. Die Uhr in der Ecke des Monitors zeigte 2:11 Uhr.

Auch jetzt ließ der Techniker die Bildfolge so ablaufen, dass sie den gesamten Aufenthalt einer Frau verfolgen konnten. Diese bewegte sich ebenso durch die Wohnung, allerdings durchsuchte sie die Möbel und machte mehrfach Bilder mit ihrem Smartphone. Außerdem war sie nicht getarnt.

„Das gibt es nicht!“, entfuhr es Sandro. „Martin, das ist doch die Tussi, die uns vor der Erlöserkirche an dem Tag aufgefallen ist, als die Sachen des Obdachlosen abgefackelt sind!“

***

Kam der Angreifer zurück? Melanie sah sich nach einer Waffe um, entdeckte jedoch nichts Brauchbares. Dann musste sie sich eben auf ihre Kampftechnik verlassen. Schnell sprang sie neben die Tür und schaltete die Beleuchtung aus. Das Überraschungsmoment, das ihr die Dunkelheit ermöglichte, und die Tatsache, dass der Eindringling nicht wusste, wo sie sich befand, müssten entscheidende Vorteile bringen. Hoffentlich!

Die Tür öffnete sich langsam, der Lichtschein des Vorraums sorgte für etwas Helligkeit im vorderen Bereich des Schutzkellers.

Melanie ging einen Schritt zur Seite, um im Schatten der Wand zu stehen. Eine vermummte Gestalt erschien in der Türöffnung und tastete mit der Hand nach einem Lichtschalter.

Das war der Augenblick, auf den sie gewartet hatte. Mit einem Satz sprang sie auf den Arm zu, umfasste ihn und riss die Person mit ihrer ganzen Kraft in den Keller hinein. Tatsächlich war diese anscheinend völlig unvorbereitet und wurde schwungvoll in den Raum geschleudert. Melanie stellte ihren Fuß vor, worauf der Eindringling ins Stolpern kam und bäuchlings auf den Boden klatschte. Sofort war sie über ihm, fasste beide Arme und zog sie weg vom Körper.

„Ahh, bist du wahnsinnig?", erklang eine gepresste, männliche Stimme. „Lass los! Du reißt mir alles raus!"

Melanie traute ihren Ohren nicht. Unter ihr lag der Graf!

„Ich ziehe Sie jetzt langsam hoch und Sie machen keine Probleme, sonst tut es wieder weh!", befahl sie dem Obdachlosen.

„Aber ohne zu reißen. Ich widersetze mich nicht, versprochen. Ich will schließlich gesund bleiben." Er erhob sich vorsichtig, während Melanie die Unterarme nach wie vor auf Zug hielt. Sie stellte ihn mit dem Gesicht an die Wand und schaltete mit dem Ellenbogen das Licht an.

„Beine auseinander!" Sie trat zur Verstärkung ihrer Forderung gegen seine Waden. Siegfried zu Biebenau stand sofort breitbeinig da. Schnell zog sie ihm die Sturmhaube vom Schädel und tastete ihn ab. Sie konnte keine Waffen finden.

Sollte sie ihm vertrauen? War er der Angreifer, der sie niedergeschlagen hatte und wartete nur darauf, sie erneut überwältigen zu können? Warum war er getarnt?

Er schien ihre Gedanken erraten zu haben. „Pass mal auf, Mädel. Ich vermute, dich hat hier jemand eingesperrt und du hast jetzt Angst, ich sei das gewesen. Falsch! Ich hab' nach dir gesucht, weil ich mir Sorgen gemacht habe. Ich gehöre zu den Guten!" Er drehte den Kopf und grinste sie an.

Durfte sie einem Menschen glauben, der anscheinend einem Verbrechen zum Opfer gefallen war und plötzlich hier quietschfidel und, soweit sie es beurteilen konnte, unversehrt auftauchte? Sie führte ihn in den Raum an eine andere Wand, wobei er keinen Widerstand leistete, ließ ihn dort los und bewegte sich einige Meter zurück in Richtung Tür, bis sie außerhalb seiner Reichweite war.

Der Graf sah sie direkt an und schmunzelte. „Cleveres Kind! Du hattest jetzt deinen Spaß und wirst hoffentlich freundlicher zu mir sein." Er ging zu der Holztruhe und setzte sich darauf.

Melanie wartete in der Türöffnung. „Wieso sind Sie hier?"

„Sagte ich doch gerade! Ich hab dich gesucht, ich hab mir Sorgen gemacht. Als du heute Nacht in das Haus eingedrungen bist, stand ich quasi Schmiere. Du kamst nicht wieder raus und ich befürchtete, dass etwas passiert ist. Konnte aber nicht länger bleiben, weil drei Typen kamen, und ich nicht gesehen werden wollte. Deshalb bin ich abgehauen und später zurückgekommen. Ich war in Ralfs Wohnung und habe da eine riesige Blutlache entdeckt. Dachte, mir bleibt das Herz stehen. Da wusste ich, dass was faul ist. Ich bin rübergekommen und suchte nach dir im ganzen Gebäude, bis ich deine Rufe gehört hab."

Das hörte sich so wirr an, dass es wie die Wahrheit klang. Melanie fühlte sich überfordert. Aber so leicht ließ sie ihn nicht von der Angel. „Warum die Sturmhaube und wie sind Sie hier reingekommen?"

„Mit Ralfs Schlüsselbund. Ich war die letzten Tage meist drüben bei ihm. Die Haube hatte ich auf, weil ich weiß, dass Sabrinas Räumlichkeiten von ihm videoüberwacht werden und ich nicht mit meiner netten Visage auf den Film wollte." Er grinste. „Ich bin ja schließlich verschwunden."

Melanie schwirrte der Kopf. Der vermisste Graf wohnte bei Rosenthal und der überwachte Sabrina. Das wurde immer besser! Sie verstand überhaupt nichts mehr.

„Hör mal, das ist alles ein bisschen viel für dich. Das ist mir klar!“, erriet er erneut ihre Bedenken. „Wir sollten von hier verschwinden. Denn die Kripo krempelt gerade Ralfs Haus um. Warum, kann ich nicht sagen, es bedeutet jedoch ganz sicher Schlimmes!“

Jetzt war die Polizei im Nachbarhaus! Melanie begann zu zittern, Schweiß rann ihren Rücken runter. Einfach ruhig und gleichmäßig atmen, befahl sie sich.

Siegfried stand auf. „Los, lass uns gehen!“

Mit einem Mal funktionierte Melanie. „Ich will erst wissen, was in der Holztruhe ist.“

Der Obdachlose schüttelte ungläubig den Kopf.

Sie rannte in den Vorraum und entdeckte dort ein Brecheisen. Auf dem Regal lag ihre Jacke und auf der das Smartphone und ihre Armbanduhr. In der Jackentasche fühlte sie ihr Einbruchswerkzeug. Sie zog das Kleidungsstück über und band sich die Uhr um.

Der Graf wartete bei der Truhe. Sie holte das Etui aus der Tasche und nach wenigen Sekunden gab das Schloss auf.

„Respekt! Du überraschst mich immer mehr!“, meldete sich Siegfried.

Melanie öffnete langsam den Truhendeckel und die beiden prallten zurück.

Er fand die Sprache zuerst wieder. „Jetzt hast du Jan Wolter gefunden! Glückwunsch!“

Sie beugte sich vor. „Nicht nur ihn!“

***

Sandro sortierte die Unterlagen, die vor ihm auf dem Schreibtisch lagen, während Schubert ihm gegenüber auf dem Bürostuhl lümmelte.

„Ich vertrage heute nur positive Ergebnisse," erklärte Schubert sichtlich gut gelaunt.

Sandro musste innerlich schmunzeln. Vor neun Monaten war er Assistent gewesen und hatte die Laufarbeiten erledigen dürfen. Was für ein Glück, dass sein Chef Harald Berger nach Wiesbaden zum Bundeskriminalamt versetzt worden war. Natürlich hatte er sich für Berger gefreut, denn schließlich war er dort in eine leitende Position befördert worden.

Martin war auf dessen Stelle gesetzt worden und er selbst rückte nun als frischgebackener Kriminaloberkommissar auf Schuberts ehemaligen Platz. Er war ein Teil des Duos geworden, was ihn sehr stolz machte.

„Einen Moment noch. Ich muss nur alles in die richtige Reihenfolge bringen", bat er Schubert, ohne aufzusehen.

Er arbeitete gern mit dem Kriminalhauptkommissar zusammen, der unkompliziert und nicht hierarchiebetont dachte. Eigentlich ergänzten sie sich prima. Er, der fleißige Datenermittler, der analysierte und die Erkenntnisse aufbereitete. Ihm gegenüber der Erfahrene, der mit stoischer Ruhe den Überblick behielt und ihn stets ohne Vorwurf auf Dinge hinwies, die er übersehen oder falsch interpretiert hatte. So lernte er nach wie vor eine Menge. Andererseits trieb er Schubert sogar ein wenig an mit seiner Emsigkeit und hatte Ideen, die nicht selten zum Erfolg führten.

„Die ersten Berichte liegen vor", begann Sandro die Ausführungen. „Der Tote im Schlosspark ist Ralf Rosenthal, zweiundfünfzig Jahre alt, einen Meter dreiundsiebzig groß. Ledig, wohnhaft in Bad Homburg in der Neue Mauerstraße. Er lebte dort allein im eigenen Haus."

Schubert grinste. „Sandro, bitte nicht jede Haarschuppe aufzählen. Nur das, was uns weiterbringt.“

Sandro war solche Einwürfe gewohnt, ließ sich allerdings nicht davon abbringen, gewissenhaft alle Fakten zu präsentieren. „Rosenthal wurde im Wohnzimmer seiner Wohnung zusammengeschlagen und mit einem Stich in den Hals getötet. Todeszeitpunkt zwischen 4 und 5 Uhr morgens. Der oder die Täter haben ein Fenster zum Treppenhaus aufgehebelt. Das Gebäude ist mangelhaft gesichert. Die Leiche wurde im Kofferraum von Rosenthals VW Golf zum Schlosspark gebracht und an Goethes Ruh abgelegt. Im Fahrzeug, das der oder die Täter dann zurückbrachten, gab es wenig verwertbare Spuren. Der Wagen wurde akribisch gesäubert.“

„Also hatte man Zeit“, überlegte Schubert laut. „Was ist mit den Nazibotschaften? Haben wir die Szene gecheckt?“

„Die Kippa könnte dem Opfer gehört haben, das wird derzeit überprüft. Das Hakenkreuz wurde mit einem Messer mit sehr dünner Klinge eingeritzt. Möglicherweise ein Stilett. In Bad Homburg ist seit einigen Monaten eine Person auffällig, die dem rechtsradikalen Milieu in der Region zugerechnet wird. Leo Schneider, neunzehn Jahre alt, wohnhaft in einem Haus im Ortskern von Kirdorf. Er ist mehrfach polizeilich aufgefallen, kleinere Straftaten im Zusammenhang mit seiner Gesinnung. Er hat öfter in der Stammwirtschaft von Rosenthal, dem Silbernen Bein, Ärger gemacht und dabei auch das Mordopfer antisemitisch angepöbelt. Es sind bei ihm jedoch keine Hinweise auf körperliche Gewalt aktenkundig. Er hat wohl Hausverbot in dem Lokal. Die Wirtschaft befindet sich ebenfalls in der Neuen Mauerstraße, direkt …“

„Ich weiß, wo die Kneipe ist“, warf Schubert ein. „Könnte der Typ die Tat begangen haben?“

„Theoretisch schon, wobei eine solche Gewaltstufe wie gesagt bisher nicht bekannt ist.“ Sandro blätterte in einem Ordner. „Nach Angaben seines Nachbarn in Kirdorf, der mit dessen politischer Anschauung nichts zu tun hat, ist Schneider seit drei Tagen auf einem Musikfestival im Saarland. Das checken wir derzeit. Es kann sich natürlich um ein Ablenkungsmanöver handeln. Von dort sind es gerade mal 200 Kilometer bis zum Tatort, was bequem in der Nacht hin und her zu schaffen ist. Außerdem haben wir die Frankfurter Kollegen eingeschaltet, die einen guten Überblick über die rechtsradikale Szene im Rhein-Main-Gebiet besitzen.“

„Okay, überprüf mal, wo der übernachtet. Wie blöd müsste er aber sein, einen Mord zu begehen und uns dann direkt auf sich selbst aufmerksam zu machen? Das erscheint mir zu glatt.“ Schubert schrieb ein paar Worte auf einen Notizblock. „Kennen wir zwischenzeitlich die Wohnung, die Rosenthal überwacht hat und wissen wir was zu den Eindringlingen, die auf dem Video zu sehen sind?“

„Nicht viel. Es gibt bisher keine Anhaltspunkte, welche Räumlichkeiten das sein könnten. Wir haben die Nachbarn von Rosenthal nahezu alle befragt, niemand kennt die Räume. Die Frau im Film ist die, die wir am Tag des Brandes im Schlossgarten an der Erlöserkirche getroffen haben. Du erinnerst dich?“

Schubert nickte.

„Ein Bewohner der Neue Mauergasse glaubt, dass sie in den letzten Tagen regelmäßig im Silbernen Bein war. Soll Melanie heißen. Beim Schwarzgekleideten tappen wir im Dunkeln, sind uns aber sicher, dass es sich um einen Mann handelt. Allein schon wegen der Größe und Statur.“

„Was sagen die Bedienungen der Kneipe?“ Schubert trank einen Schluck Kaffee aus einem Becher, der vor ihm stand.

„Noch nichts. Die Wirtschaft gehört einer Sabrina Eskir, die seit vergangener Woche im Krankenhaus liegt und nach Angabe der Ärzte nicht vernehmungsfähig ist. Das hört sich alles dubios an. Wir sind am Ball. Das Lokal wird von der Cousine geführt, einer Katja Füller, ebenfalls ansässig in der Neuen Mauerstraße, allerdings ein paar Häuser weiter. Sie haben wir bislang nicht erreicht. Heute ist Ruhetag."

Schubert erhob sich. „Okay. Das ist eine tolle Arbeit bisher. Ihr wart ganz schön fleißig, während ich mir den Hintern im Gericht platt gesessen hab. Dann machen wir jetzt Feierabend!"

Das Lob ging Sandro runter wie Öl. „Ja, ich hatte prima Unterstützung durch zwei Kollegen, die mir der Chef gegeben hat. Außerdem war die Kriminaltechnik superschnell unterwegs. Apropos Spurensicherung, das hätte ich fast vergessen. In der Wohnung konnten sie Fremdspuren zuordnen. Falls das Blut aus dem Schlosspark von Siegfried zu Biebenau stammt, hat der sich in Rosenthals Haus aufgehalten!"

Schubert riss die Augen auf. „Was? Das sagst du so beiläufig?"

***

Melanie saß in der Erlöserkirche. Ihre Gedanken spielten Nachlauf, sie hatte Mühe, still zu sitzen und logisch zu denken. Ihr Magen rebellierte, seitdem sie im Keller die Truhe geöffnet hatte. Mit größter Selbstbeherrschung hatte sie es bisher verhindert, sich zu übergeben. Was sollte sie tun?

Es schauderte sie, als sie daran dachte, wie sie die Kiste zugemacht und den Schutzkeller abgeschlossen hatten. Sie hätten die Polizei rufen müssen, zumal klar war, dass die Beamten im Nachbarhaus vermutlich längst den Film von Melanies Einbruch entdeckt hatten. Was auch geschehen war, sie suchten sicherlich nach ihr und es würde für sie unangenehm werden. Wie konnte sie ihr Eindringen logisch erklären? Die mit dem Grafen konstruierte Geschichte kam ihr selbst ziemlich haarsträubend vor.

Wieso hatte er sich geweigert, sie zur Polizeidirektion zu begleiten? Der Hinweis, er sei dann in akuter Gefahr, klang in ihren Ohren zweifelhaft, da er nicht einmal begründen konnte oder wollte, worin die angebliche Bedrohung lag, weil das so „besser sei". Würde er sich wieder melden und wirklich auftauchen, falls es unbedingt notwendig sei, wie er versprochen hatte?

Etwas drückte in ihrer Hosentasche. Der Schlüssel zu Sabrinas Haus und Wohnung, den ihr der Graf gegeben hatte, um bei der Polizei glaubwürdiger zu erscheinen. Außerdem Jan Wolters Personalausweis. Warum hatte sie ihn geholt, nachdem der Graf sich verabschiedet hatte und verschwunden war? Was, wenn die Überwachung nach wie vor gelaufen war? Melanie kämpfte gegen die zunehmende Übelkeit. Zum Glück hatte sie bislang nichts gegessen!

Eine Besucherin erschien in der Kirche, schaute kurz in ihre Richtung und ging zum Altar.

Sie hatte Fragen, nur Fragen, aber keine einzige Antwort. Unzählige lose Enden schwirrten in ihrem Schädel umher, ohne ein Bild zu ergeben. Wer war das Skelett, das unter dem toten Jan Wolter lag? Es musste vor längerer Zeit dort seine letzte Ruhe gefunden haben, vermutlich vor mehreren Jahren. War Sabrina Eskir eine Mörderin?

Melanie konnte sich das nicht vorstellen, obwohl zwei Leichen in ihrem Keller etwas anderes erzählten. Wieso beobachtete sie der Graf und vor allem, weshalb hatte er sein Verschwinden inszeniert? Welchen Grund hatte es, dass Rosenthal Kameras in Sabrinas Wohnung installiert hatte? War er ihr Komplize oder gar der alleinige Täter, denn laut Aussage des Grafen besaß er einen

Schlüssel zu Sabrinas Haus. Was war eigentlich überhaupt mit dem Nachbarn passiert? Warum war die Polizei bei ihm gewesen?

Plötzlich durchzog sie ein glühender Schauer. Sie sollte Pascal Wolter anrufen und ihm mitteilen, dass sein Bruder tot war, bevor ihn die Behörden informierten. Damit wäre ihr Auftrag erledigt, obwohl es ihr vorkam, als beginne die Sache jetzt erst richtig. Sie würde aus Bad Homburg nicht verschwinden, ohne zu erfahren, was hier geschehen war.

Melanie verließ das Gotteshaus, setzte sich auf eine Bank und wählte Freds Nummer. Anrufbeantworter. Vermutlich war er im Dienst. Sie fühlte sich noch einsamer als sonst.

Sie tippte Wolters Telefonnummer und lauschte dem Klingelton, bis in Hamburg abgenommen wurde. Sie verzichtete auf lange Eingangsfloskeln, sondern erzählte ihrem Auftraggeber so einfühlsam, wie es ihr möglich war, von ihrem Fund und drückte ihr Mitgefühl aus. Seinen Fragen nach den Umständen wich sie aus und verwies auf die anstehenden polizeilichen Ermittlungen. Er nahm die Nachricht, soweit sie es am Telefon beurteilen konnte, sehr gefasst auf.

Eine Riesenlast schien ihr von den Schultern genommen, als sie auflegte. Sie hatte schon seit Ewigkeiten Angehörigen keine Todesnachricht mehr überbringen müssen und merkte erst jetzt, wie sie diese Pflicht bis eben belastet hatte. Sogar die Übelkeit verschwand.

Sie gab sich einen Ruck und eilte zum Hotel. Sie würde heute Abend den Abschlussbericht und die Abrechnung erstellen und danach an der Erklärung für ihren Aufenthalt in der Neue Mauerstraße feilen. Morgen früh musste sie die Polizeistation aufsuchen.

***

„Seid ihr wahnsinnig?“ Die Stimme brüllte dermaßen laut aus dem Telefon, dass sie mindestens zwanzig Zentimeter neben dem Ohr zu hören war. „Was ist das für eine Scheiße? Wollt ihr, dass wir auffliegen?“

„Es gab nur diese Möglichkeit. Rosenthal hat das meiste herausgefunden. Er hat überall Fragen gestellt. Vor allem in der Residenz. Er stand kurz davor, zu den Bullen zu gehen. Wir mussten handeln, bevor es zu spät war.“

„Das ist euer alleiniges Ding, so viel ist klar! Ihr glaubt aber nicht wirklich, dass die Polizei euch die Geschichte mit dem Nazi abkauft, oder?“

„Einen Versuch war es wert. Sonst hätten wir die Leiche ebenfalls verschwinden lassen müssen, was uns zu gefährlich erschien.“

„Warten wir mal ab. In jedem Fall haltet ihr bis auf Weiteres die Füße still. Stoppt die angeleierten Aktivitäten und beginnt nichts Neues. Ihr dürft nicht auffallen. Hast du das verstanden? Ist sichergestellt, dass er niemandem von seinen Erkenntnissen erzählt hat?“

„Ja, er hat bis zuletzt beteuert, dass nur er davon weiß.“

„Okay, hoffentlich stimmt das! Seid bloß vorsichtig. Ich melde mich.“

29. April

Martin Schubert schob den Taunusblick auf dem Schreibtisch vor ihm zur Seite und stellte die leere Kaffeetasse darauf. Er schaltete den Computer ein und surfte im Internet.

Der Mord im Schlosspark schlug wie erwartet hohe Wellen. Nicht nur in der Zeitung, sondern auch in den sozialen Netzwerken. Bestürzung, Unverständnis, Angst, zudem die üblichen Ratschläge an die Ermittlungsbehörden mischten sich zu einem ungeheuren Meinungssalat.

Schon wegen der Inszenierung des Opfers sprossen die Gerüchte aus dem Boden wie Grashalme. Bald einigten sich alle Hobbydetektive, insbesondere die, die keinerlei Information zu besitzen schienen, auf die Überzeugung, dass eine antisemitische Tat vorläge und der Staat versagt habe. Selbstverständlich gab es gerade im Netz ebenso die andere Gruppe, die das Verbrechen bejubelte und an die Reinhaltung der deutschen Kultur appellierte. Manche Kommentare waren derart infam, dass sie vermutlich den Tatbestand der Aufforderung zu einer Straftat erfüllten. Die ersten kommunalen Politiker hatten sich gemeldet und auf eine sofortige und lückenlose Aufklärung gepocht.

Martin beendete die Recherche genervt. Für dieses Geschwafel fehlten ihm die Zeit und vor allem die Lust. Sie mussten den oder die Täter baldmöglichst finden, so viel war klar, aber ohne die Ratschläge und Kommentare all derjenigen, die sich in Szene setzen und in den Vordergrund spielen wollten. Natürlich hatte ihn sein Chef, Sebastian Wolrich, am Vorabend noch daheim angerufen, um ihn an die Brisanz des Ganzen zu erinnern. Von dessen Seite erwartete er jedoch noch den geringsten Druck, solange die Ermittlungen vorangingen. Der Dienststellenleiter war dafür bekannt, seine Mitarbeiter arbeiten zu lassen und ihnen im Notfall den Rücken freizuhalten, sofern er sich ausreichend informiert fühlte. Für diesen Führungsstil war ihm Schubert sehr dankbar.

Die Tür öffnete sich und Kimmerle betrat den Raum. Er balancierte einen Ordner, einen Schnellhefter, eine Aktentasche und eine Kaffeetasse. Martin hielt die Luft an, sah er sich bereits einen Putzlappen suchen oder zumindest diverse Gegenstände vom Boden aufheben.

„Guten Morgen, Martin," rief er und schaffte es irgendwie, alles unversehrt auf der Tischplatte abzustellen.

„Hallo, Sandro, machst du Koordinationstraining?"

„Quatsch!", kam die prompte Antwort. „Ich hab gerade erfahren, dass ein Kollege gestern Abend die Cousine von Sabrina Eskir befragt hat." Er zeigte auf den Hefter. „Sie heißt Katja Füller und führt mit Eskir gemeinsam das Silberne Bein."

„Sandro, das hatten wir bereits! Komm auf den Punkt!"

Unbeeindruckt setzte sich Kimmerle auf seinen Bürostuhl und trank einen Schluck aus der Tasse.

„Halt dich fest. Sie hat tatsächlich die Frau auf dem Überwachungsvideo erkannt. Ihr Name lautet Melanie Gramberg, sie wohnt im Hotel Homburger Haus in der Elisabethenstraße. Und es kommt besser: Die Wohnung auf dem Film befindet sich über dem Wirtshaus und gehört Sabrina Eskir. Also liegt sie im Nachbarhaus des Tatorts! Was sagst du dazu?" Kimmerle strahlte.

Das waren wirklich interessante Informationen. In der Tatnacht war diese Person in das Nachbargebäude eingebrochen. Ein Zufall? Wohl kaum. Schubert sah seinen jüngeren Kollegen auf dem Stuhl hin und her rutschen.

„Hast du noch mehr?"

Kimmerle setzte eine beleidigte Miene auf. „Reicht das nicht?“ Er grinste. „Aber ich will mal nicht so sein.“

Er erzählte von dem Vorfall zwischen Melanie Gramberg und Leo Schneider im Silbernen Bein.

Plötzlich vibrierten Schuberts Nerven. „Das ist ein Hammer. Dann beherrscht die nette Dame also Kampfsportarten und wäre demnach vielleicht sogar in der Lage gewesen, Rosenthal zu verprügeln!“

Kimmerle nickte eifrig.

Martin sprang auf. „Los, Sandro, die will ich kennenlernen! Wir fahren zum Hotel.“

In diesem Moment klopfte es und ein Schutzpolizist kam herein. „Guten Morgen. Ihr habt Besuch. Eine Melanie Gramberg möchte euch sprechen. Es sei dringend.“

***

Melanie fühlte sich wie gerädert. Immer wieder kamen die Gedanken an ihre Erlebnisse und die damit verbundenen Fragen hoch. Schemenhaft erinnerte sie sich an einen Albtraum, in dem sich die übliche Unfallszene abspielte, allerdings zum Schluss das Gesicht des kleinen Mädchens sich in das von Ralf Rosenthal verwandelte. Es war blutüberströmt und er zeigte mit dem Finger auf sie, wobei er höhnisch lachte. Auch jetzt noch beschleunigte sich ihr Herzschlag, wenn sie daran dachte.

Ralf Rosenthal war tot, vermutlich ermordet, während sie sich im Nachbarhaus aufgehalten hatte. Mit einem Hakenkreuz auf der Stirn, wenn man den Online-Nachrichten Glauben schenken durfte. Was hatte das zu bedeuten? Der Gedanke, zu den Verdächtigen zu zählen, sobald die Polizei Kenntnis von ihrer Identität und dem Besuch bei Sabrina erlangte, drängte sich ihr auf. Sie musste die Flucht nach vorne antreten, sich stellen und hoffen, mit der konstruierten Geschichte durchzukommen. Vielleicht half es ja, dass Sabrina derzeit nicht verfügbar war.

Als sie das Gebäude in der Saalburgstraße betrat, ging sie direkt zum gegenüberliegenden, dick verglasten, Informationsschalter. Ein Beamter in Uniform sah sie lächelnd an. Als sie ihm jedoch erklärte, dass sie dringend jemand sprechen müsse, der für Tötungsdelikte zuständig sei, gefror sein freundlicher Blick. Schließlich konnte Melanie ihn davon überzeugen, dass sie sich keinen üblen Scherz erlaubte, und durfte auf einem Stuhl in der Nähe des Schalters Platz nehmen.

***

Sie saß in einem fensterlosen Raum, als zwei Männer das Zimmer betraten, in denen sie die beiden Beamten erkannte, die sie an der Erlöserkirche belauscht hatte. Der ältere stellte sich als Martin Schubert, der jüngere als Sandro Kimmerle vor.

Schubert ergriff das Wort, ohne sie nach dem Anlass ihres Besuchs zu fragen, was sie etwas irritierte. Selbst wenn die Polizisten längst wussten, wer vor ihnen saß, hätte sie vermutlich die Vernehmung anders begonnen und sie zunächst kommen lassen.

„Sie sind Melanie Gramberg?“ Er wartete keine Antwort ab und ging sofort zum Angriff über. „Was haben Sie in der vorletzten Nacht in Sabrina Eskirs Wohnung in der Neue Mauerstraße gemacht und wie sind Sie dort hineingekommen?“

Das fing ja gleich super an! Melanie gab sich Mühe, überrascht zu wirken, und runzelte die Stirn. „Woher wissen Sie das und was geht Sie das an?“, entgegnete sie in einem schnippischen Ton. Ihre Geschichte war so dünn, dass sie möglichst überzeugend auftreten musste. Eigentlich war ihr der Start der Vernehmung angenehm, denn so konnte sie ihre Informationen, die die Polizisten anscheinend nicht kannten, in einem günstigen Moment zum Besten geben.

„Frau Gramberg, wir suchen Sie wegen Wohnungseinbruchs. Ich weise Sie darauf hin, dass wir Sie als Beschuldigte befragen.“ Schubert wies sie auf ihre Rechte hin, wobei Melanie nur mit einem Ohr zuhörte.

Obwohl sie ihre zitternden Hände unter die Oberschenkel schob und eine heiße Welle sie durchlief, grinste sie demonstrativ. „Das ist interessant! Anstatt sich zu erkundigen, warum ich hier bin, beschuldigen Sie mich zunächst einmal auf kuriose Art und sagen nicht, wie Sie von meinem Besuch in dem Gebäude erfahren haben. Werde ich beobachtet und falls ja, auf welcher Grundlage? Ich mache es von Ihrer Antwort abhängig, ob ich mich weiter äußere, oder einen Anwalt hinzubitten möchte.“ Betont langsam lehnte sie sich zurück, ohne den Blickkontakt mit Schubert zu unterbrechen.

Dieser stutzte und schaltete einen Gang runter. Er sprach ruhiger. „Frau Gramberg, es bringt wenig, sich gegenseitig anzugiften. Wir haben davon Kenntnis, dass Sie dort eingedrungen sind. Woher, sagen wir Ihnen nicht. Also beantworten Sie einfach die Frage. Wenn Sie keine Straftat begangen haben, können Sie uns den Grund Ihres Aufenthaltes mitteilen.“

„Okay, machen wir es kurz. Ich ging spazieren und kam an der Gaststätte vorbei. Dabei fiel mir auf, dass die Tür zum Seiteneingang offenstand. Da ich wusste, dass meine Freundin Sabrina nicht zu Hause war, wollte ich nachschauen, was los war.“

Melanie erzählte, dass sie vorsichtig in die Wohnung gegangen sei, aber sie hätte nichts Ungewöhnliches feststellen können. Deshalb habe sie davon abgesehen, die Polizei anzurufen.

Schubert hörte regungslos zu, um an dieser Stelle einzuhaken. „Frau Gramberg, wollen Sie uns verarschen? Sie gehen allein um 2 Uhr in der Nacht in der Altstadt spazieren und sehen einen offenen Eingang, wobei Sie befürchten müssen, dass Einbrecher am Werk sind. Anstatt uns zu holen, was jeder vernünftig denkende Mensch getan hätte, betreten Sie das Haus und spielen Detektiv. Versuchen Sie, mir zu erzählen, dass Sie lebensmüde sind?"

„Quatsch, ich vermag das Risiko einzuschätzen. Erstens bin ich tatsächlich Privatdetektivin und habe bis vor zwei Jahren für das LKA Hamburg gearbeitet. Mir war bewusst, was ich tat."

Die Beamten schauten sich überrascht an. „Aha, Polizistin und Detektivin. Besitzen Sie eine Waffe?", fragte Kimmerle.

„Nein. Aber ich habe den schwarzen Gürtel in drei Kampfsportarten und kann mich verteidigen. Gehen Sie davon aus, dass ich beim geringsten Hinweis auf einen Einbrecher den Notruf gewählt hätte. Es war jedoch alles in Ordnung." Melanie wusste, dass die Beiden ihr die Geschichte nicht glaubten, und konnte es ihnen nicht einmal verdenken.

„Wie sind Sie überhaupt in die Wohnung gekommen?", ließ Kimmerle nicht locker.

Gelassen nahm Melanie Sabrinas Schlüssel aus der Jackentasche und legte sie auf den Tisch. „Mit Frau Eskirs Wohnungsschlüssel." Es fehlte nur noch die Frage, warum sie die Räume durchsucht hatte. Daher beschloss sie, jetzt selbst anzugreifen.

„Meine Herren, gibt es eigentlich eine Anzeige der Hauseigentümerin bezüglich eines Einbruchs? Wer sagt, dass diese mit dem Besuch nicht einverstanden war? Haben Sie Frau Eskir befragt? Nach dem Strafgesetzbuch heißt es Hausfriedensbruch, und der liegt nur vor, wenn das Betreten gegen den Willen der Eigentümerin geschieht. Dass ich Schlüssel zur Wohnung besitze, erklärt wohl alles. Also haben Sie, wie mir scheint, kein Recht, mich zu vernehmen." Ihr war bewusst, dass sie ein heikles Spiel trieb, denn sobald Sabrina Anzeige erstattete, wäre sie geliefert. Deshalb musste sie die Beamten überrumpeln.

„Hören Sie, auch wenn Sie anscheinend keinerlei Interesse daran haben, warum ich überhaupt hier bin, werde ich so freundlich sein, es Ihnen dennoch zu erzählen. Im Schutzkeller des Hauses liegen in einer Truhe zwei Leichen." Beinahe hätte sie losgeprustet, als Schuberts und Kimmerles Gesichter jegliche Farbe verloren. „Einer der Toten heißt Jan Wolter und ist die Person, die ich im Auftrag seines Bruders gesucht habe."

Sie griff in ihre Jacke und legte Jans Ausweis auf den Tisch. „Unter ihm befindet sich ein Skelett, das meiner Meinung nach seit einigen Jahren dort liegt." Melanie verschränkte die Arme und lächelte. „Ich schlage vor, wir beenden Ihre sogenannte Befragung einer Beschuldigten und Sie beginnen mit der Arbeit!"

30. April

Melanie war mit einem Mietwagen auf dem Weg in Richtung Michelstadt. Der Scheibenwischer arbeitete monoton vor sich hin, während das Wasser in Sturzbächen an der Windschutzscheibe hinunterrann. Sie war gespannt auf das Treffen mit Philipp Heimke, dem Ex-Freund von Sabrina.

Während der Autofahrt ließ sie die Ereignisse des Vortags Revue passieren. Sie schmunzelte, als sie daran dachte, wie schnell die beiden Beamten zum Eskir-Haus aufgebrochen waren, nachdem sie ihre Schockstarre überwunden hatten. Sie hatten Melanie gebeten, sie zu begleiten. Katja Füller schloss dem Polizeiteam die Tür auf und Melanie führte sie zum Schutzkeller. Auch wenn sie keinen Ton zu ihr gesagt hatte, war Melanie Katjas vernichtender Blick nicht entgangen. Schubert und Kimmerle befahlen ihnen, im Vorraum zu warten, und zogen sich Schutzkleidung an, bevor sie den Keller betraten. Nach einer kurzen Inspektion forderten sie Melanie zu ihrer Überraschung auf, das Gebäude zu verlassen. Seitdem hatte sie vergeblich auf einen Besuch der Beamten gewartet.

Sie stellte das Fahrzeug auf dem Altstadtparkplatz ab und ging durch einen Torbogen in den historischen Teil der Fachwerkstadt. Heimke wohnte in der Häfnergasse. Sie lief durch die Neutorstraße, vorbei an einem hell erleuchteten Ladengeschäft. Sie hatte noch ein paar Minuten Zeit bis zum vereinbarten Termin und passierte deshalb Heimkes Domizil, bis sie zu einem Turm gelangte, der sich laut dem angebrachten Schild Diebsturm nannte. Er war in vergangenen Tagen, wie der Name vermuten ließ, ein Gefängnis gewesen. Durch eine Maueröffnung erreichte Melanie einen Graben, der sicher einmal die Stadt begrenzt hatte. Von einer Brücke aus sah sie die Rückfront der Häuser in der Gasse und stellte fest, dass Heimkes Wohnhaus ebenfalls aus Fachwerk bestand.

Ein groß gewachsener Mann mit einer blonden Streichholzfrisur öffnete ihr die Tür und bat sie herein. Sie war zwiegespalten, ob der Termin ihr neue Erkenntnisse bringen würde. Allerdings war Heimke sofort zu einem Treffen bereit gewesen, nachdem sie am Telefon mit offenen Karten gespielt und den Anlass ihres Besuchs ehrlich beschrieben hatte. Ob aus Neugier oder weil er sie unterstützen wollte, würde sich gleich zeigen. Egal, sie musste nach allen Strohhalmen greifen. Er bot ihr einen Kaffee an, den sie ablehnte.

„Sie sagten mir, dass Sie Privatdetektivin seien und den Auftrag haben, einen Freund von Sabrina zu finden. Wie kann ich Ihnen dabei helfen?“ Seine Stimme klang angenehm und er machte auf Melanie einen sympathischen Eindruck, obgleich man den Verkäufer in ihm erkannte.

„Danke, dass Sie sich Zeit für dieses Gespräch genommen haben. Ja, ich suche Jan Wolter, der von einem auf den anderen Tag verschwunden ist.“ Sie hatte beschlossen, noch nichts vom Fund der Leiche zu berichten. Vielleicht lag ihr Entschluss daran, dass ihr klar war, dass sie ihren eigentlichen Auftrag beendet hatte.

„Wenn ich richtig informiert bin, waren Sie bis vor circa einem Jahr mit Frau Eskir zusammen“, fuhr sie fort. „Wie lange dauerte die Beziehung?“

„Ungefähr vier Monate. Es war mehr eine Fernbeziehung. Ehrlich gesagt, war die Geschichte eher lose.“

Melanie spürte, dass Heimke ihr etwas verschwieg.

„Kennen Sie Ralf Rosenthal?“, fragte sie aufgrund einer spontanen Eingebung.

Ihr Gastgeber verzog das Gesicht. „Logisch. Der Nachbar. Ein merkwürdiger Kauz. Mir war er ein wenig suspekt. Ich glaube, er war selbst in Sabrina verschossen und wollte sie beschützen. Manchmal hatte ich das Gefühl, dass ich ihm im Weg war."

Interessant! „Hatten Sie Streit mit ihm?"

„Nein, wenn er da war, bin ich ihm so weit wie möglich aus dem Weg gegangen. Sabrina ließ nichts auf ihn kommen. Ich hatte das Gefühl, ständig mit ihm verglichen zu werden."

„War das der Grund, warum Sie von einem auf den anderen Tag die Liaison beendet haben?"

Heimke schien zu überlegen. „Vielleicht auch. Obwohl, es war vor allem deshalb, weil ich merkte, dass wir nicht zusammenpassen."

Wieder kam es ihr vor, dass er nicht die volle Wahrheit sagte. „Wo haben Sie sich kennengelernt?"

„Im Silbernen Bein. Ich habe da eines Tages am Ende meiner Tour etwas gegessen und getrunken."

„Was muss ich mir unter Tour vorstellen?"

„Ich bin Pharmareferent für einen Schweizer Konzern und betreue einen Bezirk im Rhein-Main-Gebiet, zu dem der Hochtaunuskreis gehört", erläuterte Heimke bereitwillig.

„Verstehe. Kennen Sie den Architekten Schüttler oder dessen Angestellten Rall?"

Heimke schüttelte den Kopf. „Nein, wer soll das sein?"

Irgendwie wurde das Gespräch unergiebig. Melanie bereute langsam, dass sie hierher gefahren war. Heimke schien ihr nicht weiterhelfen zu können oder zu wollen. Da war sie sich nicht ganz sicher.

Also versuchte sie es mit einer Provokation. „Herr Heimke, das ist alles sehr nett, was Sie mir erzählen, aber ich könnte wetten, dass da mehr war und Sie mir irgendetwas verschweigen. Was ist der wirkliche Grund, warum es zwischen Ihnen beiden nicht geklappt hat und Sie mir nichts, dir nichts, abgehauen sind?“

Heimke stutzte und schaute zum Fenster. Er wirkte verunsichert. Schließlich sah er die Besucherin an. „Wissen Sie, ich möchte keine Gerüchte in die Welt setzen und Sabrina schaden. Sie ist eine liebenswerte Frau.“ Erneut zögerte er. „Ich glaube, sie ist krank!“

Melanie runzelte die Stirn. „Wie meinen Sie das?“

„Psychisch. In ihr steckt eine zweite Persönlichkeit, die immer dann auftaucht, wenn Sabrina bedrängt wird. Sie nennt sich Claudia! Ich habe das gegoogelt. Ich bin mir sicher, dass sie an einer dissoziativen Identitätsstörung leidet!“

***

Schubert und Sandro saßen in einem Besprechungsraum mit den Kollegen zusammen, die sie bei den Recherchen nach Rosenthals Tod unterstützt hatten. Sandro schätzte Sarah Schwenke und Felix Hummer, die ihnen schon mehrmals zugeteilt worden waren, wegen ihrer unkomplizierten Art. An einer Wand vor ihnen hing eine weiße Tafel mit unzähligen Fotos und Zetteln, die mit Pfeilen und Verbindungslinien versehen waren. Die Wandfläche war in der Mitte durch einen senkrechten Strich geteilt. Die linke Seite gehörte zum Fall des verstorbenen Rosenthal, rechts hingen die bisherigen Erkenntnisse zu den Leichenfunden im Schutzkeller.

Schubert stand auf und zeigte auf die Bilder aus dem Keller. „Wir haben es mit zwei Leichen zu tun. In dieser Holztruhe“, er deutete auf eine Aufnahme, „befand sich Jan Wolter, der im Januar als vermisst gemeldet wurde. Nach den Angaben von Katja Füller handelt es sich um den Ex-Freund ihrer Cousine Sabrina Eskir. Todesursache war ein Genickbruch, ansonsten keine Spuren von

Gewalteinwirkung. Unter ihm lag das Skelett eines Mannes, der seit zehn bis fünfzehn Jahren tot ist. Die Kollegen schätzen, dass er im Alter von circa 50 gestorben sein dürfte. Gemäß Obduktionsergebnis führten drei Stiche im Brustbereich zum Tod. Eine gesicherte Identität haben wir bisher nicht. Es könnte sich um den Onkel der Hauseigentümerin handeln, der bis vor rund zehn Jahren in dem Haus wohnte und damals spurlos verschwand. Ebenfalls laut Aussage von Frau Füller. Das wird gerade überprüft."

Hummer meldete sich zu Wort. „Für mich klingt das, als habe die Eskir ihr unliebsame Zeitgenossen entsorgt. Was wissen wir von ihr?"

„Möglich", erwiderte Sandro. „Wir haben sie gestern festgenommen. Sie wurde in die forensische Psychiatrie nach Usingen verlegt."

„Warum?", fragte Schwenke, die Sandro gegenübersaß.

„Sie war seit ein paar Tagen wegen psychischer Labilität in der Vitos-Klinik in Friedrichsdorf, wohin sie sich freiwillig begeben hat. Ihr Zustand hat sich drastisch verschlechtert. Wir konnten sie bisher nicht vernehmen, worauf wir sie zunächst in Gewahrsam genommen haben. Ich bin aber dran, eine Genehmigung zur Befragung zu bekommen."

Schubert trank einen Schluck Kaffee und stellte sich an die Wand. „Hast du etwas zu dieser dubiosen Gramberg herausgefunden?"

Sandro nickte. „Ja, ziemlich interessant. Die Dame war tatsächlich bis vor zwei Jahren beim mobilen Einsatzkommando des LKA Hamburg, hat dort im Nachgang eines Unfalls im Einsatz mit Todesfolge den Dienst quittiert und ist vor sechs Monaten erstmals als Privatdetektivin in Erscheinung getreten. Was sie dazwischen gemacht hat, konnte ich noch nicht feststellen. Bleibe am Ball."

„Warum haben wir sie nicht festgenommen?", erkundigte sich Schwenke. „Zumindest für den Bruch. Vielleicht sogar wegen des

Verdachts der Tötung von Rosenthal. Immerhin war sie in etwa zur gleichen Zeit vor Ort."

Schubert schüttelte den Kopf. „Aufgrund des Einbruchs können wir sie im Moment nicht festsetzen. Sie hat uns eine hanebüchene Story aufgetischt, die ich nicht eine Sekunde glaube. Allerdings liegt nach den bisherigen Erkenntnissen kein Eigentumsdelikt vor und ohne eine Aussage von der Eskir haben wir derzeit wenig Handhabe gegen sie. Ebenso wird der Mordvorwurf schwierig. Mal abgesehen davon, dass ein Motiv fehlt, kann sie die Leiche unmöglich allein in den Schlosspark gebracht haben."

Die Schwenke verzog das Gesicht. „Was ist mit dem Vermummten im Überwachungsvideo? Der könnte ein Mittäter sein."

Schubert nickte. „Ja, das stimmt. Den müssen wir finden!"

Die Tür öffnete sich und ein Schutzpolizist betrat den Raum. Er schaute sich kurz um und reichte Sandro eine dünne Plastikhülle. Der überflog die darin enthaltenen Seiten.

„Das ist eine Ergänzung zum Report der Kriminaltechnik. Die vermeintlichen Fingerabdrücke des Obdachlosen sind in jedem Fall nach seinem Verschwinden am 22. April in Rosenthals Wohnung gelangt. Das hieße …"

„… der Graf lebt und hält sich vermutlich in Bad Homburg auf", ergänzte Hummer. „Was ist, wenn er der geheimnisvolle Unbekannte auf dem Video ist?"

Schubert hielt den Daumen hoch. „Genau, raus mit der Fahndung." Er sah zu Sandro rüber. „War es das?"

Der sah immer noch auf den Bericht. „Nicht ganz. Im Keller gab es keinerlei Blutspuren, womit feststeht, dass die Leichen dort nur abgelegt wurden und deren Tötungen woanders geschehen sein müssen."

***

Die Erlöserkirche war an diesem Nachmittag menschenleer. Melanie ergänzte im Smartphone ihre Gedanken zu dem Fall. Die Nachricht von Sabrinas Krankheit warf, wie sie fand, ein neues Licht auf die Geschehnisse.

War es möglich, dass sie in einem psychischen Wahn zwei Menschen umgebracht hatte? Wer hatte unter Wolter in der Kiste gelegen?

Außerdem grübelte Melanie nach wie vor darüber nach, wer sie im Schutzkeller niedergeschlagen hatte. Rosenthal oder doch der Graf? Sofern er es gewesen war, weshalb hatte er sie befreit und sich zum Verbündeten erklärt?

Der Graf hatte spekuliert, dass Rosenthal ihr Eindringen auf dem Bildschirm gesehen hatte und in Panik geraten war. In seiner Verzweiflung habe er sie niedergeschlagen und eingesperrt, um Zeit zu gewinnen und nachzudenken. Allerdings sei er dann getötet worden.

Melanie seufzte und zuckte mit den Schultern. Hörte sich nicht unlogisch an. Wer sonst kam in Frage? In ihrem Inneren glaubte sie, dass Siegfried zu Biebenau ihr tatsächlich helfen wollte und mit den Tötungen nichts zu tun hatte. Aber was war schon ein Gefühl? War ihm wirklich zu trauen? Wünschte sie sich das nicht viel mehr, weil sie sich einen Vertrauten herbeisehnte und sich gerade ziemlich allein vorkam?

Wie lange würde es dauern, bis die Polizei sie wegen des Besuchs in Sabrinas Wohnung richtig in die Mangel nehmen würde?

In ihrem Kopf purzelten die Gedankensplitter wild durcheinander. Seufzend notierte sie sich die Personen, die sie für relevant hielt:

Katja Füller: Vor dieser Begegnung hatte sie gehörigen Respekt, da Sabrinas Cousine sich denken konnte, dass sie in die Wohnung eingedrungen war.

Siegfried: Wo sollte sie ihn suchen? Er hatte angekündigt, dass er sich melden würde. Nur wann? Er war der einzige, der ihr ein Alibi für die Tatzeit von Ralfs Ermordung geben konnte. Sie musste ihn dringend und in Ruhe sprechen.

Marion Klettke und Werner Mumer: Sicherlich hatten die beiden Seniorenbetreuer einen Überblick über das Geschehen in der Altstadt und konnten ihr möglicherweise neue Erkenntnisse bringen.

Oliver Grundke: Der Langhaarige hatte sich bei ihrem Kampf mit Leo Schneider irgendwie merkwürdig verhalten. Seit dem Tag hatte sie ihn nicht mehr gesehen. Von ihm wusste sie so gut wie nichts. Warum eigentlich? Melanie zögerte.

Nadine Gissel: Die Redakteurin hatte mit dem Grafen gesprochen. Über was? Hatte es etwas mit den Geschehnissen zu tun?

Frank Schüttler: Machte es Sinn, mit ihm zu reden? Vielleicht würde sie erfahren, was dem Architekten so wichtig an dem Doppelhaus in der Neuen Mauerstraße war.

Melanie schüttelte genervt den Kopf. Das waren so ziemlich alle, die sie hier kannte. Also gab es viel zu tun. Sie sprang auf, als ihr Handy vibrierte. Fred Spiegel! Sie hastete aus der Kirche und nahm das Gespräch an.

„Hi Fred, das ist ja eine Überraschung."

„Grüß dich, Mel, wo bist du? Ich dachte, du seist längst wieder hier in Hamburg. Du hast den Auftrag doch erledigt."

Melanie erzählte ihm in schnellen Sätzen von den Vorfällen der letzten Stunden, wobei sie ihm verschwieg, dass sie im Schutzkeller eingeschlossen worden war, um ihn nicht zu beunruhigen. „Ich will jetzt herausfinden, was hier gespielt wird. Mein Bauch sagt mir, dass eine riesige Sauerei im Gange ist!"

Es war einen Moment still in der Leitung. „Hallo, Erde an Mel. An die Privatdetektivin, die nicht mehr bei der Polizei ist!" Er machte eine winzige Pause. „Mel, beweg deinen süßen Hintern hierher an die Elbe. Das ist nicht dein Job, sondern Sache der Kollegen in Bad Homburg! Bisher hattest du Glück, aber das erscheint mir langsam gefährlich."

„Blödsinn, ich hab dir schon ein paar Mal gesagt, dass ich auf mich aufpassen kann." Na, klar, du Supergirl, schoss es ihr durch den Kopf. Und wenn nicht, sitzt du ziemlich verzweifelt in einem Keller. Sie grinste. Jede Faser ihres Körpers signalisierte ihr, dass er auf Jagdmodus gepolt war. Ein tolles Gefühl! „Woher weißt du eigentlich, dass ich Jan Wolter gefunden habe?"

Fred seufzte ein wenig theatralisch. „Von Wolfgang Schuldt. Er war am Morgen hier und hat mir mitgeteilt, dass du den Auftrag erfüllt hast und damit meine Auskunftsfreudigkeit dir gegenüber beendet zu sein hat."

Das war ja schnell gegangen. Wieso hatte Pascal Wolter ihren Ex-Vorgesetzten so eilig informiert? Denn nur er konnte es gewesen sein.

Fred sprach weiter. „Das ist aber noch nicht alles. Es gab heute früh ein Telefonat zwischen Schuldt und einem Sebastian Wolrich, dem Leiter der Bad Homburger Polizeidirektion. Dieser hat sich offiziell nach dir erkundigt. Er hat angedeutet, dass du in mehrere Mordfälle verwickelt und zudem irgendwo eingebrochen seiest. Schuldt war außer sich und hat mir aufgetragen, dass ich dafür sorgen möchte, dass du unverzüglich heimkommst!"

Melanie lachte schallend, obwohl ihr im Moment nicht im Mindesten danach zu Mute war. „Na, das ist ja mal eine tolle Idee! Da kann ich mir ja auch gleich selbst Handschellen anlegen und aufs Präsidium marschieren. Ein größeres Schuldeingeständnis gäbe es wohl kaum als abzuhauen."

***

Melanie betrat eine Minute nach 17 Uhr das Silberne Bein. Katja stand mit dem Rücken zum Eingang vor der Bar. Sie drehte sich um, während sie sprach. „Guten Tag, nehmen Sie Platz, wo immer Sie …“ Die Worte erstarben, bevor sie den Mund verlassen konnten. Ihre Augen weiteten sich, das Gesicht nahm die Farbe einer reifen Tomate an, als sie auf Melanie zuging.

„Hallo, Katja.“

„Du? Du wagst es, hier aufzutauchen? Mach, dass du rauskommst! Ich möchte dich hier nicht mehr sehen!“, sprudelte es aus Sabrinas Cousine förmlich heraus.

„Jetzt wart doch mal, ich …“ Weiter kam Melanie nicht.

„Da gibt es nichts abzuwarten!“, schrie Katja und stand nun direkt vor ihr. Ein groteskes Bild, denn die Wirtin war sicher fünfzehn Zentimeter kleiner und musste zu Melanie aufschauen.

„Es reicht!“ Melanie erhob die Stimme. „Ich will mit dir reden und zwar vernünftig.“

Katja griff plötzlich an. Ihre Fäuste trommelten auf Melanies Brust, Schultern und Arme. „Du hast Sabrina betrogen und bist bei ihr eingebrochen. Du hast sie ans Messer geliefert! Du hast uns alle getäuscht!“, sprudelte es aus Katja heraus.

Melanie umschlang ihre Angreiferin und presste sie fest an sich. „Hör mir einfach einen Augenblick zu!“, erwiderte sie leise. „Dann kannst du mich immer noch rauswerfen. Ich bin auf Sabrinas Seite!“, flüsterte sie Katja ins Ohr. Die Angriffslust endete genauso schnell, wie sie begonnen hatte. Katja stand vor Melanie, drückte das Gesicht an ihren Oberkörper und begann hemmungslos zu weinen.

Melanie führte sie an einen Tisch und setzte sich neben sie. Zu ihrer Überraschung hörte Katja zu, als sie von dem Auftrag und ihrem nächtlichen Besuch erzählte. Die Begegnung mit dem Grafen verschwieg sie.

„Warum hast du das nicht von Anfang an gesagt?", schluchzte Katja. „Wie willst du Sabrina helfen? Die Bullen glauben anscheinend, dass sie zwei Menschen umgebracht hat."

Melanie überlegte eine Sekunde. Sie wollte Katja nicht anlügen. „Ich weiß nicht, ob deine Cousine etwas mit dem Tod von Jan Wolter und dem Skelett in der Truhe zu tun hat."

Wieder ein lautes Schluchzen. „Wie kannst du gegen die Polizei ankommen?"

Kein unberechtigter Einwand. Bisher hatte sie ja nur ein Gefühl, wenn auch ein starkes. „Du musst mir einige Fragen beantworten. Wer könnte so lange unbemerkt in der Kiste liegen?"

Katja sah auf. „Ich zermartere mir darüber ständig das Hirn. Der Einzige, der mir einfällt, ist Onkel Axel. Der hat bis vor rund zehn Jahren hier gewohnt und dann Sabrina plötzlich im Stich gelassen. Ich weiß nicht viel dazu, weil sie nicht über ihn redet und ich zu der Zeit in Australien und Neuseeland war."

„Okay, das ist ein Ansatz. Wie kommt es eigentlich, dass du nichts von der Truhe im Keller wusstest?"

„Das ist ganz einfach. Ich war das letzte Mal vor zig Jahren da unten und nie im Schutzkeller. Was sollte ich da?" Katjas Antwort klang ruhig und entspannt.

„Gut, erzähl mir etwas von Sabrinas Krankheit."

Katja riss die Augen auf. „Woher weißt du davon?"

„Hat mir jemand zugeflüstert. Also? Ich muss wissen, ob sie vielleicht die Morde begangen hat, ohne dafür verantwortlich zu sein."

„Sabrina hat niemanden getötet! Das weiß ich!", brauste Katja auf, um erneut in sich zusammenzufallen. „Ich kann zu der Erkrankung wenig sagen. Als ich vor sechs Jahren hierher zurückkam, war sie völlig verändert. Einerseits wie früher und dann hatte ich ab und zu den Eindruck, einen ganz anderen Menschen vor mir zu haben. Nicht oft, aber ab und zu."

„Wie äußerte sich das?“

„Nun, sie sprach manchmal von sich in der dritten Person, als ob sie sich von außen betrachte.“

Das war bestimmt auch so, dachte Melanie. „Ist sie in Behandlung bei einem Arzt?“

„Ja, aber sie spricht mit mir nicht darüber. Ich weiß aber, dass sie regelmäßig zu einem Psychologen geht, weil das ein Jugendfreund von mir ist und er sich mal verplappert hat, als ich mich mit ihm auf einen Kaffee getroffen habe.“

„Prima, du musst mir die Adresse aufschreiben.“ Melanie bemerkte, dass Katja erschöpft wirkte. „Eine Frage noch: Warum gibt es in der Wohnung ein Kinderzimmer? War Sabrina mal schwanger?“

Katjas Augen wurden groß. „Wo soll das sein?“

Bevor Melanie antworten und das Thema vertiefen konnte, öffnete sich die Eingangstür und Marion Klettke, Werner Mumer und Oliver Grundke betraten das Lokal.

Der Langhaarige grinste Melanie unverhohlen an. „Wenn das nicht die Privatdetektivin ist! Ich dachte, für Einbruch wird man eingebuchtet!“

***

„Ich wusste, dass ich in der Scheiße sitze. Diese Schweine haben mich so was von verarscht!“, schrie Leo Schneider und haute mit der Hand des gesunden Arms auf die Werkbank im Schuppen, der an das Wohnhaus grenzte.

Vor wenigen Minuten waren zwei Bullen gegangen, die sich nach seinem Alibi für die Nacht von Rosenthals Tod erkundigt hatten. Es war ja klar gewesen, dass die auftauchen würden! Natürlich blieb er bei der Version, dass er im Saarland das Konzert besucht habe und nannte den Namen des Hotels, in dem er übernachtet hatte. Er konnte ja schlecht zugeben, dass er in Wirklichkeit in Frankfurt mit ein paar Kumpeln eine Synagoge mit Graffiti beschmiert und Fensterscheiben eingeworfen hatte.

Er murmelte weiter vor sich hin. „Die haben alles so hingetrickst, dass es aussieht, als hätte ich das Judenschwein massakriert. Aber die sollen mich kennenlernen. Ich weiß genau, wer für den Mord verantwortlich ist."

Er griff nach seinem Smartphone auf der Werkbank und öffnete die App „Örtliches Telefonbuch". Schnell tippte er auf dem Display und drückte auf Verbinden.

Es dauerte einen Moment, bis es klingelte. Endlich knackte es. „Hallo."

Schneider gab sich Mühe, möglichst hoch und schrill zu klingen. „Hörr zu, Bruda", versuchte er, einen osteuropäischen Akzent zu imitieren. „Ihrr habt kaltgemacht den Juden! Es sollte euch Gebühr für Schweigen werrt sein! 100.000 Euro. In kleinen Scheinen! Du 3 Tage Zeit! Hast kapierrt?"

Die Leitung war tot. Er sah auf sein Handy. Das konnte nicht sein. Der Kerl hatte aufgelegt! Erneut wählte er die Telefonnummer und ließ es klingeln, bis eine Stimme mitteilte, dass der Inhaber des Anschlusses derzeit nicht erreichbar sei.

Irritiert starrte er auf das Telefon, das sich plötzlich meldete. Die Nummer war unterdrückt. Automatisch nahm er den Anruf an. „Leo Schneider." Im Smartphone knackte es.

2. Mai

„Sandro, ich hatte gerade ein interessantes Gespräch mit dem Chef", rief Schubert offensichtlich wohlgelaunt, als er das Büro betrat.

Sandro sah von einer Liste auf, die vor ihm lag. „Aha, was wollte Wolrich? Wird er langsam ungeduldig?"

„Nein." Der Kriminalhauptkommissar grinste. „Er hatte ein Telefonat mit einem Wolfgang Schuldt, der ein hohes Tier beim LKA Hamburg ist." Er zwinkerte. „Vertraulich, wenn du verstehst, was ich meine."

Sandro nickte. „Hamburg? Da hat doch die Gramberg gearbeitet."

„Genau, du Cleverle. Als Teamleiterin. Schuldt war ihr Vorgesetzter. Er hat Wolrich von dem Unfall erzählt, den sie im Dienst verursacht hat, bei dem ein Kollege gestorben ist. Daraufhin wurde sie erst krankgeschrieben und war sogar sechs Monate in der Klapsmühle. Anschließend ist sie auf eigenen Wunsch aus dem LKA ausgeschieden. Was sagst du jetzt?"

„Dienstunfähig?" Sandro wusste sofort, worauf Schubert hinauswollte, konnte sich mit dem Gedanken aber nicht anfreunden.

„Angeblich nicht. Sie sei vollkommen geheilt. Deshalb war wohl dieser Schuldt enttäuscht über ihre Entscheidung. Er hat sie in den höchsten Tönen gelobt. Analytisch, selbstständig, engagiert, lauter Superlative." Schubert ließ sich auf seinen Stuhl fallen. „Bisschen viel für eine Dame, die ihren Kollegen totfährt!"

Sandro kam die offensichtliche Verurteilung voreilig vor und verspürte plötzlich das Gefühl, die Privatdetektivin verteidigen zu müssen. „Jetzt mach mal halblang! Du kennst doch gar nicht die

Hintergründe. Vielleicht ist sie wirklich in Ordnung und konnte für den Unfall nichts."

Schubert lachte. „Für mich ist das klar. Die Gute ist durchgeknallt. Die sollten wir uns erneut vornehmen. Ich glaube fast, dass bei der die Lösung für unsere Mordfälle schlummert." Er breitete die Arme theatralisch aus. „Leichen pflasterten ihren Weg! Seit sie in Bad Homburg ist, haben wir hier mehr Tote als die letzten fünf Jahre zusammen!"

„Martin, hör auf! Hältst du eine Ehemalige für so blöd, dass sie Menschen tötet, sich dann bei uns meldet und zwei der Tötungsdelikte anzeigt, damit sie gleichzeitig in den Verdacht eines Einbruchs kommt? Wie verrückt wäre das denn? Außerdem ist sie erst vor wenigen Tagen hier aufgetaucht. Zumindest zum Todeszeitpunkt des Skeletts war sie beim LKA tätig." Sandro musste schlucken. Irgendwie schien die Frau Schubert sauer aufgestoßen zu sein, so unsachlich hatte er ihn noch nie erlebt. Bisher war es immer Schubert gewesen, der eine saubere Argumentationskette gefordert hatte. Was war in ihn gefahren?

Schubert gab nicht so schnell auf. „Okay, Punkt für dich. Möglicherweise hat jedoch niemand mitgekriegt, dass sie bereits zu dem damaligen Zeitpunkt Verbindungen hierher hatte. Vielleicht ist sie viel länger geistig nicht bei sich und fühlt sich unantastbar. Als sie bemerkt hat, dass sie gefilmt wurde, hat sie die Flucht nach vorne angetreten. Wie gefällt dir das?"

Sandro schüttelte den Kopf. „Überhaupt nicht. Du verrennst dich. Erstens hätten wir dann neben der Eskir die zweite Verwirrte in diesem Umfeld. Bisschen viel, oder? Und außerdem wissen wir nicht einmal, wie die Wohnungseigentümerin zu ihr steht, geschweige denn, ob die Gramberg von dem Video gewusst hat. Ich könnte mir vorstellen, sie als Zeugin einzuvernehmen. Zum Beispiel sollten wir sie fragen, warum sie in der Nacht die Räume in

Eskirs Wohnung durchsucht hat.“ Er überlegte. „Außerdem hätte sie keine Probleme gehabt, die Aufnahmen zu vernichten, falls sie bei Rosenthal gewesen wäre. Du hast vermutlich recht, dass sie mehr weiß, als sie uns bisher gesagt hat. Es sind aber bestimmt nicht begangene Morde. Wenn sie so perfekt ist, wie dieser Hamburger sagt, kann sie uns vielleicht sogar helfen.“

„Sprichst du jetzt als Polizist oder als Mann?“, entgegnete Schubert, wobei ein sarkastisches Lächeln seine Lippen umspielte.

„Martin, es ist genug. Ich bin nicht bereit, weiter einen solchen Blödsinn zu diskutieren.“ Sandro erschrak über sich selbst. Er ließ sich selten auf die Palme bringen und schon gar nicht von dem Kollegen. „Stell dir vor, ich habe auch neue Erkenntnisse“, versuchte er es in ruhigerem Ton mit einem Themenwechsel.

Schubert ließ sich auf die Taktik zum Glück ein, sodass Sandro durchatmete, denn das Schlimmste, was er sich vorzustellen vermochte, war, Ärger mit dem Partner zu bekommen. Der schien aber mit einem Mal völlig entspannt. „Was hast du gefunden?“

„Hier liegt der Telefonnachweis von Rosenthals Anschluss. Er hat am Abend vor seinem Tod zunächst eine Telefonnummer auf Gran Canaria angerufen. Eine Residencia Añoranza por la Vida. Das Gespräch hat eine gute halbe Stunde gedauert. Direkt danach hat er mit einer Marion Klettke telefoniert, ungefähr zwanzig Minuten. Zum Schluss gab es einen kurzen Anruf auf einer Prepaid-Nummer, die wir nicht zuordnen können. Das war es.“

„Die Klettke betreut doch mit ihrem Lebensgefährten die Senioren, oder? Was wissen wir zu der spanischen Adresse?“

Sandro spürte, wie sein Tatendrang zurückkehrte. „Genau die ist das. Ich hab mich hinter diese Residenz geklemmt und im Internet recherchiert. Es handelt sich um ein nobles Seniorenheim. Für richtig Betuchte! Añoranza por la Vida heißt übrigens im Deutschen Sehnsucht nach dem Leben.“

Schubert schmunzelte. „Wie passend. Ja und, vielleicht wollte er sich in der Anlage einkaufen und die Herrschaften sollten ihm helfen."

„Dachte ich ebenfalls und habe deshalb dort angerufen."

„Aha, sprichst du Spanisch?"

„Nö, die aber Deutsch. War ein ganz merkwürdiges Gespräch. Erst versuchte man, mich abzuwimmeln, und, als ich etwas massiver insistierte, wurde ich zum Geschäftsführer durchgestellt, einem Deutschen." Sandro sah auf einen Zettel. „Sein Name lautet Julius Bachmann. Lange Rede, kurzer Sinn: niemand konnte sich an ein Telefonat mit einem Rosenthal erinnern."

Schubert zuckte mit den Schultern. „Wird vermutlich eine große Einrichtung sein, die viele Anrufe am Tag hat."

Sandro schüttelte den Kopf. „Nein, die ist sehr überschaubar. 52 Bewohner und wie gesagt, alles schweineteuer. Ich hatte nach dem Telefongespräch so ein Gefühl. Deshalb habe ich Bachmann im System gecheckt. Er ist registriert! Wegen mehrfacher Betrugsdelikte, hat insgesamt fünf Jahre in Darmstadt-Weiterstadt gesessen! Er wurde übrigens zum Schluss des Gesprächs ziemlich pampig und hat mir empfohlen, mich bei weiteren Fragen an seinen Anwalt zu wenden. Er müsse den deutschen Justizbehörden keine Auskunft geben!"

***

Melanie stand vor dem Praxisschild in Friedrichsdorf:

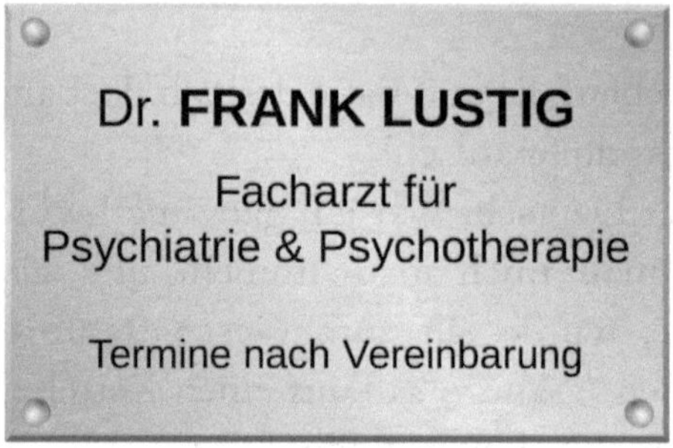

Passender Name für einen Seelenklempner, fuhr es ihr durch den Kopf und sofort kamen die Gedanken an ihre vielen Sitzungen, die sie mit Dr. Randke, ihrem eigenen Therapeuten, zur Bewältigung der Unfallfolgen gehabt hatte. Kurz entschlossen öffnete sie die Tür und betrat die Praxisräume.

Wenig später saß Melanie Dr. Lustig im Besprechungszimmer gegenüber. Er war Mitte dreißig, rund zehn Zentimeter größer als sie selbst und hatte braunes, gewelltes Haar. Die sportliche Figur verlieh ihm ein jugendliches Aussehen. Ein interessanter Mann. Jetzt ist genug, schalt sie sich im Geiste.

„Guten Morgen, Frau Gramberg“, begann der Psychologe. „Nur, dass wir uns gleich richtig verstehen. Katja hat mir am Telefon angedeutet, dass Sie mit mir über ihre Cousine sprechen möchten. Ich habe diesen Termin nur gemacht, weil Katja mich darum gebeten hat. Fragen zu einer Patientin werde ich auf keinen Fall beantworten und Ihnen noch nicht einmal bestätigen, dass sie eine solche bei mir ist.“ Die entspannte und verbindliche Stimme stand im krassen Gegensatz zum Inhalt der Worte. Er lächelte. Eigentlich hatte er doch gerade zugegeben, dass Sabrina bei ihm in Behandlung war, fuhr es ihr durch den Kopf.

„Herr Dr. Lustig, mir ist Ihre Schweigepflicht sehr wohl bewusst. Vielleicht könnten wir uns darauf einigen, dass wir uns zwanglos über das Krankheitsbild der multiplen Persönlichkeit unterhalten. Ohne direkten Bezug zu irgendjemandem." Sie wurde gelassener, als der Arzt seinem Namen alle Ehre machte und herzhaft lachte.

„Ein interessanter Vorschlag, auf den ich mich gern einlasse. Wir sollten jedoch korrekt sein. Es handelt sich um dissoziative Persönlichkeitsstörungen, wobei selbst das nicht ganz unumstritten ist. Was möchten Sie wissen?" Er lehnte sich zurück und verschränkte die Arme.

„Wenn ich richtig recherchiert habe, befinden sich im Körper eines Menschen mit einer solchen Störung mindestens zwei, oft mehr Persönlichkeitsanteile, die sich oft nicht kennen und meist nicht miteinander kommunizieren. Stimmt das?"

Lustig nickte. „Ja. Muss nicht immer so sein, insbesondere im Verlauf einer Therapie versuchen wir, die Persönlichkeiten zusammenzuführen, aber prinzipiell haben Sie das korrekt beschrieben."

Melanie freute sich über das Kompliment. Was hatte dieser Mann, dass sie so auf ihn reagierte? „Prima. Wodurch entsteht ein derartiges Krankheitsbild? Ich habe gelesen, Frauen sind deutlich häufiger betroffen und bei rund neunzig Prozent liegt die Ursache in traumatischen Erlebnissen in der Kindheit, zum Beispiel in erlittenem sexuellen Missbrauch."

Der Psychologe grinste. „Sie besitzen beinahe die Fähigkeit, bei mir anzufangen." Seine Pupillen tanzten hin und her. Jetzt war Melanie sicher, dass er flirtete, oder zumindest Spaß an dem Gespräch haben musste. Sie konnte spüren, wie sich rote Flecken an ihrem Hals bildeten.

„Beispielsweise sexueller Missbrauch in der Familie, etwa durch einen Onkel?" Melanie wich seinem Blick aus und versuchte, ihre Nervosität in den Griff zu bekommen.

Der Arzt schien zu überlegen und vermied den Blickkontakt. Endlich sah er sie wieder an. „Möglich, aber es muss nicht immer die nächste Umgebung sein. Ich kann dennoch nicht bestreiten, dass familiärer Bezug die Überzahl darstellt." Er zwinkerte. „Durch einen Onkel …", er zögerte, „vielleicht sogar durch den Vater."

„Und durch die Belastung entsteht eine weitere Persönlichkeit, in die das Leid abgetreten wird, um sich selbst zu entlasten und mit dem Verbrechen leben zu können?"

„Nicht wissenschaftlich ausgedrückt, trotzdem trifft auch das im Großen und Ganzen den Kern."

„Ist es denkbar, dass der leidende Teil den Peiniger umbringt, um die Hauptpersönlichkeit zu schützen?"

Der Psychologe ließ sich einen Augenblick Zeit. „Den Täter möglicherweise, aber meist ist die parallele Seele passiver Empfänger der erlittenen Schmerzen."

Das leuchtete Melanie ein. „Okay, eine letzte Frage noch: Wüsste die Ursprungspersönlichkeit von einer eventuellen Täterschaft ihres zweiten Ichs?"

„Vermutlich nicht, denn die Parallelwelten sind oft getrennt voneinander und der andere Part leidet somit unter Amnesie, also Gedächtnisverlust."

Melanie erhob sich. „Danke, Sie haben mir sehr geholfen." Sie zögerte. „Ich habe doch noch eine Frage: Können die Persönlichkeiten im normalen Tagesablauf hin- und herwechseln?"

„Auch nicht ausgeschlossen, kommt auf die Umstände an."

Jetzt war sich Melanie sicher, dass sie damals bei dem belauschten Gespräch in der Küche des Silbernen Beins Sabrinas zweites Ich gehört hatte. Sie nickte zufrieden. „Nochmals danke."

Der Arzt stand auf und gab Melanie die Hand, wobei er diese einen Tick zu lange festhielt. „Gern geschehen. Ich denke mal laut. In Oberursel wohnt eine ehemalige Lehrerin. Sie hat an der

Humboldtschule in Bad Homburg unterrichtet und heißt Gisela Manner. Die Gute hat ein phänomenales Gedächtnis, was ihre Schülerinnen und Schüler angeht und eine Erzieherin unterliegt bei Weitem nicht einer so strengen Schweigepflicht wie ein Mediziner."

***

„Wir haben ein Problem mit Schneider."

Die Leitung war einen Moment so still, als sei sie gekappt worden.

„Was ist los?" Die Stimme klang hart und genervt. „Wir haben derzeit ein paar Probleme zu viel! Die Sache wird euch doch nicht aus dem Ruder laufen?"

„Er hat uns angeblich nach Rosenthals Tod gesehen und versucht uns zu erpressen. Zum Glück ist er selten dämlich, deshalb konnten wir ihn als Anrufer entlarven."

„Na und, das kann man lösen, nicht wahr? Zeig ihm, mit wem er sich anlegt." Erneut entstanden einige Sekunden Pause. „Ich möchte eines klarstellen." Der Tonfall hörte sich zunehmend gefährlich an. „Während ich das ganze Projekt leite, ist es eure einzige Aufgabe, und insbesondere deine, den Taunus zu managen und Lösungen für auftretende Schwierigkeiten zu finden. Wir können uns keine Fehler erlauben und es sind leider Gottes in den letzten Tagen mehrere, vielleicht schon zu viele, passiert! Wenn ihr dem nicht gewachsen seid, musst du mir das sagen. Dann beseitige ich selbst die Störungen! Ich gehe nicht für die Unfähigkeit anderer in den Bau! Haben wir uns verstanden?"

„Ja, entspann dich. Ich sagte doch, ich kümmere mich darum. Außerdem ist da die Gramberg. Sie hat vorhin mit Marion und Werner in der Kneipe gesprochen. Sie hat sich in den Kopf gesetzt, die Unschuld von Sabrina Eskir zu beweisen, und schnüffelt überall rum. Wann wird die endlich verhaftet? Die ist schließlich bei Sabrina eingebrochen!"

„Ich hab gehört, dass sie sich nach wie vor bei euch aufhält. Die Polizei kann ihr im Moment wenig." Es war nur ein Atmen zu hören. „Obwohl, mir kommt da eine Idee, die uns sowohl das Problem mit dem Nazi löst und uns gleichzeitig die Schnüfflerin vom Hals schafft! Hör mir jetzt genau zu!"

3. Mai

Eine weißhaarige, gepflegte Dame öffnete die Tür im Erdgeschoss des Zweifamilienhauses in Oberursel. Gisela Manner strahlte eine natürliche Autorität aus und führte Melanie in ein mit dunklen Möbeln eingerichtetes Wohnzimmer. Sie nahmen auf einem braunen Plüschsofa Platz und die Gastgeberin bot Melanie Kaffee an.

„Danke, nein. Nett, dass Sie sich Zeit genommen haben, mit mir zu sprechen", begann Melanie.

„Keine Ursache. Dr. Lustigs Anruf hat mich neugierig gemacht." Die Frau sprach gewählt. „Er hat angedeutet, dass Sie Privatdetektivin seien und Sabrina Eskir helfen wollen." Ihre wachen Augen fixierten Melanie. „Welche Probleme hat sie denn?"

Melanie nickte bedächtig. „Sie befindet sich in einer psychiatrischen Klinik und wird von der Polizei verdächtigt, zwei Menschen getötet zu haben."

Sie erläuterte die Zusammenhänge, ohne auf Einzelheiten einzugehen und die eigene Rolle auszubreiten. Dabei wurde sie das Gefühl nicht los, dass Gisela Manner sehr wohl von den Vorkommnissen Kenntnis besaß. „Kennen Sie Sabrina gut?", schloss sie ihre Ausführungen ab.

Die ehemalige Lehrerin wiegte den Kopf hin und her. „Was heißt gut? Ich war vom fünften bis zum Ende des zehnten Schuljahrs ihre Klassenlehrerin. Sie ist leider mit dem Realschulabschluss abgegangen. Das war so um die Jahrtausendwende. Genau weiß ich das nicht mehr. Danach habe ich den Kontakt verloren."

„Warum leider?"

„Weil sie ohne Probleme das Abitur bestanden hätte. Sie war hochintelligent. Ich verstehe bis heute nicht, wieso sie ihre Fähigkeiten nicht in Leistung umsetzen konnte und sich durch die Schule gequält hat."

„Wirklich nicht?", hakte Melanie nach und zwinkerte dabei.

Frau Manner stutzte und schaute ihre Besucherin direkt an, wobei ihr Gesicht von einer leichten Rötung überzogen wurde. „Wie meinen Sie das?", fragte sie in einem ungleich schärferen Ton.

Melanie überging die Frage. „Dr. Lustig hat Sie doch vor geraumer Zeit wegen Sabrina kontaktiert, oder?", fuhr sie unbeirrt fort.

Die Dame verschränkte die Arme. „Woher …?", begann sie, stoppte jedoch unmittelbar. „Dazu kann und darf ich nichts sagen", ergänzte sie in einem trotzig klingenden Ton.

„Hören Sie", versuchte es Melanie auf eine sanfte Art. „Ich denke, Ihnen liegt etwas an Sabrina. Sonst hätten Sie mich nicht empfangen. Ich bin überzeugt, Sie wissen eine Menge von ihr. Wenn ich ihr helfen soll, brauche ich Ihre Unterstützung! Bitte!"

In Gisela schien es zu arbeiten. „Es ist mir nicht gestattet, Auskunft über meine Schülerinnen und Schüler zu geben." Ihre Stimme wurde mit jedem Wort leiser. „Zumal ich wirklich nicht sicher bin, ob ich damals recht hatte."

„Okay, machen wir es anders. Ich erzähle frei, was ich vermute. Falls ich falsch liegen sollte, können Sie ja mit dem Kopf schütteln. Einverstanden?"

Die Gastgeberin zeigte keinerlei Reaktion, sah Melanie aber direkt an, die sich dadurch ermutigt fühlte.

„Sabrina kam im Alter von etwa zehn Jahren in Ihre Schule", begann sie vorsichtig. „Sie war ein aufgewecktes Mädchen und kam im Unterricht prima mit." Sie machte eine kleine Pause. Als eine erkennbare Regung ausblieb, sprach sie weiter. „Irgendwann veränderte sie sich und wurde zunehmend stiller. Ihre Leistungen ließen nach und niemand wusste, weshalb." Melanie schaute zur

Decke, als müsse sie überlegen. „Sagen wir mal, Sie war ungefähr zwölf oder dreizehn."

„Dreizehn." Die Stimme war kaum hörbar.

„Okay. Ich vermute, Sie haben mit den Eltern gesprochen, konnten bei denen jedoch nichts erreichen."

Gisela nickte plötzlich vehement. Sie sprudelte los, als habe sich ein Ventil geöffnet. Tränen liefen über ihre Wangen. „Ich habe alles versucht. Mit dem Mädchen war nicht zu sprechen, sie hat zugemacht. Mir war klar, dass im Elternhaus etwas nicht stimmen konnte und habe zunächst vermutet, dass es am Verhältnis der Eltern untereinander lag. Der Vater wirkte jähzornig und despotisch, die Mutter eher verschüchtert. Manchmal hatte ich den Eindruck, dass sie mich mit ihrem Blick um Hilfe anflehte. Kurz darauf bekam ich einen schrecklichen Verdacht, den ich aber nicht beweisen konnte. Es gab nur Indizien."

„Anzeichen dafür, dass Sabrina missbraucht wurde?"

Die Lehrerin nickte. „Woher wissen Sie das?"

„Hören Sie, das ist nicht schwer zu erraten. Sabrina leidet unter einer dissoziativen Persönlichkeitsstörung, die meist durch schlimme Erlebnisse in der Kindheit ausgelöst werden. Das hat Ihnen Dr. Lustig bestimmt erklärt. Warum sind Sie seinerzeit nicht zum Jugendamt gegangen?"

Unvermittelt erhob Gisela die Stimme. „Das wollte ich ja! Ich habe mit dem Rektor gesprochen und ihm meine Vermutung mitgeteilt! Der war aber der Meinung, solange wir keine eindeutigen Beweise hätten, liefen wir Gefahr, uns lächerlich zu machen. Am Ende könnte es sein, dass die Eltern die Schule verklagen würden." Sie sackte in sich zusammen. „Wäre ich damals nur stärker gewesen!", schob sie resigniert nach.

„Was war mit der Mutter? Gab es nicht die Möglichkeit, sie allein zu sprechen?"

Die Lehrerin schüttelte den Kopf. „Nein, sie stand unter der Fuchtel des Ehemannes. Selbst, als der überraschend verstarb, änderte sich nichts. Der Bruder des Vaters zog in die Wohnung ein und ich denke, er hat die Rolle des Ehegatten übernommen. Ein paar Monate später starb Frau Eskir. Ich habe nie verstanden, warum sie sich unterbuttern ließ. Sie war eine gebildete und feine Person und entstammte einem hervorragenden Haus. Allerdings hat sie bei der Hochzeit sogar ihren Adelstitel abgelegt."

Melanie runzelte die Stirn. „Adelstitel?"

„Ja, sie war eine geborene Gräfin, irgendetwas mit B am Anfang."

Es war Melanie, als begänne ihr Blut zu kochen. „Etwa Gräfin zu Biebenau?"

„Ja, genau so hieß sie mit Mädchennamen. Woher wissen Sie das?"

***

Als Melanie das Hotel betrat, fragte sie sich, wie sie hergekommen war. Sie musste den Weg wie in Trance zurückgelegt haben, weil ihre Gedanken unbarmherzig durcheinanderwirbelten, seitdem sie die Lehrerin verlassen hatte. War sie überhaupt so höflich gewesen, sich ordentlich zu bedanken und zu verabschieden?

Sabrinas Mutter war mit dem obdachlosen Grafen irgendwie verwandt, vielleicht sogar seine Schwester. Wie passte das zusammen? Natürlich erschien Melanie jetzt sein Aufenthalt an dem Morgen in Sabrinas Haus in einem anderen Licht. Sie glaubte unter den Umständen nicht, dass er sie gesucht hatte. War er womöglich doch derjenige gewesen, der sie dort niedergeschlagen hatte? Aber warum sollte er sie anschließend befreien und vor dem Überwachungsvideo warnen?

Es half nichts, sie musste Katja aufsuchen und nach den Familienverhältnissen befragen. Sobald sie alle Zusammenhänge kannte, ergab sich möglicherweise ein Bild.

Der Angestellte an der Rezeption winkte ihr zu und stutzte. „Oh, Frau Gramberg, sind Sie in den Regen gekommen? Brauchen Sie ein Handtuch?“

Jetzt erst bemerkte Melanie, dass sie auf dem Weg vom Bahnhof ins Hotel völlig durchnässt worden war. Sie schüttelte stumm den Kopf.

Er nahm etwas von der Arbeitsfläche vor ihm. „Ich habe eine Nachricht für Sie.“

Bloß nicht noch einen leeren Umschlag und ein weiterer ungebetener Gast in meinem Zimmer, dachte sie erschrocken. Der Mann gab ihr ein Kuvert, das eine Notiz enthielt:

> Hallo Frau Gramberg,
>
> mein Name ist Nadine Gissel. Ich bin Redakteurin bei der Zeitung Taunusblick. Wir sind uns, glaube ich, mal in der Wirtschaft „Zum Silbernen Bein“ begegnet.
>
> Ich muss ganz dringend mit Ihnen wegen Sabrina Eskir und Ralf Rosenthal sprechen.
>
> Rufen Sie mich doch bitte so bald wie möglich an.
>
> VG

Der Nachricht war eine Visitenkarte mit einer Telefonnummer beigefügt. Melanie hielt sich gedankenverloren die Karte ans Kinn. Was die Journalistin wohl wollte? Es traf sich natürlich prima, da sie ja selbst vorgehabt hatte, die Dame zu kontaktieren.

Sie betrat ihr Zimmer, nicht ohne den Schnipsel Papier in der Türöffnung überprüft zu haben. Er hing unverändert im Rahmen. Sie wählte die angegebene Nummer. Bereits nach dem ersten Klingelzeichen wurde abgenommen.

„Nadine Gissel, Taunusblick, guten Tag."

„Hallo, hier spricht Melanie Gramberg. Ich …"

„Super, das ging ja flott", unterbrach die Reporterin Melanie. „Ich muss Sie so bald wie möglich sehen. Können wir uns am besten gleich treffen?"

Das war wirklich ein richtiger Überfall, aber Melanie irgendwie recht. „Worum geht es eigentlich?", fragte sie.

„Nicht am Telefon. Ich könnte in zehn Minuten bei Ihnen im Hotel sein. Okay?"

***

„Wir haben die Bestätigung." Sandro warf eine Klarsichthülle auf Schuberts Schreibtisch, nachdem er das Büro betreten hatte. „Bei dem Skelett handelt es sich tatsächlich um Axel Eskir, den Onkel von Sabrina Eskir. Das wurde durch einen Zahnabgleich bestätigt." Er setzte sich auf seinen Bürostuhl.

„Super, dann ist das ja geklärt und wir haben in allen Fällen eine direkte Verbindung zu unserer Tatverdächtigen." Schubert las sich den Bericht durch. „Haben wir neue Erkenntnisse zu der Eskir? Kommen wir jetzt endlich an sie ran?"

„Eine Befragung wird nach wie vor abgelehnt", erklärte Sandro. „Wir haben aber ihren behandelnden Psychologen, einen

Dr. Lustig, und die Ärzte in der Friedrichsdorfer Klinik vernehmen können."

Schubert verschränkte die Hände im Nacken und runzelte die Stirn. „Wie das? Wurde die Verschwiegenheitspflicht aufgehoben?"

„Ja, ich war ebenfalls überrascht, aber aufgrund des dringenden Tatverdachts und der Nichtvernehmungsmöglichkeit der Eskir hat der Richter das bewilligt." Sandro schaute in einen Hefter, den er vor sich liegen hatte. Er erläuterte Schubert das Krankheitsbild der Verdächtigten.

„Alle sind sich einig, dass sie seit dem Kindesalter missbraucht wurde und führen ihre Erkrankung auf diesen Umstand zurück. Täter dürfte der Vater gewesen sein, vielleicht zusätzlich der verstorbene Onkel, der nach dem Tod des Bruders in der Neuen Mauerstraße eingezogen ist."

Schubert überlegte. „Dann könnte es sein, dass sie den Eskir deshalb getötet hat." Er streckte die Hand aus. „Gib bitte mal her."

Sandro gab ihm die Unterlage. „Möglich. Interessant dabei ist, dass sie in etwa zu dem Zeitpunkt, an dem der Mann verschwand, eine Fehlgeburt hatte." Er grinste. „Bevor du fragst: Nein, über den Erzeuger ist nichts bekannt. Es hat sich damals niemand dafür interessiert. Das passt aber zu dem Kinderzimmer in der Wohnung."

Schubert massierte seine Schläfen. „Ja, das wäre eine Erklärung, wobei ich es schräg finde, das Zimmer in all den Jahren unberührt zu lassen. Irgendwelche Neuigkeiten von diesem Grafen?"

„Nicht wirklich. Er ist und bleibt vom Erdboden verschluckt. Ich habe im Computer nach ihm geforscht. Es will mir nicht ins Hirn, dass ein erfolgreicher Staatsanwalt alles hinwirft und auf der Straße landet. Da muss irgendetwas Dramatisches vorgefallen sein."

„Und, was hast du gefunden?“

„Nichts, absolut nichts! Es gab mal eine Ermittlung gegen ihn, die eingestellt wurde. Da bekomme ich keinen Einblick. Er ist ansonsten völlig sauber. Auch die Fälle, an denen er beteiligt war, verzeichnen keinerlei Auffälligkeiten. Die Datei seiner letzten Ermittlungsakte ist mit einem Sperrvermerk versehen. Da komm ich nicht dran.“

Schubert kratzte sich am Kopf. „Das ist doch was! Da bohren wir weiter. Hat jemand mit Frau Klettke gesprochen, weshalb Rosenthal sie an dem Abend angerufen hat?“

Sandro nickte. „Er wollte wohl wirklich in dieses Seniorenwohnheim ziehen und hat sich dort erkundigt. Anschließend hatte er noch Fragen. Die Klettke und ihr Lebensgefährte Mumer kümmern sich um die Senioren in allen Lebenslagen, bis hin zur Vermittlung von Seniorenwohnplätzen.“

Schuberts Telefon klingelte. Er nahm ab, meldete sich und legte wenige Sekunden später wieder auf. „Ich soll sofort zu Staatsanwalt Sailer kommen!“

***

Nadine Gissel sah aus wie aus dem Ei gepellt. Das weiße, klassisch geschnittene Kostüm harmonierte perfekt mit ihren mittellangen, gelockten Haaren. Dazu trug sie eine pastellfarbene Bluse mit Rüschen und Pumps mit Absätzen, auf die sich Melanie nicht einmal bei ihrer eigenen Hochzeit getraut hätte.

Die beiden Frauen gingen nach einer kurzen Begrüßung in die Bar des Hotels, die am frühen Nachmittag menschenleer war. Eine Bedienung brachte zwei Tassen Milchkaffee.

„Was kann ich für Sie tun?“, erkundigte sich Melanie, obwohl ihr selbst einige Fragen einfielen.

„Zunächst vielen Dank, dass Sie so rasch Zeit für mich gefunden haben. Ich habe gehört, dass Sie Privatdetektivin sind und versuchen, Sabrina Eskir zu helfen. Außerdem haben Sie, wie ich hörte, die Leichen im Keller entdeckt. Möchten Sie mir dazu etwas sagen?"

Melanie hatte gerade begonnen, die sportliche Dame, als solche musste man sie ohne Wenn und Aber bezeichnen, sympathisch zu finden. Die Redakteurin füllte den Raum allein durch ihre Ausstrahlung aus. Nach dieser Einleitung verflog die Sympathie allerdings genauso schnell, wie sie entstanden war.

Melanie erhob sich abrupt. „Also Frau Gissel, falls Sie hier aufgetaucht sind, um Informationen für Ihre Berichterstattung zu bekommen, hätten Sie sich den Weg sparen können. Wenden Sie sich besser an die Pressestelle der Polizei." Sie rückte den Stuhl unter den Tisch. „Die gibt Ihnen bestimmt Antworten auf Ihre Fragen", schob sie ironisch hinterher.

Nadine hob die Hände wie zur Abwehr. „Sorry, ich wollte keinen falschen Eindruck erwecken. Der Einstieg in unsere Unterhaltung war unglücklich. Lassen Sie mich von vorne beginnen. Ich möchte Ihnen etwas erzählen und Sie dabei um Ihre Meinung als ehemalige Polizistin bitten."

Die Dame weiß ziemlich viel über dich, dachte Melanie und setzte sich wieder. „Nun bin ich neugierig", gab sie grinsend zu.

„Dankeschön." Die Redakteurin erzählte, dass sie Schüttler, den Architekten, schon seit Längerem im Auge habe, weil sie hinter dessen Machenschaften unlautere Absichten und möglicherweise Korruption vermute. Sie erzählte, dass sie Schüttlers Bauvorhaben der vergangenen Jahre so weit wie möglich durchleuchtet hatte.

„Interessant ist, dass er vor nahezu jedem Vorhaben ausgesprochen leicht und zu extrem niedrigen Kaufpreisen an die benötigten Objekte gelangt ist. Und die entsprechenden Genehmigungsverfahren hat er größtenteils zügig durchlaufen. Wobei in fast allen Projekten ein und derselbe hauptamtliche Stadtrat involviert war.“ Die Gissel nahm ihre Tasse, trank einen Schluck Kaffee.

Melanie nutzte die kleine Pause für eine Zwischenfrage. „Was heißt problemlos und günstig?“

„Tja, die Eigentümer waren meist ohne große Verhandlungen bereit, die Grundstücke zu veräußern und das zu Preisen, die meinen Recherchen nach, nicht dem Marktwert entsprachen.“

Melanie nickte. „Das klingt, als habe entweder jemand Druck ausgeübt oder Nebenabsprachen getroffen, von denen zum Beispiel der Fiskus nichts wissen sollte.“ Die Sache begann spannend zu werden. „Aber was hat das mit Sabrina Eskir zu tun? Sie hat, genauso wie Rosenthal, nicht verkauft.“

„Stimmt, jetzt gelangen wir zu des Pudels Kern. Der Widerstand der beiden war für den werten Bauträger neu. Ich weiß aber, dass es ebenfalls Einschüchterungsversuche und Schikanen gegeben hat. Die Aktionen und Drohungen von Schüttler und dessen Mitarbeiter Rall, und auch die Pöbeleien von einem Leo Schneider. Schüttler plant, rund um das Silberne Bein Luxuswohnungen mit einer gehobenen Ladengalerie zu errichten. Die notwendigen Grundstücke wurden in den letzten Monaten für zum Teil lächerliche Preise veräußert, bis eben auf die Häuser von Sabrina Eskir und Ralf Rosenthal. Insgesamt handelt es sich bisher um vier Flurstücke. Ich habe herausgefunden, dass die neuen Eigentümer gleichzeitig die Vereinbarung unterschrieben haben, ihre Objekte zu einem festgelegten Zeitpunkt direkt an den Architekten weiterzuverkaufen, ohne dabei einen nennenswerten Gewinn zu machen. Der Stichtag ist Ende Mai. Zwischenzeitlich wurde der Bebauungsplan für das Areal von der Stadt genehmigt.“

„Woher wissen Sie das? Welchen Zweck hat dieser umständliche Zwischenverkauf? Wer hat davon einen Nutzen?"

Die Redakteurin lachte und streckte den Daumen hoch. „Das hat mir ein Vögelchen zugezwitschert. Schüttler ist während der Genehmigungsphase außen vor. Er tritt nur als Bauträger für die vermeintlichen Bauherren auf, denen er Handgelder zahlt. Schwarz, versteht sich."

Melanie überlegte. „Okay, einmal mag das klappen, aber wenn sich die Geschichte wiederholt, ist er doch verbrannt!"

Die Gissel nickte. „Sie haben völlig recht. Deshalb wendet er den Umweg nur an, wenn die Bauvorhaben ohnehin umstritten sind. Dann schaltet sich außerdem besagter Stadtrat plötzlich ein."

Das klang logischer, fand Melanie, allerdings hatte die aktuelle Sache einen Haken. „Rosenthal ist tot und Sabrina in einer Klinik, wobei nicht absehbar ist, ob und wann sie wieder rauskommt", gab sie zu bedenken.

„Das ist ein wichtiger Punkt!", gab die Journalistin zu. „Möglicherweise hat sich Schüttler dieses Mal einfach verspekuliert." Sie schmunzelte. „Es gibt eine weitere Merkwürdigkeit", fuhr sie fort. „Regelmäßig tauchen in solchen Verschleierungstransaktionen Senioren auf, die von Marion Klettke und Werner Mumer betreut werden. Die beiden handeln dann interessanterweise jeweils mit einer Vollmacht im Namen der alten Herrschaften. Auch beim Vorhaben Neue Mauerstraße. Hier sind die Zwischeneigentümer."

Melanie überlegte. „Das hört sich schräg an. Kennen Sie diese Senioren?"

Die Redakteurin legte ein Blatt Papier vor sie auf den Tisch. „Das sind die in der jüngsten Vergangenheit veräußerten Anwesen mit Größe und Kaufpreis. Drei der Grundstücke gehören jetzt einer Angelika Bubser, die vor wenigen Monaten in eine Seniorenresidenz auf Gran Canaria gezogen ist. Dieser Umzug wurde von dem Gespann Klettke/Mumer gemanagt, das ebenso die Grundstücksgeschäfte in Vertretung der Seniorin durchgeführt hat. Interessant, oder? Den Eigentümer des vierten Objekts muss ich noch recherchieren." Die Gissel sah vom Zettel auf und runzelte die Stirn. „Frau Gramberg, was ist los? Sie sind ja ganz blass."

Melanies Blut drohte zu gefrieren, ihr Herz pochte direkt in ihrem Schädel und der Mund war trocken wie Knäckebrot. „Nichts, mir ist nur ein bisschen schwindlig. Hab ich manchmal." Sie sah auf die Uhr. „Ich muss auch, habe einen Termin. Danke für die Informationen."

***

„Was sagst du da?", tönte Freds Stimme aus dem Handy. „Wenn das stimmt, verstehe ich die Welt nicht mehr. Warum soll Wolfgang Schuldt ein Haus im Taunus für einen Bauträger parken und dabei nichts verdienen? Das ergibt doch keinen Sinn!"

Melanie hatte dem Ex-Kollegen nicht nur vom Verwandtschaftsverhältnis des Grafen zu Sabrina berichtet, sondern darüber hinaus alle Informationen, die sie von Nadine Gissel erhalten hatte. Sie war unendlich froh, Fred erreicht zu haben, denn sie fühlte sich völlig verwirrt. Viel schlimmer empfand sie hingegen die Tatsache, dass es ihr immer schwieriger vorkam, festzustellen, wem sie noch vertrauen konnte.

„Das sehe ich genauso. Schuldt war jedoch unzweifelhaft hier in Bad Homburg. Erinnere dich an das Bild, dass ich in Sabrinas Wohnung gesehen habe. Zusammen mit Jan Wolter. Der ist tot und dafür gehört Wolfgang plötzlich ein Grundstück in unmittelbarer Nachbarschaft. Ich verstehe das nicht! Wie passt da Rosenthal rein und wie der Graf? Hat dieser Architekt etwas damit zu tun?" Sie atmete durch. „Warum sollte der Rosenthal umbringen?", fuhr sie fort. „Eigentlich behindert ihn dessen Tod, wenn er die beiden Häuser haben möchte. Was übersehe ich?“

Am liebsten hätte sie laut geschrien. Normalerweise reizten sie Fälle, in denen wenig zusammenzupassen schien. All die losen Enden zum Schluss verbinden zu können und plötzlich ein schlüssiges Bild zu bekommen, war ein wunderbares Gefühl. Nur im Moment war sie meilenweit von einer Lösung entfernt.

„Hallo, bist du noch da?“

Sie erschrak, denn sie hatte offenkundig Freds Antwort überhört. „Sorry, ich war in Gedanken.“

„Ich fragte, ob ich zu dir kommen soll. Ginge einfach, da ich zig Überstunden habe, die ich abfeiern könnte. Es wäre mir eine Ehre, Assistent für die berühmte Privatdetektivin zu sein.“

Melanie musste lachen, obwohl ihr eigentlich nicht danach zu Mute war. „Ne, lass mal, danke. Das schaffe ich allein, zumindest, wenn du mir ab und zu von dort aus hilfst. Ein Hamburger LKA-Beamter, das brächte hier endgültig alles durcheinander. Es reicht, dass ich bei den hiesigen Kollegen im Fokus bin. Du könntest mir aber einen großen Gefallen tun. Sprich nicht mit Schuldt über das hier, bevor ich weiß, wie er da drin hängt. Ich vermag mir zwar nicht vorzustellen, dass er in was Illegales verwickelt ist, aber sicher ist sicher! Versprichst du mir das?“

„Selbstredend! Der scheint sein Interesse an dem Fall nach dem Auffinden von Wolter ohnehin verloren zu haben. Melde dich, wenn du irgendetwas brauchst.“

„Danke, du bist ein Schatz.“

„Stimmt“, kam es aus dem Telefon.

***

Melanie schlenderte von der Erlöserkirche aus durch die Löwengasse, über den Marktplatz und die Wallstraße zurück zum Hotel Homburger Haus. Der Angestellte an der Rezeption war derselbe, der ihr damals den leeren Umschlag gegeben hatte. Er wirkte nervös, als er sie auf sich zukommen sah.

„Guten Abend, Frau Gramberg, wie war Ihr Tag?" Das schlechte Gewissen stand ihm förmlich ins Gesicht geschrieben. Was würde jetzt wieder folgen? Eigentlich hatte sie für den Tag genug Überraschungen erlebt.

„Ich traue mich kaum, es Ihnen zu sagen, doch es gibt eine weitere Nachricht für Sie!" Er hielt ihr ein Kuvert hin. „Dieses Mal weiß ich nicht, von wem sie ist." Der Rezeptionist stockte. „Ehrlich!", schob er hinterher und zappelte dabei wie ein Fisch auf dem Trockenen. „Ich war eine Weile hinten im Büro und fand den hier auf dem Tisch."

Melanie glaubte ihm, denn so aufgeregt, wie er war, konnte er kaum lügen. Sie las *Frau Gramberg* und öffnete den Briefumschlag. Ein Zettel steckte darin.

> Sofern Ihnen tatsächlich etwas daran liegt, Sabrina zu helfen, dann kommen Sie morgen um Punkt 16 Uhr nach Bad Homburg-Kirdorf, Am Kirchberg 19d (in den Schuppen neben dem Tor). Alleine! Falls die Polizei auftaucht, haben Sie Ihre Chance vertan!

***

„Sie haben Siegfried Graf zu Biebenau zur Fahndung ausgeschrieben.“ Staatsanwalt Sailer sah Schubert abwartend an.

„Ja, das ist richtig. Wir haben das mit Ihrem Vertreter besprochen, als Sie in den letzten Tagen nicht da waren.“ Warum holte Sailer ihn extra hierher, um einen einfachen Fahndungsaufruf zu besprechen? Das passte absolut nicht zu ihm.

„Was wissen Sie über den Graf?“, fragte Sailer.

Martin wusste nicht, wohin die Frage führen sollte und beschloss, alle Informationen auf den Tisch zu legen. „Er war Staatsanwalt und hat vor rund fünfzehn Jahren den Dienst quittiert.“

„Stimmt.“ Sailer lehnte sich zurück, wobei Martin eine gewisse Anspannung zu bemerken glaubte. Irgendetwas war hier im Busch!

„Haben Sie auch herausgefunden, weshalb er ging?“, bohrte Sailer weiter.

„Nein, es gibt keine Einträge zu ihm, allerdings ist seine letzte Ermittlungsakte im Computer gesperrt.“

Sailer faltete die Hände. „Das ist mir bekannt. Demnach haben Sie recherchiert.“ Er grinste. „Wäre wirklich enttäuscht gewesen, falls nicht!“

So hatte er ihn in den bisherigen fünf Jahren Zusammenarbeit noch nie erlebt. Worauf würde das hinauslaufen?

„Passen Sie auf, mein Lieber.“ Sailer beugte sich verschwörerisch vor. „Ich erzähle Ihnen die Geschichte des Oberstaatsanwalts Siegfried Graf zu Biebenau, weil ich es für Ihre Arbeit wichtig halte. Was ich Ihnen sage, ist nur für Ihre und Kimmerles Ohren bestimmt. Wenn ich etwas davon höre, reiße ich euch den Kopf ab. Haben wir uns verstanden?“

„Selbstverständlich! Danke für das Vertrauen.“

„Wie Sie bereits wissen, war der Graf bis vor circa fünfzehn Jahren in Düsseldorf tätig. Eines Tages gab es eine Tote in einem Bordell, die sich eine Überdosis Heroin gespritzt hatte. Ein Routinefall, bis er persönlich am Tatort auftauchte. Die Verstorbene war seine einzige Tochter, mit der er sich zwei Jahre zuvor wegen ihrer Drogenprobleme überworfen und zu der er bis zu dieser Nacht keinen Kontakt mehr hatte."

„Ach, du Scheiße", entfuhr es Martin.

„Sie sagen es, aber es kommt noch schlimmer. Das Freudenhaus gehörte einem albanischen Kiezkönig, den die Drogenfahndung seit Längerem auf der Liste hatte, ihm jedoch nie etwas nachweisen konnte. Dennoch nahm man den Mann vorläufig fest und brachte ihn in Untersuchungshaft."

„Musste der Graf den Fall nicht abgeben?", erkundigte sich Martin.

„Natürlich, er mischte allerdings im Hintergrund trotzdem ein wenig mit. Am Morgen, an dem der Inhaftierte aufgrund fehlender Beweise freigelassen werden sollte, fand ihn ein Justizvollzugsbeamter tot in seiner Zelle. Todesursache war …", Sailer breitete die Arme aus, „… eine Überdosis Heroin!"

Martin durchfuhr ein eiskalter Schauer. „Das gibt es doch nicht! War der Kerl denn drogensüchtig?"

„Die Rechtsmedizin verneinte das. Also wurde ein Ermittlungsverfahren eingeleitet. Gegen die Wachhabenden der Nacht und die Kriminalbeamten, die am Fall beteiligt waren, zudem wurde der Verteidiger und sogar Siegfried Graf zu Biebenau ins Visier genommen! Wegen des Anfangsverdachts der vorsätzlichen Tötung."

„Unglaublich! Was kam dabei raus? Wurde festgestellt, wie der Mann zu Tode kam?"

Sailer schüttelte den Kopf. „Nein, es gab keinerlei Erkenntnisse. Die Beschuldigten gaben sich gegenseitig Alibis, es gab keine Spuren und niemand konnte feststellen, woher der Stoff kam und wie er dem Albaner verabreicht worden war. Der Graf feierte angeblich zum Todeszeitpunkt mit nahezu allen betroffenen Kripokollegen in einem Privathaus einen Geburtstag."

„Merkwürdig, war das üblich?" Martin verstand immer weniger.

„Gerade nicht! Siegfried hatte so etwas in der Vergangenheit pedantisch getrennt. Nur in dieser Nacht nicht! Glückliche Fügung, oder?"

„Wie ging der Fall aus?", erkundigte sich Martin, obwohl er die Antwort bereits ahnte.

„Wie das Hornberger Schießen. Ein paar Wochen später wurde die Akte bis auf Weiteres geschlossen. Von ganz oben wurde verfügt, dass sie mit einem Sperrvermerk versehen wurde."

Er konnte nicht glauben, was er hörte. „Und dennoch quittierte der Graf den Dienst?"

„Nicht sofort. Ein erneuter Schicksalsschlag ereilte ihn, als seine Frau kurz darauf den Freitod wählte. Sie war mit all dem nicht fertig geworden. Einen Tag nach der Beerdigung legte Siegfried die Kündigung auf den Tisch, verzichtete ausdrücklich auf alle Ansprüche und ward nicht mehr gesehen."

„Er lebte wohl als Obdachloser auf der Straße und die letzten Jahre in Bad Homburg. War er denn mittellos?"

„Kann ich mir nicht vorstellen. Er hatte ein großes Anwesen im vornehmsten Teil von Düsseldorf und ein sehr auskömmliches Einkommen. Es würde mich wundern, wenn er nichts angespart hätte."

„Wahnsinn, was hat das zu bedeuten?" Martin zögerte. „Woher wissen Sie das eigentlich so genau?"

Sailer grinste. „Ich habe damals als Staatsanwalt die Ermittlungen im Todesfall des Albaners geleitet."

Martin riss die Augen auf. „Das wird ja immer besser." Er überlegte einen Moment. „Sagen Sie, glauben Sie, dass er den Bordellbesitzer umgebracht hat, beziehungsweise töten ließ?"

Sailer ging zum Fenster und blickte hinaus. „Ich weiß es nicht!"

4. Mai

Um 15:36 Uhr stieg Melanie an der Haltestelle Finanzamt in den Bus 3 ein, der sie bis in die Nähe des Kirdorfer Kreuzes brachte. Sie wunderte sich, wie voll er war. Mit ihr verließen einige Fahrgäste das Verkehrsmittel.

Der starke Regen des Vormittags hatte glücklicherweise aufgehört, am Himmel waren sogar ein paar blaue Streifen zu erkennen. Der Fußweg zur angegebenen Adresse betrug wenige Minuten, sodass Melanie die Hauptstraße langsam entlang ging, die direkt in die Straße Am Kirchberg mündete. Adrenalin versetzte ihren ganzen Körper in den Zustand von Hochspannung. Die unmittelbare Gefahr, in die sie sich begab, war zum Greifen nah und erstmals seit zwei Jahren wünschte sie sich, eine Schusswaffe zu besitzen. Unaufhörlich schaute sie sich um, ständig darauf gefasst, jemand könnte sie angreifen. Das Wohngebiet war jedoch völlig menschenleer.

Schließlich erreichte sie ein Gebäude mit der Nummer 19d. Sie schlenderte daran vorbei und betrachtete das Anwesen. Der seitlich eines Wohnhauses stehende Schuppen benötigte dringend einen neuen Anstrich und konnte durchaus der in der Notiz angegebene Treffpunkt sein. Das Haus sah ebenfalls renovierungsbedürftig aus. Rechts führte ein großes Tor zurück auf die abknickende Straße.

Alles wirkte unnatürlich verlassen. Melanie sah auf ihre Armbanduhr. 15:58 Uhr. Entweder betrat sie jetzt das Grundstück oder sie musste das Ganze abbrechen.

Sie atmete tief durch und ging auf das Eingangstor zu. Es ließ sich mühelos aufdrücken. Auch die Tür des Schuppens war nicht abgeschlossen. Mit einem leisen Quietschen schwang sie auf. Der Gang vor ihr wurde durch ein kleines Fenster beleuchtet.

Melanie schlich hindurch und hielt den Atem an. Leicht geduckt erreichte sie eine weitere Tür und öffnete sie vorsichtig. Vor ihr lag eine Werkstatt mit diversen Werkbänken und allerlei an den Wänden befestigten Werkzeugen. Ein metallener, mit Staub vermischter Geruch erfüllte den Raum. Es war deutlich zu warm für einen Arbeitsplatz. Jemand schien die Heizung bis zum Anschlag aufgedreht zu haben.

Sie machte einen Schritt hinein. Einer Ahnung folgend ließ sie ihren Blick vorsichtig nach links schweifen, um sofort erstarrt zu verharren.

Auf einem Stuhl saß Leo Schneider, als warte er auf sie. Wären da nicht seine aschfahle Gesichtsfarbe und die gebrochenen Augen. Ein blutiger Punkt auf der Stirn zerstörte das ansonsten friedliche Bild.

Scheiße, wo war sie da hineingeraten? Sie war ganz offenkundig in eine Falle getappt und sollte den Schuppen schleunigst verlassen.

Plötzlich nahm sie eine schwache Bewegung hinter sich wahr. Die Schläge an ihre beiden Halsseiten lähmten sie unmittelbar. Das weiße Licht der Deckenlampe entfernte sich und wurde dabei immer kleiner, bevor die Umgebung in einer schwarzen Unendlichkeit versank.

***

Der Graf stand in einer Nische eines Hauseingangs mit einem guten Blick zum Hoteleingang.

Endlich öffnete sich die Tür und die Privatdetektivin kam heraus. Schnell streckte er seinen Körper, um die verkrampften Muskeln zu lockern. Er war froh, dass einige Fahrgäste an der Haltestelle warteten und stieg als letzter ein. Zum Glück schien sich Melanie nicht für die Menschen in ihrer Umgebung zu interessieren. Trotzdem zog er die Baseballkappe tiefer in die Stirn und setzte sich ein paar Reihen hinter sie auf eine freie Sitzbank.

Er schlüpfte in Kirdorf aus dem Bus, kurz bevor sich die Tür schloss, und ließ der jungen Frau einen gehörigen Vorsprung. Beinahe hätte sie ihn dennoch entdeckt, denn sie bog an einem Eckgrundstück in eine Seitenstraße, um wenige Sekunden später zurückzukommen. Gerade noch schaffte er es, sich abzuwenden, um in den Eingangsbereich eines Ladens zu treten. Sein Herzschlag verursachte ein regelrechtes Trommelfeuer, Schweiß rann ihm den Rücken runter. Solche Cowboy-und-Indianer-Spielchen sind nichts mehr für dich, alter Mann, fuhr es ihm durch den Kopf.

Melanie war in dem Anwesen vor der Biegung verschwunden. Er näherte sich einem Schuppen, in den sie gegangen sein musste. Fest umklammerte er den Revolver im hinteren Bund seiner Hose.

Plötzlich knallte es in dem Gebäude. Ohne zu zögern, riss er die Waffe hervor und lief hinein.

Als er eine Werkstatt betrat, fiel eine Tür am anderen Ende des Raums ins Schloss. Schnell überblickte er die Situation. Vor dem toten Neonazi lag Melanie regungslos auf dem Boden. In der ausgestreckten rechten Hand hielt sie eine Schusswaffe.

Siegfried rannte zu ihr hin, bückte sich und fühlte den Puls am Hals. Erleichtert registrierte er, dass sie lebte. Sie begann sich zu bewegen. In diesem Moment erklang das entfernte Sondersignal von vermutlich mehreren Einsatzfahrzeugen, die rasch näherzukommen schienen.

Er steckte die Pistole in seinen Bund und nahm der Privatdetektivin die Waffe ab. Jetzt war es Gold wert, dass er Handschuhe trug. Fast trotzig wischte er mit einem Lappen, der auf einer Werkbank gelegen hatte, den Revolver ab und legte ihn auf den Boden.

Dann hastete er zu Melanie zurück, zerrte sie hoch und schlug ihr mehrfach auf die Wangen. Langsam kam sie zu sich, war allerdings benommen. Der Lautstärke nach mussten die Fahrzeuge die Straße erreicht haben.

„Mädchen, komm zu dir. Wir müssen weg!"

Mit großen Augen sah sie ihn an. „Was, was ..."

„Keine Zeit für Erklärungen. Los!" Er zog sie unerbittlich mit sich zur hinteren Tür. Dort hielt er inne und lehnte Melanie an eine Wand, was sie widerstandslos geschehen ließ. Schnell ergriff er wieder den Lappen, rannte zu dem Eingang, durch den sie gekommen waren und putzte die Türklinken ab. Dann lief er zu der Stelle, an der er Melanie gefunden hatte und rieb über den Boden. Das Tuch steckte er in die Jackentasche.

„Was machen Sie?" Melanie wurde offenbar langsam klarer.

„Ich rette deinen Arsch! Los jetzt!" Er nahm ihren Arm und zog sie durch die Tür. Als sie das gegenüberliegende Hoftor erreichten, stoppte ein erster Polizeiwagen vor dem Haupteingang des Anwesens.

Sie hasteten durch das Tor und nach links in die Straße. Melanie schien entweder kapiert zu haben, um was es ging oder sie folgte ihm automatisch. Egal. Als sie an der Rückseite einer Kirche ankamen, gönnte er ihr eine kurze Verschnaufpause.

***

„Hartmut, warum sind wir hier?“, wandte sich Martin an den Leiter der Kriminaltechnik, nachdem er den Schuppen betreten hatte. „Ganz schöner Auftrieb!“

Der Angesprochene grinste. „Man hat uns auch eine Menge Arbeit gemacht. Eine Leiche mit Schussverletzungen. Es handelt sich laut der gefundenen Papiere um einen Leo Schneider.“ Er zeigte zum Toten auf dem Stuhl. „Für mich sieht das nach einer Hinrichtung aus. Er hat sich zwei Kugeln eingefangen.“

Martin sah Kimmerle an. „Das ist doch der Typ, den wir im Zusammenhang mit Rosenthals Ermordung auf dem Schirm haben.“

Der Kollege nickte. „Stimmt, er war in letzter Zeit auffällig, auch im Silbernen Bein.“

„Na super.“ Schubert seufzte und konzentrierte sich wieder auf Klinger. „Weißt du mehr?“

„Nicht wirklich“, erwiderte der Spurensicherer. „Wir haben eine Glock 17 auf dem Boden gefunden.“ Er hielt einen Asservatenbeutel mit der Pistole hoch. „Schon allein wegen des Magazins mit 17 Patronen eine ungewöhnliche Waffe. Vermutlich die Tatwaffe. Zumindest fehlen zwei Kugeln im Magazin.“

Martin zog Latexhandschuhe über und nahm die Waffe in die Hand. „Die sagt mir was. Wurde die Magazingröße nicht deshalb diskutiert, weil das gute Stück bei Amokläufen eingesetzt wurde? Meines Wissens ist die bei unseren amerikanischen Freunden vom FBI beliebt.“

„Stimmt genau. Es gibt Länder, die sogar vorgeschrieben haben, das Magazin auf zehn Patronen zu begrenzen. Italien zum Beispiel. Die wird auch gerne beim amerikanischen Militär eingesetzt.“

Schubert überlegte. „Sehr ungewöhnlich. Vielleicht ein Ansatz.“

Klinger kniete sich hin und zeigte mit einer kreisenden Handbewegung auf den Boden. „Die Türklinken im Schuppen wurden abgewischt, außerdem ein größerer Bereich drei Meter vor der Leiche."

Martin runzelte die Stirn. „Was bedeutet das? Wieso wischt jemand den Fußboden auf?"

Klinger lachte. „Das ist euer Job! Findet es heraus."

***

Melanie und der Graf liefen über die Raiffeisenstraße und den unteren Teil der Hauptstraße zurück zum Kirdorfer Kreuz und weiter zur Bachstraße. Sie bemühten sich, wie normale Fußgänger zu wirken, die der plötzliche, durch die Einsatzfahrzeuge verursachte, Trubel nicht interessierte. Sie spazierten am Sportgelände vorbei und erreichten ein paar Minuten später den Jubiläumspark, den sie bis zum Schwedenpfad durchquerten, um der Straße bis zu einem Taxistand am Kurhaus zu folgen.

Sie sprachen kein einziges Wort. Melanie beobachtete den Grafen, der unglaublich ausgeglichen wirkte. Er hatte sein Äußeres gegenüber ihrer letzten Begegnung völlig verändert. Das Haar war kohlrabenschwarz und kurz geschnitten, sein Gesicht glattrasiert, die gegerbte Haut wirkte deutlich auffälliger als mit dem bisherigen Vollbart. Die Kleidung sah neu aus, passte ihm perfekt, selbst die Schuhe konnten gerade aus einem Schuhregal entlaufen sein. Außerdem trug er eine Brille mit dunklem Rand.

Am Taxistand blieben sie stehen. Melanie sah den Grafen direkt an. „Was nun? Wollen Sie mit ins Hotel kommen, damit wir das Ganze besprechen können?" Sie wunderte sich, wie wenig sie sich aufregte.

„Falls uns jemand gesehen und eine Beschreibung abgegeben hat, werden sie dich ziemlich schnell suchen und als erstes in die Elisabethenstraße fahren. Ich habe eine bessere Idee."

Sie vermied es, sich darüber Gedanken zu machen, dass er ihre Unterkunft kannte, und stieg mit ihm zusammen widerstandslos in das vorderste Taxi ein. Er hatte ja recht, beruhigte sie sich.

„Nach Ober-Eschbach. Lassen Sie uns kurz hinter der Forsthausstraße raus", lautete die Anweisung an den Taxifahrer.

Rund zehn Minuten später erreichten sie ihr Ziel. Zu Melanies Überraschung bezahlte der Graf die Fahrt. Seine ebenfalls neu aussehende Geldbörse schien üppig gefüllt zu sein.

Sie überquerten die Straße, um in die Einfahrt neben einem hellblau gestrichenen Gebäude zu gehen, in dessen Erdgeschoss sich ein Ladengeschäft befand. Der Graf schloss eine Wohnung in der ersten Etage auf, die modern eingerichtet und penibel aufgeräumt war, als würde sie kaum benutzt werden.

Ohne ein Wort ging er in die Küche und erschien kurz darauf mit einem Tablett, auf dem eine Flasche Mineralwasser und zwei Gläser standen. Er schenkte ein und gab Melanie ein Glas, die in diesem Moment bemerkte, wie durstig sie war. Sofort füllte er nach.

Ihre Lebensgeister kehrten zurück. „Was ist passiert? Warum waren Sie da?"

Der Graf schmunzelte. „Weil ich befürchtete, du könntest in Gefahr sein. Deshalb bin ich seit einigen Tagen in deiner Nähe. Was letztlich richtig war, denn ich glaube, dass du in eine Falle gelockt und als Mörderin präsentiert werden solltest. Wieso warst du da und woran erinnerst du dich?"

Sie versuchte, die Gedanken, die ihr durch den Kopf schwirrten, zu sortieren. Schließlich berichtete sie von der geheimnisvollen Nachricht und zeigte sie dem Grafen.

„Das Letzte, was ich weiß, ist, dass da Leo Schneider tot auf einem Stuhl saß und ich einen Schlag an den Hals bekommen habe." Sie fühlte über die schmerzenden Stellen an den Halsseiten.

„Das passt zu meiner Theorie. Jemand hat dich außer Gefecht gesetzt und dir dann die Waffe in die Hand gedrückt, um damit zu schießen. Ich würde mir so bald wie möglich die Hände und das Gesicht gründlich waschen und die Kleidung reinigen lassen. Es wäre blöd, wenn die Polizei Schmauchspuren fände." Er schien zu überlegen. „Der Täter hat gewusst, was er tat!"

Melanie gab ihm recht. Die Annahmen klangen plausibel, allerdings alles andere als beruhigend. Doch zunächst musste sie die Rolle ihres Retters verstehen. „Weshalb sind Sie verschwunden und wo haben Sie sich seitdem aufgehalten?", fragte sie bestimmt. „Und nennen Sie mir den wahren Grund, wieso Sie in der Nacht in Sabrinas Haus herumgegeistert sind. Außerdem möchte ich wissen, was das hier für eine Wohnung ist."

Er lachte schallend. „Ganz schön viele Fragen, aber du sollst Antworten bekommen. Zuerst hörst du mit diesem dusseligen Sie auf. Ich heiße Siegfried, für Freunde auch Siggi!"

Melanie antwortete beinahe automatisch. „Melanie, sagen Sie … sag einfach Mel."

„Dann wäre das geklärt! Also der Reihe nach: Ich musste von der Platte verschwinden, weil ich eine Drohung bekommen habe. Irgendjemand vermutet anscheinend, dass ich Dinge weiß, die mich nichts angehen. Ich versuche, herauszufinden, um was es geht. Da ist es besser, unsichtbar zu sein." Er streckte sich, nahm sein Glas und trank einen Schluck Wasser. „Nun zu der Nacht. Ich erhielt eine Sprachnachricht von Ralf, in der er mitteilte, dass er mich dringend sprechen müsse, da er etwas Merkwürdiges erfahren habe. Leider schlief ich zu dem Zeitpunkt und sah die Meldung erst einige Stunden später. Deshalb fuhr ich hin und entdeckte, wie ich es dir damals bereits erzählte, eine riesige Blutlache. Ich suchte ihn überall, überprüfte die Videoaufnahmen und sah deinen Einbruch. Also bin ich nachschauen gegangen."

Melanie hob die Augenbrauen. „Woher hattest du die Schlüssel zu Rosenthals und Sabrinas Wohnung?“

„Die beiden haben sie mir gegeben. Ich habe zuerst in Ralfs Wohnung übernachtet, nachdem ich abtauchen musste.“

Das Ganze klang so unglaublich, dass es wahr sein konnte. Schließlich war Sabrina vielleicht Siegfrieds Nichte. „Warum hast du im Park den Brand entfacht?“

Der Graf verzog das Gesicht. „Ich habe kein Feuer gelegt. Das war jemand anderer.“

Interessant, fuhr es Melanie durch den Kopf. „Nehme ich mal so hin. Wie kommst du an die Klamotten, vor allem, wo sind wir hier? Wer hat dein Aussehen so verändert?“

„Neugier pur. Die Kleidung hab ich in Frankfurt gekauft. Die Haare hat die nette Friseurin aus dem Salon im Erdgeschoss so toll hinbekommen. Die Brille hab ich mir auch zugelegt. Hier lebe ich jetzt.“

Melanie hatte Mühe, die Informationen zu einem schlüssigen Gesamtbild zu formen. „Wie kommst du an die Wohnung?“

„Sie gehört, oder besser gesagt, gehörte meinem Schwager.“

Melanie riss die Augen auf. „Axel Eskir? Also ist jetzt Sabrina die Eigentümerin.“

Siggi schmunzelte. „Du hast rausgefunden, dass Eskirs Frau meine Schwester war. Kompliment. Du bist gut! Dieses Mal irrst du dich allerdings. Ich spreche von meinem anderen Schwager, Ralf Rosenthal!“

***

Melanie verstand die Welt nicht mehr. Sigis verstorbene Ehefrau war Ralfs Schwester. Außerdem behauptete er, nach fünfzehn Jahren auf der Straße wieder sesshaft werden zu wollen und in der Wohnung zu leben. Es erklärte natürlich seine Nähe zu Sabrina und Rosenthal.

Sie saß in der Erlöserkirche und starrte auf den Zettel mit der Telefonnummer, die sie aufbewahren sollte. Siegfried hatte ihr angeboten, sie als Privatdetektivin zu engagieren und zu bezahlen. Die Nachfrage, ob er denn das Geld dafür besitze, ließ er unbeantwortet im Raum stehen und grinste nur.

Sie musste Informationen sortieren und schrieb eifrig in ihr Smartphone. Warum hatte Siggi ausgerechnet zu diesem Zeitpunkt die Rückkehr in die Zivilisation gewählt? Es klang, als habe er das seit Längerem vorgehabt. Ihre diesbezügliche Frage hatte er nicht beantwortet. Er hatte fünfzehn Jahre auf der Straße gelebt. Sie erinnerte sich daran, dass Fred Spiegel ihr gesagt hatte, dass Siggi im Anschluss an eine mysteriöse Strafsache von einem auf den anderen Tag seinen Dienst als Staatsanwalt quittiert hatte. Hing das zusammen? Ein schrecklicher Gedanke nistete sich in ihrem Gehirn ein: Hatte der Graf zu Biebenau jemanden umgebracht und sich selbst bestraft? Wollte er sich jetzt vorzeitig begnadigen, wie es bei lebenslänglichen Strafen für Mord üblich war? Sie musste unbedingt herausfinden, was damals geschehen war.

Melanies Handy vibrierte, als eine Textnachricht einging.

Muss Sie so schnell wie möglich
sehen! Nadine Gissel.

***

Sabrina Eskir lag angezogen auf ihrem Bett, obgleich es um 22:40 Uhr längst Schlafenszeit war. Ihr Schädel brummte, und es war ihr, als habe man sie ausgesaugt. Die heutige Therapiestunde bei Professor Siebler schwirrte ihr durch den Kopf. Sie verstand zwar nach wie vor noch nicht alle Zusammenhänge, wurde sich aber sehr bewusst, wie krank sie wirklich war. Das war jedoch nicht das Schlimmste, womit sie zu kämpfen hatte.

Sie erhob sich und ging zu dem kleinen Tisch vor dem vergitterten Fenster. Sie nahm die Ausgabe des Taunusblicks.

Brutaler Mord an der Weed! Tränen schossen Sabrina in die Augen. Die Trauer legte sich wie eine schwarze Wolke auf sie.

Ralf war tot, ermordet! Siggi war weiterhin verschwunden. Die Menschen, die ihr am meisten bedeuteten, die in den vergangenen Jahren ihr Anker gewesen waren, gab es nicht mehr. Sie hatte sich noch nie so einsam gefühlt, so nutzlos, so schutzlos. Wie sollte sie ohne die beiden weiter bestehen?

Ihr Leben war zwar immer ein Trümmerhaufen gewesen, doch nun stand sie ganz allein zwischen den Trümmern. Niemand würde ihr helfen, sie wegzuräumen. Dazu ihre Krankheit.

Der Professor hatte sie wie beiläufig nach irgendwelchen Toten in ihrem Keller gefragt. Sie konnte sich darauf keinen Reim machen, ein undurchsichtiger Schleier lag über allem. Wie war der Rest der Therapiestunde verlaufen? Ihr Gedächtnis setzte erst wieder ein, als sie die Zeitung im Schwesternzimmer entdeckt und mitgenommen hatte.

Sie hob den Stuhl mit beiden Händen hoch. Mit voller Kraft warf sie ihn mit einem lauten Schrei gegen die Wand. Es war ihr egal, als dort ein Stück Putz abfiel.

Sie ging zur Tür und drückte die Klinke runter. Es erschien ihr wie ein Wink des Schicksals, dass der Pfleger, der zuletzt nach ihr geschaut hatte, beim Verlassen des Raums durch seinen Funkmelder abgelenkt war und deshalb vergessen hatte, die Tür abzuschließen. Wie überrascht war sie gewesen, als das übliche Schließgeräusch ausgeblieben war. Augenblicklich hatte sich ein Gedanke in ihr Hirn gebrannt, den sie nicht mehr verdrängen konnte.

Vorsichtig spähte sie in den Flur, der still und unberührt vor ihr lag. Barfuß schlich sie den Gang entlang, immer bedacht, keine Geräusche zu verursachen. Ihr Gehirn erteilte ihr den Befehl, in den Trakt, in dem die Klinikleitung ihre Büros hatten, zu gehen. Hier wäre niemand.

Eine Hürde hatte sie: den mit einem Zahlencode gesicherten Zugang zu diesem Teil des Gebäudes. Sie lächelte, denn den Code kannte sie längst, sah sie doch nahezu jeden Tag, wie er von den Pflegern auf dem Weg zur Therapie eingegeben wurde.

Schnell schlüpfte sie durch die Tür und erreichte Professor Sieblers Arbeitszimmer. Sofort verschloss Sabrina die Tür zu dem Raum von innen.

Sie öffnete einen gitterlosen Fensterflügel und atmete gierig die frische Luft ein. Ihr Hirn wurde frei, sie schien zu schweben, so glücklich fühlte sie sich. Fünf Etagen unter ihr verlief ein breiter, asphaltierter Weg durch den menschenleeren Park.

Gleich würden alle Probleme von ihr abfallen, die Krankheit, die Sorgen. Könnte sie Ralf und Siggi wiedersehen! Wer wusste das schon?

Sabrina kletterte auf die Fensterbank, setzte sich rücklings darauf, und kippte nach hinten.

5. Mai

Die Kirchenglocken schlugen Mitternacht, als Melanie dunkel gekleidet vor dem Hauseingang stand. Würde Rosenthals Wohnhaus ihr helfen, mehr Klarheit über die Geschehnisse und vielleicht sogar über den Grafen zu bekommen, der ihr so viele Rätsel aufgab? Eigentlich mochte sie ihn, er imponierte ihr sogar ein bisschen. Dennoch spürte sie ein Geheimnis, das es zu ergründen galt. Der Vollmond leuchtete mit der Straßenbeleuchtung um die Wette. Unzählige Sterne prangten am wolkenlosen Himmel. Melanie bewunderte das Schauspiel einen Moment lang und streifte die dünnen Stoffhandschuhe über.

Das Polizeisiegel war verschwunden. Demnach war die Untersuchung der Räumlichkeiten abgeschlossen. Was hoffte sie zu finden, was der Kriminaltechnik entgangen war?

Eine Minute später zog sie Ralfs Wohnungstür hinter sich zu. Sie vergewisserte sich, dass in sämtlichen Zimmern die Rollläden heruntergelassen waren, bevor sie das Licht einschaltete.

Es wirkte trotz des Polizeieinsatzes penibel aufgeräumt, nur der eingetrocknete Blutfleck auf dem Parkett zeugte von der hier vor Kurzem verübten Straftat.

Systematisch durchsuchte sie den Garderobenschrank und wandte sich dann der Küche zu. Sie nahm das gesamte Geschirr aus den Schränken und stellte es, nachdem sie nichts Interessantes entdeckt hatte, zurück.

Bald kroch der Frust in ihr wie eine klebrige Masse hoch, denn bisher hatte sie keinen einzigen Anhaltspunkt, der einen Ansatz für weitere Ermittlungen versprach. Hatte sie das wirklich erwartet?

Die Kriminaltechnik hatte sicher einen tadellosen Job gemacht und eventuell vorhandene Beweisstücke garantiert eingesammelt. Was hoffte sie zu finden? Sie konnte die Frage nicht beantworten, spürte jedoch, dass es etwas geben musste.

Auf dem Esstisch im Wohnzimmer lag eine bunte Mappe, die wie ein Urlaubsprospekt aussah. Vorsichtig klappte Melanie den Deckel zurück. Obenauf lagen tatsächlich Prospektseiten, die ein Hotel abzubilden schienen. Neben der Aufnahme einer freundlich wirkenden Lobby gab es Fotos von einem Swimmingpool mit unzähligen Liegestühlen. Dazu Bilder von einem Wellnessbereich mit verschiedenen Saunen. Auf der Rückseite des Faltblattes wurden unterschiedlich eingerichtete Zimmer abgebildet, die, wie das gesamte Gebäude, edel wirkten.

Ihr Herz schlug schneller, als sie einen Vertrag entdeckte. Er war vollständig ausgefüllt, aber nicht unterschrieben. Als Vertragspartner waren Ralf Rosenthal und eine Residencia Añoranza por la Vida eingesetzt. Augenscheinlich ging es um den Kauf eines Appartements mit einer Größe von 53 Quadratmetern, verbunden mit dem Anspruch auf eine Betreuung und ärztliche Versorgung. Melanie hielt unwillkürlich die Luft an, als sie die Kaufpreissumme las: 1,8 Millionen Euro! Die Hälfte zahlbar bei Vertragsabschluss, der Rest bei Einzug.

Fast hätte sie eine Seite überblättert, die anscheinend in den Vertragsentwurf gerutscht war. Es handelte sich um eine ebenfalls nicht unterzeichnete Generalvollmacht. Vollmachtgeber war Rosenthal und als Vollmachtnehmer Marion Klettke und Werner Mumer, wohnhaft im Güldensöllerweg in Bad Homburg, angegeben.

Was hatte das zu bedeuten? Das Paar kümmerte sich um Senioren und bespaßte sie auf unterschiedlichste Art und Weise. Und sie vermittelten Altersruhesitze. Demnach hatte Rosenthal vor seinem Tod vorgehabt, sich in der besagten Seniorenresidenz einzukaufen und die gesamte Abwicklung dem Pärchen zu überlassen.

Melanie wollte die Vollmachtsurkunde zurücklegen, als sie ihr aus der Hand glitt und mit dem Schriftbild nach unten auf dem Boden landete. Ansonsten wären ihr bestimmt die Namen entgangen, die jemand mit einem Bleistift auf die Rückseite geschrieben hatte: Rainer Waske, Uwe Klarer und Angelika Bubser.

Hinter Waske hatte der Verfasser einen Haken gesetzt, die anderen Einträge jeweils mit einem Fragezeichen markiert. Seltsam. Insbesondere, weil es sich bei Angelika Bubser um die Frau handelte, die laut Nadine Gissel drei Grundstücke im Zusammenhang mit dem Bauprojekt des Architekten Schüttler erworben hatte! Was bedeuteten die Markierungen?

Melanie schaute auf die Uhr. Sie hielt sich mittlerweile nahezu eine Stunde in der Wohnung auf, viel zu lang für ihre Begriffe. Eilig fotografierte sie alle Unterlagen, die sich in der Mappe befanden.

Das Bad war schnell durchsucht und brachte, ebenso wie das Schlafzimmer, keine neuen Erkenntnisse. Blieb noch der letzte, merkwürdig leer aussehende Raum. An den Wänden standen Tische, unter denen mehrere, nicht angeschlossene Kabel auf dem Fußboden lagen. Melanie vermutete, dass hier die Monitore und Aufzeichnungsgeräte installiert gewesen waren, über die Rosenthal das Nachbarhaus überwacht hatte. Vermutlich hatten die Spurensicherer sie beschlagnahmt.

Ihr fiel eine an einer Tischplatte befestigte Lampe mit Schwenkhals auf. Die Leuchte war allerdings nicht der Gegenstand, der ihr Interesse geweckt hatte, sondern ein Plastikkrokodil, das am Lampenhals steckte. Es wirkte wie ein Fremdkörper und passte nicht so recht zum Wohnungsinhaber.

Melanie nahm die Figur ab und betrachtete sie. Der Körper besaß in der Mitte eine Stoßnaht. Sie versuchte, einen Teil abzudrehen, was nicht gelang. Also zog sie beide Abschnitte auseinander. Mit einem Ruck löste sich der Kopf und gab einen USB-Stick frei!

***

Als Sandro ins Büro stürmte, ließ Schubert vor Schreck seinen Kugelschreiber fallen. „Morgen Martin, die Eskir ist tot!"

Schubert kniff die Lider zusammen. „Was? Woher weißt du das?"

Sandro stoppte in der Bewegung. „Von Hartmut Klinger, der gestern am späten Abend mit den Kollegen in der Klinik war. Sie ist aus einem Fenster im fünften Stock gefallen, das zum Arbeitszimmer des Klinikleiters gehört und nicht vergittert ist. Die Leiche wurde noch in der Nacht obduziert. Keinerlei Hinweis auf Fremdeinwirkung. Man geht von Freitod aus."

„Okay. Wieso wurden wir nicht alarmiert?"

„Wir hatten keine Bereitschaft und du bist schließlich der erste, der tobt, wenn man uns trotzdem ruft!"

Schubert grinste. „Tja, das muss ich zugeben. Dennoch wäre ich dieses Mal gerne hingefahren. Macht es Sinn, sich jetzt auf den Weg zu machen?"

„Hartmut sagt, nein. Die sind da fertig. Es ist lediglich zu klären, wie sie trotz der vorhandenen Sicherung in den Trakt gelangen konnte. Wir bekommen einen Bericht."

„Einverstanden. Eigentlich hilft uns das, denn damit können wir die Bücher in Bezug auf die Leichen im Schutzkeller schließen. Ein eindeutigeres Schuldeingeständnis gibt es selten!"

Sandro verzog das Gesicht. Ihn störte die Beharrlichkeit des Kollegen, Sabrina Eskir zur zweifachen Mörderin erklären zu wollen.

„Bin ich mir nicht sicher. Wir sollten doch beim Rosenthal-Mord herausfinden, ob ein Zusammenhang zu den Ermordeten im Keller besteht. Dann gilt es den Grafen aufzuspüren, der schließlich der Onkel der Eskir ist. Und es liegt ein Erschossener aus Kirdorf auf dem Tisch der Rechtsmedizin. Für mich gehört das Ganze zusammen. Ich würde die Akten nicht schließen, bevor wir nicht alle Mosaiksteine zusammengesetzt haben!"

Schubert seufzte. „Vielleicht hast du recht. Ist der Bericht der Kriminaltechnik zu dem gestrigen Todesfall fertig?"

„Ja. Die gefundene Glock ist die Mordwaffe. Es gibt eine Auffälligkeit. In Leo Schneider stecken zwei Kugeln. Der erste Schuss war tödlich. Merkwürdigerweise wurde der andere mindestens eine halbe Stunde später auf den leblosen Körper abgegeben. Außerdem waren der Winkel und der Schusskanal eigenartig. Der Täter muss auf dem Boden gelegen haben, als er erneut feuerte. Und zwar an der Stelle, an der gewischt wurde!"

Schuberts Gesichtsmuskeln zuckten. „Was ist das für ein Quatsch? Wer erschießt jemanden, legt sich eine Weile danach auf den Fußboden, um ihm noch eine weitere Kugel zu verpassen, und macht dann sauber?"

„Das ist die Preisfrage!", erwiderte Sandro.

Schubert kratzte sich am Kopf. „Sag mal, haben wir Zeugen, die etwas gesehen haben?"

„Jein! Die einzige Zeugin ist eine 98-jährige Dame, die gegenüber dem hinteren Hoftor des Tatorts wohnt und aus dem Fenster geschaut hat. Sie ist sich sehr sicher, dass es einen Knall gegeben hat und kurz darauf eine Gestalt aus dem Grundstück kam und auf der Straße weglief. Ein paar Minuten später seien zwei Personen aus dem Tor gekommen und in dieselbe Richtung gelaufen."

„Das ist doch ein Ansatz! Die kann uns bestimmt bei Phantombildern helfen, so nah wie die Häuser zusammenstehen!"

Sandro winkte ab. „Sie weiß nicht einmal, ob es sich um Männer oder Frauen gehandelt hat. Die Gute hatte keine Brille auf und ist stockblind!"

Schubert hieb mit der flachen Hand auf den Tisch. „Scheiße! Wäre zu schön gewesen. Dennoch wissen wir, dass sich dort zum Tatzeitpunkt drei Menschen aufgehalten haben."

„Du bist ein unverbesserlicher Optimist! Mit der Alten können wir so gut wie nichts anfangen. Ich hab dafür was anderes! In der Werkstatt wurde ein Brandbeschleuniger gefunden, der identisch mit dem ist, der beim Feuer im Schlosspark verwendet wurde!"

***

Melanie schreckte hoch, als das Telefon in ihrem Zimmer läutete. Der Angestellte an der Rezeption teilte ihr mit, dass eine Nadine Gissel vor ihm stehe und sie unbedingt sprechen müsse.

Eine Viertelstunde später saß sie mit der Journalistin im Frühstücksraum. Melanie fühlte sich aufgrund der kurzen Nacht zwar ein wenig zerschlagen, verspürte aber einen unbändigen Tatendrang.

Verstohlen schielte sie zur Wanduhr neben der Tür. 10:17 Uhr. Eigentlich sollte sie auf dem Weg zu Siegfried sein und nicht hier mit Nadine frühstücken.

Die Journalistin trank einen Schluck Tee und stellte die Tasse ab. „Es gibt eine Reihe von Neuigkeiten, die Sie bestimmt interessieren. Ursprünglich wollte ich gestern mit Ihnen über den Mord an dem Neonazi sprechen, von dem Sie garantiert gehört haben. Die Blätter sind ja heute voll davon!"

Hatte sie nicht gelesen, weil sie wegen ihrer nächtlichen Aktivitäten wie ein Stein geschlafen und am Morgen noch nicht einmal in ihre Nachrichten-App geschaut hatte. Dennoch nickte sie vorsichtig. Schließlich wusste sie vermutlich mehr über das Verbrechen als die Redakteurin.

„Er wurde wohl regelrecht hingerichtet", erwiderte Nadine.

Melanie schob sich eine Gabel Rührei in den Mund. „Aha, woher wissen Sie das?"

„Ein Kollege von mir war bei einer Pressekonferenz der Staatsanwaltschaft. Dort wurde um die Mithilfe der Bevölkerung gebeten."

Nadine sah Melanie stumm an. Sie fühlte sich irgendwie ertappt. Ahnte die Journalistin etwas?

„Eine Nachbarin hat einen Knall gehört und drei Gestalten aus dem Tatortgrundstück kommen gesehen. Erst eine und einige Minuten später zwei weitere. Eine könnte eine Frau gewesen sein. Die Zeugin war sich nicht ganz sicher."

Wieder diese bohrenden Augen. Instinktiv legte Melanie ihre Gabel aus der Hand, weil sie befürchtete, dass sie ein Zittern verraten könnte. „Warum weiß sie es nicht genau?"

„Sie ist beinahe hundert und sieht schlecht. Mein Kollege hat sie besucht. Die erkennt nicht einmal sich selbst im Spiegel, dermaßen blind ist sie."

Melanie überflutete eine Woge der Erleichterung. „Sie sprachen von Neuigkeiten. Was gibt es noch?"

Nadine ließ sich sofort auf den Themenwechsel ein. „Sie haben wohl überhaupt nichts mitbekommen, oder? In der Nacht hat sich Sabrina Eskir aus einem Fenster in der forensischen Klinik in Usingen gestürzt!"

Melanie erstarrte.

„Es wird gemunkelt, dass ihr Selbstmord quasi ein Schuldeingeständnis zu den Tötungsdelikten in ihrem Keller ist und die Polizei die Akten zumacht."

Melanie überlegte. Das war furchtbar. Sie dachte an Siggi. Ob er es bereits erfahren hatte?

Die Gerüchte, die die Gissel gerade verkündet hatte, waren ihr egal. Aus ihrer Zeit beim LKA wusste sie, dass solche Parolen schnell die Runde machten.

„Das warten wir einmal ab“, gab sie zu Bedenken. „Kommt mir ein bisschen voreilig vor. Ist es denn überhaupt sicher, dass Fremdverschulden ausgeschlossen ist?“

Nadine zuckte mit den Schultern. „Keine Ahnung. Ich habe Ihnen alles gesagt, was ich bisher weiß. Hoffte, dass Sie vielleicht mehr darüber wissen.“ Im Blick der Journalistin schien Enttäuschung zu liegen.

„Nein, Sie haben mich vorhin geweckt. Ich hatte eine unruhige Nacht. Weil Sie aber gerade hier sitzen: Kennen Sie die Namen Klarer und Waske?“

Die Redakteurin blickte sie erstaunt an. „Wie kommen Sie jetzt auf die? Rainer Waske und Uwe Klarer sind Senioren, die von dem Gespann Klettke/Mumer Plätze in dem Seniorenheim auf Gran Canaria vermittelt bekamen. Waske stammt aus Kronberg und Klarer aus Oberursel. Nun sagen Sie schon, was ist mit denen?“

Sabrinas Tod und der Mord in Kirdorf schienen in Vergessenheit geraten zu sein.

„Sind die Seniorenbetreuer denn außerhalb von Bad Homburg aktiv?“, ignorierte Melanie die ungeduldige Frage.

„Logisch! Im gesamten Vordertaunus. Es gibt mehrere Seniorenzirkel. Ab und an treffen sich die Gruppen.“

Also kannten sich die Herrschaften vermutlich, fuhr es Melanie durch den Kopf. Das war interessant und erklärte vielleicht, weshalb Rosenthal die Namen notiert hatte.

„Wieso wissen Sie das alles?“, bohrte sie nach.

„Weil ich mich im Zuge meiner Recherchen zu den Machenschaften des Architekten Schüttler zwangsläufig mit Klettke und Mumer beschäftigt habe, die, wie im Fall Bubser, mit Vollmachten in Immobiliengeschäften agierten."

***

Melanie hatte es plötzlich eilig. Sie schob einen nicht verschiebbaren Termin vor und beendete damit das Gespräch ziemlich abrupt. Die Verärgerung darüber stand der Redakteurin unübersehbar im Gesicht, sicher auch, weil Melanie nicht herausgerückt hatte, weshalb sie sich für die Senioren interessierte. Sie versuchte, die Gesprächspartnerin ein wenig bei Laune zu halten, indem sie ihr versprach, sofort anzurufen, wenn sie etwas herausfinden würde.

Melanie bekam ein schlechtes Gewissen, denn Nadine war ihr gegenüber sehr offen gewesen und setzte zweifellos auf eine vertrauensvolle Zusammenarbeit, die sie ihr im Augenblick nicht erwidern konnte und wollte.

Als sie wieder allein war und auf ihr stummgeschaltetes Smartphone sah, stellte sie fest, dass nicht nur ihre Schwester Anja, sondern auch Siggi angerufen hatte.

Schnell rief sie in Hamburg an und erfuhr, dass es eine Reihe von Dokumenten im Zusammenhang mit dem Erbe gab, die sie unterschreiben solle. So galt es, einen Erbschein zu beantragen. Anja versprach, die Papiere mit der Post zu schicken.

Melanie seufzte. Das hatte ihr gerade noch gefehlt. Es gab jetzt wirklich Wichtigeres zu tun! Sie klingelte kurz beim Grafen durch und verabredete sich mit ihm in seiner Wohnung in Ober-Eschbach. Katja hatte ihm von Sabrinas Tod erzählt, er wirkte am Telefon äußerst niedergeschlagen.

Fünfundvierzig Minuten später betätigte Melanie die Klingel an der Haustür, die ihr unmittelbar geöffnet wurde. Siggi war kreidebleich, die rot umränderten Augen verrieten, dass er geweint haben musste.

„Was gibt es so Dringendes?“, begrüßte er Melanie zweifelsohne lustlos.

Spontan nahm sie den Mann, der genauso groß wie sie selbst war, in den Arm, was er widerstandslos geschehen ließ, und flüsterte: „Mein herzliches Beileid! Ich bringe trotzdem gute Nachrichten!“

Sie gingen ins Wohnzimmer, wo Melanie sich auf ein Sofa setzte, ihren mitgebrachten Laptop aufklappte und anschaltete. Nachdem sie die gewünschte Datei gefunden hatte, drehte sie den Computer zu Siegfried hin, der auf einem Sessel saß.

Ein etwas unscharfer Film begann zu laufen. Sabrina Eskir war in ihrer Küche zu erkennen und schien sich mit Jan Wolter zu streiten. Plötzlich machte dieser einen Schritt auf die junge Frau zu und versetzte ihr eine Ohrfeige. Sabrina stand zunächst wie angewurzelt vor ihm, um Jan dann urplötzlich von sich wegzustoßen. Wolter wirkte völlig überrascht, verlor das Gleichgewicht und suchte es in der Rückwärtsbewegung wiederzufinden. Unglücklicherweise fiel er dabei über einen Staubsauger und schlug im Fallen mit dem Hinterkopf auf der Tischplatte auf. Er ging zu Boden und blieb regungslos liegen. Hier endete die Filmsequenz.

Siggi hatte das Video mit versteinerter Miene angeschaut und sah Melanie an. „Woher hast du das?“

„Aus Rosenthals Wohnung. Er hatte es auf einem Stick gespeichert, den die Kriminaltechnik anscheinend übersehen hat. Es kommt aber noch besser. Sieh selbst!“ Schnell rief sie im Laptop eine weitere Datei auf und schob das Gerät dem Grafen zu.

Ein neuer Film startete, der älter zu sein schien. Erneut war Sabrina zu erkennen, die in ihrem Wohnzimmer an einen Schrank lehnte. Ihr gegenüber tobte ein kleinerer Mann und warf eine Vase auf den Boden, um anschließend verschiedene Gegenstände vom Couchtisch zu fegen. Mit einem Mal ging er auf Sabrina los und schlug ihr mehrfach ins Gesicht.

„Das ist Axel! Das Skelett in der Truhe“, murmelte Siggi vor sich hin.

Sabrina hob ihre Arme vor den Kopf, um sich zu schützen. Eskir verlagerte daraufhin die Schläge in den Bauch und Unterleib der Nichte, die in sich zusammensackte und sich gekrümmt auf dem Fußboden zusammenkauerte. Dies hinderte den Tobenden nicht daran, die Tritte fortzusetzen.

In dem Moment erschien eine zweite Person im Zimmer, die ein langes Küchenmesser in der Hand hielt.

„Ralf!“, flüsterte der Graf.

Überrascht fuhr Eskir zu Rosenthal herum und griff ihn an. Plötzlich verharrte er in seinen Bewegungen und sackte mit verzerrter Miene zusammen. Das Video stoppte.

„Wahnsinn!“, entfuhr es Siggi. „Wo ist der Stick jetzt?“

„Da, wo er die ganze Zeit war! Ich habe die Filme kopiert und ihn danach zurück in die Wohnung gebracht.“

Siggi runzelte die Stirn. „Warum? Wir müssen das der Polizei zeigen!“

„Natürlich! Besser wäre es allerdings, sie fänden die Aufnahmen selbst. Lass mich mal machen.“

***

„Wieso ist die Gramberg auf freiem Fuß?“, schrie es aus dem Telefon. „Was ist diesmal schiefgegangen?“

„Das wüsste ich zu gern! Ich habe alles so arrangiert, wie wir es besprochen haben und die Bullen verständigt.“

„Du bist wirklich zu blöd! In jedem Fall scheint die Tussi nicht mehr da gewesen zu sein, als die Kavallerie eintraf und hatte noch genug Zeit, deine gelegten Spuren zu beseitigen! Wenn das so weiter geht, können wir uns gleich selbst anzeigen.“

„Was machen wir jetzt?“

„Ihr haltet die Füße still! Weder neue Akquisitionen, keine Vermittlungen, einfach nichts! Außerdem sollen die Klettke und der Mumer ihren Seniorenkreis abhalten, als sei alles wie immer. Hast du verstanden?“

„Klar, ist ja nicht schwer? Wie stoppen wir die Gramberg?“

„Das lässt du meine Sorge sein! Es ist an der Zeit, dass ich das selbst in die Hand nehme!“

***

„Normalerweise lass ich mich auf solche Spielchen nicht ein“, betonte Kimmerle und sah Melanie mit grimmig wirkender Miene an.

Dennoch bist du gekommen, dachte sie zufrieden. „Ich weiß es sehr zu schätzen, dass Sie eine Ausnahme machen. Sie werden es nicht bereuen!“

Melanie winkte eine Bedienung im Café Extrablatt heran und bestellte einen Milchkaffee. „Wichtig ist, dass es dieses Gespräch nicht gibt.“

„Das entscheide ich, sobald Sie mir endlich gesagt haben, was Sie mir mitteilen wollen. Sie sprachen am Telefon von neuen Erkenntnissen.“ In seinem Blick spiegelte sich die Anspannung.

Melanie nickte. „Lassen Sie mich so beginnen: Sie tappen sowohl bei den Leichen im Schutzkeller als auch beim Mord an Ralf Rosenthal im finstersten Dunkel. Habe ich recht?"

Kimmerle saß regungslos da, ließ sie aber nicht aus den Augen.

„Wie wäre es, wenn ich Ihnen zumindest die Toten aus der Holztruhe abnehmen würde?"

Kimmerle lachte. „Da kommen Sie zu spät. Wir sind uns sicher, dass Sabrina Eskir sie getötet und sich deshalb aus dem Fenster gestürzt hat. Das ist quasi ein perfektes Geständnis." Er lehnte sich plötzlich entspannt zurück und verschränkte die Arme.

Die Wut schoss in Melanie hoch. „Da Sie alles so genau zu wissen scheinen, können wir das Gespräch an dieser Stelle beenden. Sie werden nichts dagegen haben, dass ich meine Erkenntnisse, dass Wolters Tod ein Unfall war und Eskir von Rosenthal in Notwehr getötet wurde, mit Nadine Gissel teile. Ist bestimmt mal spannend, die Presse die Schlussfolgerungen der hiesigen Kriminalpolizei auseinandernehmen zu lassen."

Der Beamte wurde zu Melanies Genugtuung kreidebleich und riss die Augen weit auf. Langsam amüsierte sie das Ganze, obwohl ihr der Typ ein bisschen leidtat. Sie machte Anstalten, die Bedienung zu rufen.

Kimmerle hob abwehrend die Hand. „Moment! Wie kommen Sie auf einen solchen Blödsinn?"

Sie beugte sich vor und senkte die Stimme. „Ich weiß es definitiv. Sofern Ihre werten Kriminaltechniker bei der Spurensicherung in Rosenthals Wohnung nicht geschlampt und offenkundige Spuren übersehen hätten, müssten Sie sich nicht mit falschen Erkenntnissen abmühen und eine Unschuldige an den Pranger stellen."

„Verdammt, wovon sprechen Sie?" Plötzlich schien ihm etwas zu dämmern. „Sind Sie mal wieder eingebrochen?"

Melanie beschloss, nicht auf den provokanten Unterton einzugehen. „Ich möchte es mal so ausdrücken: Ich hatte heute Nacht einen Traum, in dem ich ein Krokodil in Rosenthals Technikzimmer sah. Außerdem im Wohnzimmer eine Mappe mit dem Entwurf eines Kaufvertrages für ein Appartement auf Gran Canaria. Ferner einen Zettel, auf dem Namen stehen, die vermutlich Rosenthal aufgeschrieben hat."

Kimmerle winkte ab. „Wollen Sie mich verarschen? Die Sache mit dem Seniorenheim kennen wir und sind ihr nachgegangen. Rosenthal hat am Abend seines Todes mit der Residenz und dann mit der Klettke telefoniert. Da gibt es nichts Verdächtiges! Welches Krokodil meinen Sie?"

Der Kriminalist schien einen Augenblick vergessen zu haben, mit wem er sprach, sonst hätte er ihr nicht die Informationen gegeben. Super!

„Das müssen Sie schon selbst herausfinden. Fahren Sie einfach noch einmal in die Wohnung." Sie grinste. „Also wissen Sie bereits, dass auf dem Zettel eine Angelika Bubser mit einem Fragezeichen versehen steht, die möglicherweise in dubiose Immobiliengeschäfte rund um den Architekten Schüttler verwickelt ist?" Melanie trank ihren Kaffee aus und schaute den Beamten gespannt an.

Kimmerle legte die Stirn in Falten. „Wie kommen Sie darauf?"

„Ich mache meine Arbeit. Haben Sie eigentlich mal im Seniorenheim angerufen, um zu erfahren, was Rosenthal da wollte?"

Kimmerle wirkte zunehmend zappelig. „Das geht Sie nichts an. Außerdem wissen Sie doch selbst, dass wir dazu ein Amtshilfeersuchen an die spanischen Behörden stellen müssten. Bei der derzeitigen Beweislage zeigen die uns den Stinkefinger!"

Melanie lachte laut. „Vermutlich ist das so", gab sie ihm recht. „Die lieben Vorschriften und die heilige Bürokratie. Wie froh ich bin, diesem Korsett entschlüpft zu sein!"

Kimmerle schien nachzudenken. „Sagen Sie, Frau Gramberg", begann er lammfromm und stockte eine Winzigkeit, „könnten Sie sich nicht darum kümmern?"

War das gerade die Bitte um unbürokratische Unterstützung der Polizeiarbeit durch eine Privatdetektivin? Melanies Herz pochte heftig. „Ich weiß nicht, ob das sinnvoll wäre. Sie dürften die Erkenntnisse vor Gericht nicht verwenden."

Kimmerle nickte. „Stimmt, war eine blöde Idee! Vergessen Sie es! Außerdem gibt es, wie gesagt, nichts Verdächtiges an Rosenthals Kontakt!"

Melanie war enttäuscht, dass der junge Mann aufgab, und erhob sich. „Dann sind wir uns ja einig! Sie laden mich doch bestimmt ein?"

***

Siggi öffnete die Tür von Staatsanwalt Sailers Büro und betrat den Raum mit klopfendem Herzen.

„Siegfried Graf zu Biebenau! Wenn das keine Überraschung ist. Hätte nicht gedacht, dich jemals wiederzusehen."

„Hallo Norbert." Siegfried reichte Staatsanwalt Sailer die Hand. „Danke, dass du dir die Zeit nimmst, mit mir zu sprechen."

„Ich gebe zu, dass ich sehr neugierig bin, weshalb du auftauchst. Darf ich dir etwas zu trinken anbieten?"

Siegfried fragte sich, ob es tatsächlich die richtige Idee gewesen war, hierherzukommen. Na ja, es war zu spät, sich darüber Gedanken zu machen. „Nein, lass mal. Ich bin gekommen, um mein Verschwinden zu erklären, weil ich dabei bin, ins zivilisierte Leben zurückzukehren."

Sailer verzog keine Miene. „Da bin ich gespannt. Du wirst aufgrund der Vortäuschung einer Straftat und wegen einer Brandstiftung mit Haftbefehl gesucht. Ich brauche gerade dir nicht zu erläutern, dass ich den vollstrecken muss." Sailer griff nach dem Telefonhörer.

Schnell legte Siggi die Hand auf das Telefon. Der Kloß in seinem Bauch wuchs bedrohlich. „Norbert, warte! Hör dir einfach an, was ich zu erzählen habe und entscheide dann."

Sailer lehnte sich zurück. „Okay, um der alten Zeiten willen. Schieß los!"

Siegfried atmete tief durch. „Ich lebe seit einigen Jahren hier in der Stadt und im Vordertaunus. Meist hab ich unter freiem Himmel geschlafen, wenn es zu kalt war, auch mal in Obdachlosenheimen. Wie ihr sicher herausgefunden habt, lebten meine Nichte Sabrina Eskir und mein Schwager Ralf Rosenthal an der Weed. Zu denen stand ich stets in Kontakt."

„Bevor du weitersprichst", unterbrach ihn Sailer, „würde mich zunächst interessieren, warum du überhaupt auf die Straße gegangen bist."

„Das war damals eine persönliche Entscheidung. Die Beweggründe spielen keine Rolle!"

„Hat es was mit dem toten Dealer zu tun?"

„Ich werde dir die Gründe nicht nennen, Norbert. Hör bitte auf zu bohren. Du selbst hast seinerzeit gegen uns alle ermittelt und schließlich die Akte auf Eis gelegt. Lass die Vergangenheit ruhen."

„Schade", erwiderte Sailer. „Also?"

„Ich plante von Anfang an, nach einer bestimmten Zeit wieder ins normale Leben zurückzukehren. Sabrina und Ralf waren eingeweiht. Vor Kurzem muss ich irgendetwas gemacht haben, wodurch ich ins Visier von Kriminellen geraten sein dürfte."

Er nahm einen Umschlag aus der Innentasche seines Jacketts, dem er ein Blatt Papier entnahm. Er gab es dem Staatsanwalt. „Lies das."

Du steckst deine dumme Nase in Sachen, die dich nichts angehen! Das ist gefährlich! Wenn du nicht die Schnauze hältst, werden wir sie dir einfach schließen! Vorher kümmern wir uns um deine Gönnerin Sabrina!

Siggi holte eine zweite Seite aus dem Kuvert, auf dem ein Bild zu sehen war. Auch das reichte er Sailer, der zurückprallte und blass wurde.

„Was um alles in der Welt ist das?“, krächzte er.

„Das siehst du doch. Eine Fotomontage! Man hat ein geschächtetes Schaf aufgenommen und Sabrinas Gesicht hineinmontiert! Die Warnung ist unmissverständlich! Jetzt weißt du, warum ich mein Verschwinden inszeniert habe. Insbesondere, um sie zu schützen! Das verschüttete Blut sollte den Verbrechern vorgaukeln, dass mir was Schlimmes zugestoßen ist.“

Sailer strich sich über den Schädel. „Weshalb kommst du gerade heute damit zu mir?“

„Sabrina und Ralf sind tot. Ihn hat man vielleicht wegen mir getötet und Sabrina wurde in den Tod getrieben. Ich will nicht mehr zusehen! Menschen, die mir was bedeuten, sterben und hinterlassen bei mir das Gefühl, dafür verantwortlich zu sein. Das muss ein Ende haben!“

„Siggi“, erstmals verwendete Sailer die alte Freundschaftsanrede, „so leid es mir tut, aber du hast vergessen, dass ich dich nicht gehen lassen kann. Du bist verhaftet!“

Ein Kloß schnürte langsam Siegfrieds Kehle zu. „Vergiss es. Wir machen ein Protokoll und ich verlasse deine gastlichen Räume. Kein Haftrichter wird mich aufgrund der Vortäuschung dabehalten, zumal ich bedroht wurde. Das weißt du. Da droht mir im schlimmsten Fall eine Geld- oder Bewährungsstrafe."

Sailer grinste. „Du beherrschst das Strafgesetzbuch nach wie vor. Hut ab! Du vergisst allerdings die Brandstiftung!"

„Das war ich nicht! Als ich aus dem Schlosspark abgehauen bin, waren die Sachen unversehrt. Das war der Plan, warum sollte ich sie anstecken?"

Sailer machte sich eine Notiz. „Du übersiehst leider, dass du keine Meldeadresse besitzt und schon deshalb hierbleibst!"

Siggi langte erneut in sein Jackett und holte eine nagelneue Brieftasche heraus. „Norbert, ich muss dich enttäuschen." Er schob ein Dokument über den Tisch. „Die Meldebescheinigung!" Siegfried legte einen Ausweis neben das Papier. „Der neue Personalausweis mit meiner Adresse."

Sailer lachte lauthals. „Du durchtriebener Lump! Ganz der Alte! Ich glaub es einfach nicht." Er griff nach dem Telefonhörer. „Dann sehen wir mal, wie du aus der Sache rauskommst."

Er hielt in der Bewegung inne und sah sein Gegenüber mit funkelndem Blick an. „Eine Frage habe ich noch. Was hast du vor? Ich brauche nicht zu betonen, dass die Kripo ermittelt und nicht du!"

Siggi atmete erleichtert aus und grinste. „Das hört sich doch viel besser an. Sei unbesorgt, ich werde mit Melanie Gramberg zusammenarbeiten. Sie ist eine tolle Privatdetektivin und wird mir helfen. Natürlich erfahrt ihr alles, was wir herausfinden." Er schaute auf seine Armbanduhr. „Den ersten Beweis für unsere Kooperationsbereitschaft hat sie vermutlich gerade in einem Gespräch mit dem Beamten Kimmerle erbracht!"

***

„So, so, wir arbeiten also zusammen! Gehören da nicht zwei dazu?" Melanie schmunzelte, weil sie längst selbst überlegt hatte, dass Siggi eine wertvolle Hilfe sein konnte. Allerdings gab es vorher eine Menge zu klären und sie war wild entschlossen, das sofort zu erledigen.

Sie war überrascht gewesen, als er sie am späten Nachmittag angerufen und in die Ober-Eschbacher Wohnung eingeladen hatte. Jetzt war sie froh, hergekommen zu sein.

Siggi erzählte von einem ausgedehnten Verhör, bei dem Sailer und Schubert und im zweiten Teil außerdem Kimmerle anwesend waren. Dabei sei es nicht nur um sein Verschwinden, sondern um seinen Aufenthalt in der Nacht, in der Rosenthal gestorben war, gegangen. Bereitwillig hatte er den Beamten dasselbe wie ihr mitgeteilt. Wobei er das Zusammentreffen mit Melanie wohlweislich verschwiegen hatte. Schließlich war der Haftbefehl auf Initiative von Sailer aufgehoben worden. Stattdessen wurde ihm auferlegt, für die Polizisten erreichbar zu sein.

Siggi verkündete grinsend, dass Schubert sich keine Mühe gegeben hatte, den Unmut über die Entscheidung zu verbergen. „Du hättest die Miene sehen müssen. Zuerst hat er zu argumentieren versucht. Als er kapiert hat, dass das nichts brachte, saß er mit verschränkten Armen stumm da und funkelte mich an. Wie ein fünfjähriger Bengel, dem man gerade sein liebstes Spielzeug weggenommen hat!"

Er schob eine Platte mit belegten Brötchen auf dem Couchtisch zu ihr hin. „Du solltest etwas essen. Hab ich auf dem Weg besorgt."

Melanie nahm aus Höflichkeit ein halbes Käsebrötchen. Sogar Almdudler stand auf dem Tisch. Der Graf versuchte wirklich alles, um ihr zu imponieren.

„Danke", erwiderte sie mit vollem Mund. Nachdem sie geschluckt hatte, war es an der Zeit, die Initiative zu ergreifen. Dafür legte sie das angebissene Teil zurück auf ihren Teller. „Siggi, ich bin prinzipiell dazu bereit, dir zu vertrauen. Das geht allerdings nur, wenn du mit offenen Karten spielst. In dieser Geschichte weiß ich bald nicht mehr, wen ich in die Ermittlungen einbinden kann. Deshalb muss ich dich verstehen und einschätzen können. Das wird nicht funktionieren, bevor du mir nicht ehrlich erzählst, was vor fünfzehn Jahren geschehen ist."

Siggi nickte. „Einverstanden. Du hast es verdient, es zu erfahren. Umgekehrt erwarte ich, dass du es niemandem ohne meine ausdrückliche Erlaubnis weitergibst. Okay?"

„Klar." Melanie durchfuhr ein Gefühl der Erleichterung, sie griff erneut nach dem Brötchen.

Siegfried zu Biebenau berichtete vom Tod seiner Tochter und dessen Umständen, vom Freitod seiner Ehefrau und dem Ermittlungsverfahren, das Sailer gegen ihn und eine Reihe anderer Personen erfolglos geführt hatte.

„Ich glaubte, so nicht weiterleben zu können. Deshalb beschloss ich, das bisherige Leben hinter mir zu lassen und auf die Straße zu verschwinden. Zumindest für einen längeren Zeitraum", schloss er die Ausführungen.

Melanie überlegte. Sollte sie ihn direkt fragen, ob er was mit dem Tod des Dealers zu tun hatte? Sie traute sich nicht, vielleicht, weil sie die Antwort fürchtete. „Du hattest doch bestimmt ein Umfeld und Wertgegenstände. Wie muss ich mir das vorstellen?", fragte sie stattdessen.

„Ganz einfach. Ich verkaufte alles, Haus, Autos, Möbel und so weiter. Den Erlös habe ich an die Deutsche Suchthilfe gespendet. Auf eine Abfindung und die Pensionsansprüche verzichtete ich mit dem Ausscheiden aus dem Job. Ich wollte gegenüber anderen Obdachlosen keinen Vorteil besitzen." Siggi stockte. „Obwohl, eine Hintertür ließ ich mir offen. Meine Frau arbeitete bis zu ihrem Tod als Richterin. Seit sie verstorben ist, bekomme ich eine monatliche Witwerrente, die auskömmlich ist. Da ich wusste, dass ich die neue Karriere auf der Platte irgendwann beenden würde, nahm ich das Geld an, um es per Dauerauftrag sofort zu spenden. Diesen Auftrag habe ich vor sechs Wochen beendet. So, jetzt kennst du die ganze Geschichte!" Er griff nach einem Schinkenbrötchen und wirkte erleichtert.

Fast, schoss es Melanie durch den Kopf. Sie gab sich einen Ruck. „Für mich sieht das verdächtig wie eine Eigenbestrafung aus. Richtig?" Sie sah ihm direkt in die Augen.

Er zeigte keine Reaktion und Melanie fürchtete beinahe, dass er nicht antwortete. Schließlich flüsterte er. „Sieh es, wie du möchtest. Ich bin für den Tod einiger Menschen verantwortlich. Gerade sind zwei dazugekommen!"

6. Mai

„Sandro, ist dir eigentlich klar, wie blöd wir dastehen?“ Schubert saß mit versteinerter Miene hinter dem Schreibtisch. „Erst hält der Sailer seine schützende Hand über diesen ominösen Grafen, bei dem jedes Kind merkt, dass er Dreck am Stecken hat, und jetzt führt uns die Gramberg wie Schulbuben vor. Als ob es nicht gereicht hätte, dass sie uns die Leichen an der Weed bringt, nein, sie präsentiert uns in zwei Fällen gleich die Lösung, weil unsere Kriminaltechnik zu doof ist, gewissenhaft Spuren zu sichern!“

„Komm mal runter, Martin. Ich bin genauso sauer, aber es hilft nichts“, erwiderte Sandro in betont gelassenem Ton. Ihm ging es gegen den Strich, wenn sich der Kollege dermaßen aufregte, zumal es wenig brachte. „Hartmut Klinger hat sich tausendmal dafür entschuldigt, den Stick übersehen zu haben. Der Sailer hatte keine andere Wahl, wie du selbst weißt. Außerdem hat das den Vorteil, dass wir die Todesfälle Axel Eskir und Jan Wolter vom Tisch haben. Lass uns lieber auf die Übrigen konzentrieren. Da gibt es genug zu tun.“

Schubert schob die Unterlippe vor. „Du hast ja recht“, lenkte er ein. „Ärgerlich ist es trotzdem! Wir müssen einfach konzentrierter an die Fälle herangehen, wir alle!“

Sandro schmunzelte. „Jetzt gefällst du mir viel besser. Ich habe ein paar Dinge zusammengetragen. Einmal ist endlich Schneiders Verbindungsnachweis eingetroffen. Leider ist darauf wenig zu erkennen. Bis auf zwei Verbindungen. Am Abend des 30. April hat er Werner Mumer angerufen. Das Gespräch dauerte exakt zweiundzwanzig Sekunden. Keine Minute danach ging bei ihm ein Anruf von einem nicht zu identifizierenden Handy ein. Dauer: vier Sekunden. Das erscheint mir äußerst seltsam.“

Schubert rieb sich das Kinn. „Schon merkwürdig, aber was hat das mit unseren Fällen zu tun?"

Sandro verdrehte die Augen. „Denk nach! Was will der Typ von dem Seniorenbetreuer Mumer? Was kann man in einem solch kurzen Telefonat überhaupt besprechen? Erinnerst du dich daran, dass Rosenthal vor seinem Tod Mumers Lebensgefährtin Klettke angerufen hat, um sich angeblich über das Seniorenheim auf Gran Canaria zu erkundigen?"

Schubert zuckte mit den Schultern. „Ja und? Wir haben die Unterlagen gefunden. Rosenthal wollte dort ein Appartement kaufen. Wo ist der Zusammenhang und wann kommt die Pointe? Mach's nicht so spannend!"

Sandro grinste und streckte sich genüsslich, als bereite er sich auf einen Auftritt vor. „Pass auf! Ich hab natürlich die Funkzellen aller Anrufe in den für uns relevanten Zeiten überprüft. Schneider war zur Tatzeit von Rosenthals Ermordung in der Umgebung der Weed eingewählt!"

Schubert beugte sich langsam vor. „Der hielt sich doch angeblich im Saarland auf. Haben wir damals die Einwahldaten nicht gecheckt?"

„Stimmt, das hat er angegeben. Über die Daten verfügten wir selbstverständlich nicht, denn nachdem das Alibi durch seinen Hotelaufenthalt bestätigt wurde, war die Sache für uns erledigt." Sandro strahlte. „Es kommt noch besser! Das besagte, nicht identifizierbare Handy war zum entsprechenden Zeitpunkt ebenfalls in der Nähe des Tatorts! Da sagst du nichts mehr, oder?"

Schubert riss die Augen auf. „Nee, da fällt mir tatsächlich wenig ein." Er sprang auf. „Mumer sollte eine einleuchtende Erklärung für all das haben!"

***

Melanie betrachtete die Villa in der Kaiser-Friedrich-Promenade, die vermutlich aus dem späten 19. Jahrhundert stammte. Sie lag direkt am lang gestreckten Kurpark und nicht weit entfernt von der russischen Kapelle. Es gab bestimmt schlechtere Standorte für ein Architekturbüro.

Warum hatte Schüttler ihr bei ihrem Anruf am Morgen einen so kurzfristigen Termin angeboten? Dies, nachdem die Sekretärin sie in eine Musikwarteschleife geschickt und ganz sicher eine kurze Rücksprache mit ihm gehalten hatte, obwohl Mel nicht einmal einen Anlass für ihren Gesprächswunsch mitteilen musste. Interessant!

Schüttler residierte im Erdgeschoss des Gebäudes, besser gesagt, im Hochparterre. Beim Betreten der Räumlichkeiten befürchtete sie, dass die Einrichtung ihren Augen ernsthaften Schaden zufügen könnte. Die schrillen Farben der Möbel, allein im Eingangsbereich Rot-, Grün-, Blau- und Gelbtöne, waren geeignet, physische Schmerzen zu verursachen. In dem überhitzten Raum schwebte die Wolke eines deutlich zu süßen Parfüms.

Eine Mittdreißigerin begrüßte Melanie lustlos und führte sie zu einer hohen, weißen Holztür. Zeitgleich mit einem kurzen Klopfen öffnete die Dame die Tür und bedeutete ihr mit einer nachlässigen Handbewegung, einzutreten, nur um die Eingangstür direkt nach ihrem Eintreten wieder zu schließen. Weder eine Anmeldung noch das Angebot eines Getränks, nicht einmal ein Wort zu dem Herrn, der hinter einem riesigen, grüngebeizten Schreibtisch saß und den Melanie wiedererkannte. Ob man alle Kunden so freundlich behandelte? Offenbar war sie wenig willkommen. Umso besser!

Schüttler hätte vom Äußeren her problemlos als Künstler durchgehen können. Die schwarzen, tadellos glänzenden Slipper bildeten einen Kontrast zur weißen Stoffhose und dem gleichfarbigen Hemd. An einem Herrendiener, der links in einer Ecke stand, hing ein schwarzes Jackett, wobei der Immobilienmensch keine Anstalten machte, es für ihren Besuch anzuziehen. Er erhob sich nicht einmal aus seinem Ledersessel.

„Nehmen Sie Platz, Frau …“, war die unhöfliche, jedoch aufgrund der bisherigen Umstände logische Begrüßung. Er zeigte auf einen Stuhl vor dem Schreibtisch, obwohl es in einer Ecke des Raumes einen gelblackierten Besprechungstisch gab.

Melanie musste innerlich grinsen. Du weißt ganz genau, wer ich bin! Na schön, dann spielen wir halt!

„Gramberg, Melanie Gramberg“, gab sie Auskunft. „Ich bin Privatdetektivin.“

Er betrachtete sie reaktionslos. „Aha, und was kann ich für eine …“ Es entstand eine winzige Pause und er dehnte das Wort. „… Privatdetektivin tun? Möchten Sie ein Haus bauen oder umgestalten?“

„Herr Schüttler, lassen wir doch das Theater. Unsere Zeit ist dafür zu kostbar!“

Sie wollte ihn aus der Reserve locken, um ihr Ziel zu erreichen. Das würde nicht einfach werden, er schien ein harter Brocken zu sein.

Melanie umriss kurz ihren Auftrag, ohne ihren Auftraggeber zu nennen. Sie erwähnte die Leichenfunde und die anschließenden Todesfälle. Während ihrer Ausführungen zeigte sich der Architekt betont gelangweilt und betrachtete mehrfach seine makellos manikürten Fingernägel. Er sah jedoch kein einziges Mal auf die Uhr.

„Ich bin hier, weil ich bei meinen Ermittlungen auf Ihren Namen gestoßen bin“, schloss sie ihren Vortrag.

„Sehr spannend, was Sie da berichten.“ Schüttlers Mimik stand im krassen Gegensatz zum Gesagten. „Bad Homburg hat sich in den letzten Wochen wirklich in ein morbides Pflaster verwandelt." Er hielt kurz inne. „Wenn ich recht überlege, eigentlich, seitdem Sie hier sind."

Sollte die Bemerkung witzig klingen?

„Mir ist allerdings nicht klar, was das alles mit mir zu tun hat."

„Dann sage ich es direkt. Sie planen ein größeres Bauprojekt, für das in Ihrem Auftrag Grundstücke aufgekauft wurden, wobei Ihnen das Doppelhaus, in dem die Gastwirtschaft ist, nach wie vor fehlt."

Erstmals zuckten Schüttlers Lider. „Wer behauptet das?"

„Ich weiß es aus einer sicheren Quelle. Außerdem habe ich Sie selbst erlebt, wie Sie bei Frau Eskir im Lokal ziemlich aufgeregt um den Verkauf des Anwesens gebettelt haben." Das Augenzucken wurde stärker. „Der tote Schneider hat in den letzten Wochen mehrfach dort Randale gemacht und ich überlege, ob das damit zu tun hat, dass Ihr Mitarbeiter Rall in Kontakt zu ihm stand. Sind das genug Gründe, die erklären, warum mein Weg mich hierherführt?" Melanie lehnte sich zurück und ließ den Architekten nicht aus den Augen.

Schüttler war einen Hauch blasser geworden. „Wollen Sie mir irgendetwas anhängen? Ich weiß weder von Grundstücksgeschäften noch von ungebührlichem Verhalten von irgendwelchen schrägen Chaoten." Seine Gesichtsfarbe war in ein zartes Rot gewechselt. „Ich bin nicht verpflichtet, Ihnen Auskunft über Immobiliengeschäfte zu geben, die ich plane und abwickele."

Er schien sich in Rage zu reden, was Melanie zu amüsieren begann und sie spöttisch grinsen ließ.

„Ich bin aber allergisch, wenn man mich ungerechtfertigt beschuldigt, und schicke sofort Anwälte los, sobald jemand Unwahrheiten zu meiner Person verbreitet oder ich verleumdet werde. Haben Sie das verstanden?"

Bei der Lautstärke hätte die Dame am Empfang diesen Monolog garantiert problemlos mitschreiben können. „Verlassen Sie auf der Stelle das Büro und lassen Sie sich hier nie wieder blicken!"

Sie stand betont langsam auf und schloss im Zeitlupentempo den Reißverschluss ihrer Lederjacke. „Ich danke Ihnen sehr für das aufschlussreiche Gespräch. Richten Sie bitte Herrn Rall aus, falls er erneut in ein Hotelzimmer einzubrechen gedenkt, soll er sich nicht so dämlich anstellen! Sonst zeige ich ihn direkt an. Schönen Tag noch. Ich finde allein raus."

Schüttler hatte sich ebenfalls erhoben. Melanie musste sich beherrschen, beim Anblick seines nun feuerroten Kopfes nicht loszuprusten.

An der Tür drehte sie sich um. Schüttler zog ruckartig seine Hand vom Telefonhörer zurück.

Sie hatte ihr Ziel erreicht und den Architekten aufgescheucht. Ihn vielleicht sogar ein bisschen verunsichert. Mal sehen, wo die sich gerade aufgebauten Wellen überschwappen werden, dachte sie beim Verlassen des Hauses.

***

Sandro schaute automatisch ebenfalls nach links, als Schubert mit dem Audi vom Präsidiumsgelände nach rechts in die Saalburgstraße einbog. Sie überquerten die PPR-Kreuzung, fuhren in die Lindenallee und damit in den Stadtteil Dornholzhausen. Wenige hundert Meter später mündete die Straße in den lang gezogenen Güldensöllerweg, dem das Dienstfahrzeug bis an die Bebauungsgrenze folgte. In unmittelbarer Nähe zum Gestüt Erlenhof stoppte der Hauptkommissar vor einem metallenen Hoftor.

Das zweistöckige Haus war in einem angedeuteten Fachwerkstil errichtet und mit einem zartgrünen Außenanstrich versehen, von dem sich die dunkelgrün gestrichenen Balken absetzten. Das Grundstück grenzte an der einen Seite direkt an den Waldrand und wurde gegenüber durch eine hohe Hecke zu den Nachbarn abgetrennt.

Sandro betätigte die einzige Klingel, woraufhin ihnen das Tor vom Gebäude aus geöffnet wurde.

Sie gingen den Steinplattenweg zum Wohnhaus, das etwas nach links versetzt im hinteren Teil des Anwesens stand.

Sandro nahm geradeaus eine Eisentür wahr, die in einen Erdhügel hineinzuführen schien, was ihn an einen Zugang zu einem Bergstollen erinnerte.

An der Haustür warteten Werner Mumer und Marion Klettke auf die Beamten, begrüßten sie freundlich, um sie in ein Wohnzimmer zu führen, das mit seiner rustikalen Einrichtung einem Jagdzimmer ähnelte. In der ohnehin nicht großen Stube war es derart schummrig, dass eine Hängelampe, wie sie in den 1950er-Jahren in einigen deutschen Wohnstuben zu finden gewesen war, für das nötige Licht sorgte.

Das Gastgeberpaar bot ihnen Plätze an einem Esszimmertisch an. Ein zarter Staubgeruch lag im Raum.

„Vielen Dank, dass es mit dem Treffen so schnell geklappt hat", begann Schubert. „Wir haben Fragen im Zusammenhang mit den verschiedenen Todesfällen, die sich in der Stadt ereignet haben."

Sandro beobachtete – wie stets bei solchen Terminen – die Befragten, denn oft gaben Mimik und Gestik bessere Antworten als das Gespräch selbst. Das Paar wirkte gelassen und interessiert.

Marion Klettke ergriff das Wort. „Sehr gerne, obwohl mir nicht klar ist, wie wir helfen können. Bin gespannt!"

Schubert erkundigte sich zunächst nach der Seniorenbetreuung. Diese stellte die Frau bereitwillig und ausführlich dar, wobei ihr Lebensgefährte sie an wenigen Stellen ergänzte.

Sandro machte sich eifrig Notizen. Er fand es beeindruckend, wenn Menschen ihre Zeit dafür verwendeten, ältere Bürger zu unterstützen, um ihnen den Alltag zu erleichtern.

„Gehören zu Ihrem Angebot die Vermittlung von Alterswohnsitzen und die damit verbundene Auflösung von Haushalten?“, fragte Schubert.

Marion Klettke nickte. „Es kommt hin und wieder vor. Sie werden überrascht sein, dass wir trotz unserer alternativen Einstellung einmal in stinknormalen Berufen gearbeitet haben, was uns bis heute hilfreich ist. Werner betrieb eine Versicherungsagentur und ich war mein Leben lang bei einer Sparkasse beschäftigt, zuletzt als Filialleiterin.“

Kimmerle überlegte, wie es die beiden wohl geschafft hatten, im Berufsleben die notwendige Seriosität von Finanzunternehmen auszustrahlen, auch wenn sie gepflegt und sympathisch rüberkamen.

„Aha“, gab Schubert zurück. „Wir haben gesehen, dass Sie Immobiliengeschäfte für Ihre Klienten mit Generalvollmachten abwickeln.“

Mumer nickte. „Ja, allerdings sehr selten. Eigentlich nur, wenn jemand mit Immobilienbesitz keine Angehörigen hat und in ein Seniorenheim ziehen möchte. Dann leisten wir die lästige Abwicklung, selbstverständlich in enger Abstimmung mit unseren Auftraggebern.“

„So wie bei Ralf Rosenthal?“, warf Sandro ein.

„Jein“, erwiderte Mumer, ohne zu zögern, „ihm hatten wir es angeboten und er wollte das auch, wobei er uns leider nicht mehr beauftragen konnte.“

„Anders als bei Angelika Bubser?“, schob Sandro nach.

Mumer und Klettke stutzten und blickten sich kurz an, bevor sie antwortete. „Wie kommen Sie denn auf Frau Bubser? Es stimmt, für sie haben wir die Haushaltsauflösung durchgeführt und ihr eine Seniorenunterkunft vermittelt."

„Die Residencia Añoranza por la Vida auf Gran Canaria, nicht wahr?", bohrte Sandro weiter. Zufrieden stellte er fest, dass ihre Gegenüber unruhig zu werden schienen.

„Sie sind ausgezeichnet informiert", bestätigte die Klettke. „Frau Bubser ist dorthin gezogen und wir betreuten, wie erwähnt, die gesamte Angelegenheit."

Sandro schaute in sein Notizbuch und las die Stichpunkte aus dem Gespräch mit Melanie Gramberg. Er erinnerte sich, dass ihn die Privatdetektivin auf möglicherweise dubiose Immobiliengeschäfte von Frank Schüttler und einen Zettel mit verschiedenen Namen in Rosenthals Wohnung aufmerksam gemacht hatte.

„Warum haben Sie in Vertretung von Frau Bubser drei Immobilien rund um die Neue Mauerstraße gekauft?"

Mumer riss die Augen auf und Marion Klettke verschränkte die Arme. „Sie hat uns beauftragt, das zu tun" entgegnete sie trotzig. „Die Dame vertraut keinen Wertpapieren und Banken. Deshalb parkt sie ihr Vermögen in Grundstücken."

„Die Sie wenig später treuhänderisch weiterveräußern?", ließ Sandro nicht locker.

„Kann ich mir nicht vorstellen, weil das Engagement mit ihr beendet ist. Die Grundstückerwerbe waren unsere letzte Tätigkeit für sie", lautete die enttäuschende Antwort.

„Frau Bubser lebt noch in der Residenz?", erkundigte er sich.

Nun fand anscheinend auch Mumer in das Gespräch zurück und zuckte mit den Schultern. „Davon gehen wir aus. Wir haben seit einiger Zeit keinen Kontakt mehr zu ihr."

„Anderes Thema", schaltete sich Schubert ein. Er sah Mumer direkt an. „Am 30.April hat Sie abends der verstorbene Leo Schneider angerufen. Was wollte er?"

Der Angesprochene begann die Hände zu kneten. Er schien zu überlegen und interessanterweise antwortete Marion Klettke für ihn: „Er hat meinen Lebensgefährten wüst beschimpft und bedroht. Der Knabe hatte herausgefunden, dass wir im Begriff waren, für Ralf Rosenthal zu arbeiten. Er hat Werner einen Volksverräter genannt, weil Ralf bekanntlich Jude war.“

„Warum haben Sie das nicht angezeigt?“, wandte sich Schubert wieder an Mumer.

„Wozu? Schneider hätte alles abgestritten. So etwas ignoriert man am besten.“

Sandro entnahm dem Notizbuch einen kleinen Zettel mit der Nummer, von der Schneider unmittelbar nach dem Telefonat mit Mumer angerufen worden war. Er schob das Papier über den Tisch.

„Kennen Sie diese Telefonnummer?“

„Nein“, kam es wie aus einem Mund. Eine Spur zu schnell, wie Sandro fand. Jetzt war er endgültig überzeugt, dass das Paar irgendetwas zu verbergen hatte.

***

„Timo, ich bin am Arsch! Unwiderruflich!“ Schüttler vergrub sein Gesicht in den Händen.

Timo war froh, dass die Büroassistentin angerufen hatte, weil sich der Chef in seinem Büro verbarrikadiert habe, um dort abwechselnd zu randalieren und lautstark zu jammern.

Das Zimmer sah aus, als sei ein Hurrikan durchgefegt. Überall verstreut lagen Aktenordner, die sich eigentlich in einem deckenhohen Schrank befinden sollten. Die Stühle waren umgekippt und die üblicherweise auf dem Schreibtisch stehende Kaffeekanne lag in einer Ecke, direkt neben bunten Scherben, die verdächtig an Schüttlers Tasse erinnerten.

Dieses Mal schien es ernst zu sein.

„Was ist los?"

„Ich bin am Ende!", lautete die resigniert klingende Antwort.

„Das habe ich verstanden. Warum, will ich wissen", erwiderte Timo zunehmend genervt.

„Ich hab dir letztens schon gesagt, dass ich die Grundstücke an der Weed nicht fristgerecht übernehmen kann, solange der Investor nicht zahlt. Das passiert jedoch erst, sobald ich in der Lage bin, ihm das ganze Karree anzubieten. Zum einen fehlt mir das Doppelhaus, zum anderen sind die bisherigen Eigentümer tot. Es ist ausgeschlossen, so lange zu warten, bis die Erbschaften geklärt sind."

Timo hob einen Stuhl auf und setzte sich. „Dann schießt du das Geld halt vor und erwirbst zunächst die vier Anwesen."

Schüttler tippte sich an den Kopf. „Bist du meschugge? Wo soll ich auf die Schnelle 3,4 Millionen Euro herbekommen? Der Geldgeber hat mir ein Ultimatum gesetzt! Wenn ich nicht Ende nächster Woche die Kaufverträge für die gesamte Fläche vorweisen kann, steigt er unwiderruflich aus."

Timo zuckte mit den Schultern. „Das ist bedauerlich, allerdings kein Beinbruch! Wir suchen einen neuen Bauträger. Das Vorhaben ist derart lukrativ, dass es ein Kinderspiel sein sollte!"

„Du weißt nicht alles", kam postwendend die ernüchternde Antwort.

Timo war überrascht.

„Vorhin war diese Privatdetektivin da. Die weiß zu viel über unsere Geschäfte und ich bin mir sicher, dass sie nicht alles gesagt hat."

Timo atmete durch. „Vergiss sie! Die übernehme ich!" Da lag also das Problem. Merkwürdig, dass der Chef deshalb so fertig war. Sie hatten vor Wochen schon die Redakteurin Gissel auflaufen lassen. Wo konnte jetzt die Schwierigkeit sein?

Schüttler schien Gedanken lesen zu können. „Die bekommen wir vielleicht in den Griff. Aber den Investor nicht! Timo, ich war zu gierig!“

Was sollte das denn?

„Das Vorhaben versprach einen dermaßen unglaublichen Gewinn, dass ich es unbedingt durchziehen wollte und mich auf die Bedingungen des Geldgebers eingelassen habe!“

„Die da wären?“, erkundigte sich Timo vorsichtig. Ihm war klar, dass sie es mit einem mächtigen Geschäftspartner zu tun hatten. Er hatte darauf bestanden, dass Schüttler nicht einmal Timo seinen Namen verraten durfte.

„Falls ich den Vertrag nicht einhalte, wird eine Konventionalstrafe in Höhe von 5 Millionen Euro fällig, zahlbar innerhalb eines Monats. Ich hafte für die Erfüllung der Zahlung mit meinem gesamten Geschäfts- und Privatvermögen! Damit bin ich pleite!“

***

Melanie betrat das Silberne Bein und prallte zurück. Abgesehen von dem Schwall stickiger Luft, der ihr entgegen waberte, war die Wirtschaft so voll, wie sie das Lokal noch nie erlebt hatte. Entsprechend laut ging es zu. Selbst an der Theke saßen drei Gäste, einzig am Stammtisch fühlte sich Oliver Grundke vermutlich einsam und verlassen.

Melanie steuerte auf ihn zu, blieb jedoch stehen, als sie sah, dass der Graf gerade ein Tablett mit gefüllten Biergläsern an einen Tisch balancierte. Sie wechselte die Richtung, stellte sich neben ihn, und wartete, bis er die wertvolle Fracht abgestellt hatte.

„Was ist denn hier los?“, schrie sie gegen den Lärmpegel an.

Siegfried grinste. „Eine Mördergrube kann eine irre Werbung sein. Ich warte nur darauf, bis ein Filmteam kommen und eine Reportage mit folgendem Titel drehen will: *Gaststätte aufgrund gruseliger Vorkommnisse umbenannt: Zu den silbernen Leichen! Beteiligen Sie sich an der Mörderjagd und puzzeln Sie Skelette zusammen!*"

Melanie lachte. „Blödmann." Sie sah sich um. „Wo ist Katja?"

„In der Küche. Ist dort mit einer Aushilfe allein. Ich schmeiß derweil das Buffet und den Schankraum."

Glaubte man den verschmitzten Augen, genoss er den Stress.

„Ich trau mich nicht, zu fragen, aber könntest du eine Weile am Tresen Gläser spülen? Ich schaff das nicht mehr."

Sie legte ihm die Hand auf den Arm. „Mach ich gleich. Will nur kurz zu Olli gehen, um ihm ein bisschen auf den Zahn zu fühlen. Wer weiß, wann ich den wieder erwische."

In dem Moment schrien vier Tische gleichzeitig nach einer Bedienung und Siggi hetzte sofort los.

Grundke spielte mit den unzähligen Freundschaftsbändern, die er am linken Handgelenk trug. Die in der Mitte gescheitelten Haare hingen ihm dabei vor den Augen, sodass er Melanie erst zu bemerken schien, als sie sich neben ihn setzte.

Er warf die Haarpracht zurück und grinste. „Sieh mal an, die Frau Privatdetektivin gibt sich die Ehre. Hab schon gedacht, dich gäbe es nicht mehr."

Melanie schmunzelte. „Liegt nicht allein an mir!", frotzelte sie ihn an. „Das brummt ja hier!"

Olli wurde sofort ernst. „Tja, da sieht man, was negative Nachrichten für einen positiven Hype auslösen können!" Er seufzte. „Schade, dass das die Sabrina nicht erleben darf. So voll war es hier noch nie!"

Der Graf stellte eine Flasche und ein Glas vor Melanie. Das war ja eine nette Überraschung: Almdudler! Das hatte sie bestimmt ihm zu verdanken. Bevor sie ihn loben konnte, war er bereits wieder auf Achse.

„Olli, du hast doch Schneider ein paar Mal erlebt. Was glaubst du denn, wer dem das Licht ausgeblasen hat?"

„Bist du gerade als Ermittlerin oder als Mel unterwegs?", ließ er die Frage unbeantwortet.

Melanie stutzte. „Macht das einen Unterschied?"

Grundke zuckte mit den Schultern. „Ich hab keinen Schimmer, wer da aktiv war. Feinde hatte der sicher genügend." Er zwinkerte. „Selbst du konntest den Typen ja nicht leiden. War großes Kino, wie du den verhauen hast!"

„Zwischen Vermöbeln und Umbringen liegt noch ein Stück des Weges."

„Klar, war nur Spaß. Ich würde in der rechtsradikalen Szene suchen. Vielleicht ist er da jemandem auf die Zehen gestiegen. Außerdem wird gemunkelt, dass er in der Nacht, in der Ralf gestorben ist, hier im Viertel war."

Ein Schauer überlief Melanies Rücken. „Woher weißt du das?"

„Ein Kumpel von mir hat ihn gesehen, wie er auf der Weed war." Er nahm einen tiefen Schluck aus seinem Apfelweinglas und strich sich die Haare aus dem Gesicht.

„Hat er das der Polizei erzählt?"

Wieder zuckte Olli mit den Schultern. „Was sagst du eigentlich dazu, dass der Graf zurück im Leben ist? Der hat sich mächtig verändert, nicht wahr?"

Gerne hätte sie mit Grundke über den besagten Kumpel gesprochen, wollte aber nicht zu aufdringlich wirken. Wer wusste schon, was an dem Gerücht dran war?

„Ich finde es prima, dass er den Rückweg in die Zivilisation gefunden hat. Das schafft nicht jeder." Sie sah Siggi nach und leerte den Almdudler in das Glas.

Olli beugte sich ein bisschen vor und senkte die Stimme. „Mir war der noch nie geheuer! Irgendwie erscheint der für mich nicht sauber. Da steckt irgendetwas dahinter. Er hat sich an Sabrina gehängt und war mit Ralf ziemlich dick.“ Er kam auf einmal so weit nach vorne, dass warmer Alkoholdunst Melanies Nase erreichte. „Wenn das stimmt, was man sich erzählt, hat er mehrere Menschen umgebracht! Den sollten sich die Bullen vornehmen!“

„Was die Leute sich alles erzählen!“, erwiderte sie und versuchte dabei spöttisch zu klingen. Sie stand auf und nahm ihr Glas.

„Mädchen“, ließ Olli nicht locker, „pass auf. Der ist gefährlich! Das hab ich im Urin!“

Merkwürdig! Einen nahezu wortgleichen Spruch hatte sie bereits vor wenigen Tagen an fast gleicher Stelle gehört. Damals von einem obdachlosen Siegfried Graf zu Biebenau!

„Ich muss arbeiten. Olli, bleib geschmeidig.“

Bevor er antworten konnte, drehte sie sich um und eilte zur Theke, während ihr gesamter Körper kribbelte.

7. Mai

Am späten Vormittag blätterte Melanie gedankenverloren durch die Notizen in ihrem Smartphone. In der Erlöserkirche fühlte es sich heute wärmer an als üblich. Vielleicht lag es an ihrer inneren Hitze, die beim Versuch, den Kopf durch ein gnadenloses Sportprogramm freizubekommen, entstanden war. Sie war 2.000 Meter stramm geschwommen und hatte anschließend zwei harte Zirkel im Fitnessstudio absolviert.

Trotzdem purzelten die Gedankenfetzen in ihrem Schädel nach wie vor wild durcheinander. Sie war zwischenzeitlich davon überzeugt, dass die Morde an Rosenthal und Schneider zusammengehörten und irgendetwas mit Schüttlers Immobiliengeschäften zu tun hatten. Nur was? Ihr fiel nur die spanische Seniorenresidenz ein. Wie war noch der Name?

Schnell suchte sie in den Notizen. Genau, Añoranza por la Vida. Hier gab es eine Verbindung zu dieser Frau Bubser. In ihrem Auftrag wurden Grundstücke gekauft, die Schüttler für seine Geschäfte benötigte und sie wohnte auf Gran Canaria. Die Bindeglieder hießen Marion Klettke und Werner Mumer. Vielleicht lag da ein neuer Ermittlungsansatz. Möglicherweise war es nützlich, direkt mit der Dame zu sprechen. Sie nahm sich vor, die Idee mit Siggi zu besprechen.

Dem Grafen? In ihrem Kopf entbrannte ein Streit zwischen einem kleinen Engel, der Siegfried als nett und vertrauenswürdig anpries, und dem winzigen Teufel, der ihn als erbarmungslosen Mörder verdammte. Der Konflikt wurde bisher auf Augenhöhe ausgetragen, obwohl sich Melanie wünschte, der Engel möge recht haben. Immerhin hatte Siggi ihr zweimal aus der Patsche geholfen.

Es blieb ihr nichts anderes übrig, als mit Sabrinas Onkel zusammenzuarbeiten und dabei wachsam zu sein. Sie brauchte ihn, denn es gab niemanden, der sich im Umfeld des ganzen Geschehens besser auskannte und zu dem sie größeres Vertrauen hatte.

Melanie schaute auf die Uhr. Zeit zu gehen. Kimmerle wartete im Café Extrablatt bestimmt schon. Sie stand auf, zog den Anorak über und zog den Reißverschluss zu. Im Ausgangsbereich kämpfte sie sich durch eine Gruppe Japaner, die wild durcheinander schnatternd hereindrängte. Erleichtert atmete sie draußen die frische, feucht riechende Luft ein. Es musste während ihres Aufenthaltes geregnet haben, obwohl gerade einige blaue Fetzen am Himmel zu erkennen waren. Wie aus dem Nichts baute sich ein Mann vor ihr auf. Erschrocken blickte sie den um wenige Zentimeter größeren Störenfried an. „Herr Rall, welche Überraschung."

Die versteinerte Miene des Gegenübers verhieß kaum Gutes.

„Ah, wenigstens kennen Sie mich. Prima!"

„Wäre ziemlich übel, wenn ich nicht wüsste, wer in meinem Hotelzimmer ein- und ausgeht." Die fehlende Regung in seinem Gesicht verriet ihr, dass ihr Versuch, die Situation durch eine witzige Bemerkung zu entspannen, schiefgegangen war.

Stattdessen funkelten sie blaue Augen giftig an. „Ich mache es kurz. Lassen Sie Schüttler in Ruhe und verlassen Sie am besten die Stadt. Hamburg soll richtig schön sein."

„Was Sie nicht sagen", entgegnete sie. „Danke für Ihren Rat, aber Bad Homburg und der Taunus gefallen mir immer besser."

Er schnaubte. „Dann noch einmal direkt: Wenn Sie nicht in ernsthafte Schwierigkeiten kommen wollen, sollten Sie verschwinden!"

Melanie grinste, obwohl ihr nicht danach war. „Was sonst? War das gerade eine Drohung? Zumindest können Sie Ihren blonden Jüngling nicht mehr schicken. Wer kommt jetzt?"

In ihm schien es zu brodeln. „Sie wissen nicht, mit wem Sie sich anlegen! Lassen Sie es, bevor Ihnen ein Unglück widerfährt. Oder Anja."

Die Erwähnung der Schwester brachte Melanie aus dem Gleichgewicht. Sie holte tief Luft, um zu antworten, doch Rall drehte sich einfach um und entfernte sich mit schnellen Schritten.

***

„Sorry, ich wurde aufgehalten." Melanie gab Kimmerle die Hand, der sie angrinste. Das Café Extrablatt war um die Mittagszeit ordentlich gefüllt.

„Kein Problem. Ich hoffe, es ist alles in Ordnung?" Seine Worte klangen ehrlich besorgt.

„Wie man es nimmt, erzähle ich gleich. Lassen Sie uns zunächst in die Karte schauen und bestellen. Ich hab einen Bärenhunger!"

Wenig später saßen sie vor zwei Nudelgerichten. Der Beamte hatte dazu eine Cola bestellt, während Melanie die übliche Kräuterlimonade trank.

Eine Weile aßen sie schweigend, bevor Kimmerle das Gespräch begann. „Die Situation hat sich geändert. Staatsanwalt Sailer ist der Meinung, dass wir Sie und Graf zu Biebenau in die Ermittlungen einbeziehen und unsere Erkenntnisse austauschen sollen."

Das waren überraschend neue Töne. „Wie kommt das?"

Der Polizist kaute und schluckte. „Nun, der Graf ist ein alter Bekannter von ihm. Ich habe den Eindruck, dass Sailer große Stücke auf ihn hält. Über Sie scheint er sich ebenfalls erkundigt zu haben." Er zwinkerte. „Das Ergebnis war wohl nicht übel. Er glaubt, dass Sie beide sich unbeschwerter im Umfeld der Weed bewegen können. Sie könnten an Informationen gelangen, die für uns schwer zu bekommen sind."

„Was sagt Ihr Vorturner dazu? Wie heißt er doch gleich? Schubert?"

„Martin Schubert. Er ist nicht mein Vorgesetzter, sondern ein erfahrener Kollege. Aber er überlässt mir gerne den Kontakt zu Ihnen." Er schien nachzudenken, bevor er fortfuhr. „Wir kommen nur zusammen, Frau Gramberg, wenn Sie mit absolut offenen Karten spielen."

Das war eine wirklich erfreuliche Entwicklung. Plötzlich ergab Kimmerles Einladung zum Mittagessen einen Sinn. Obwohl sie sich ohnehin darüber gefreut hatte.

„Ist logisch. Dann trete ich in Vorlage." Sie berichtete von ihrem Termin bei Schüttler und der unliebsamen Begegnung mit Rall. Der Polizist legte das Besteck weg und hörte konzentriert zu.

„Da ist was faul, das ist so sicher wie das Amen in der Kirche. Ansonsten hätte Rall mir nicht gedroht", schloss sie ihre Erzählung ab.

„Erstatten Sie Anzeige?"

„Nein, das bringt nichts, wie Sie selbst am besten wissen. Keine Angst, ich weiß mich zu wehren und der Typ ist mir schnuppe." Das entsprach nur der halben Wahrheit, denn sie beunruhigte es wirklich, dass Rall Anjas Namen erwähnt hatte. Melanie verdrängte die Sorgen. „Wir müssen Frau Bubser und die Männer auf Rosenthals Zettel überprüfen."

Kimmerle nickte nachdenklich. „Wie wollen wir das anstellen? Ich sagte schon bei unserer letzten Unterredung, dass ich auf Gran Canaria nicht tätig sein darf."

Sie lachte. „Ganz einfach! Ich mache ein paar Tage Urlaub!"

***

„Mel, wie willst du denn dort an Informationen kommen?“ In Siggis Miene stand der pure Zweifel. „Du kannst unmöglich einfach in die Residenz marschieren und die Leute ausfragen.“

Sie saßen im Separee des Silbernen Beins, Melanie einen Almdudler, der Graf ein Weizenbier vor sich. Hier waren sie ungestört.

Sie verschränkte die Hände hinter dem Kopf. „Meine Idee ist, mich als Nichte von Angelika Bubser auszugeben und nach ihr zu fragen. Ich bin mir sicher, mit der stimmt was nicht. Ich warte auf die Reaktionen des Personals und improvisiere je nachdem, was passiert.“

„Klingt wie ein bis ins Detail ausgeklügelter Plan“, spottete er. „Was machst du, wenn sie auftaucht? Angeblich hat sie keine Verwandten mehr und falls doch, dürfte sie die kennen.“

„Dann fällt mir etwas ein. Ich bringe Grüße aus der Heimat, zum Beispiel von Marion Klettke oder was auch immer. Sei nicht so pessimistisch! In dem Wohnheim ist was faul! Mein Exkollege Fred hat ein bisschen recherchiert. Der Laden wird von einem Deutschen geführt, der wegen mehrfachen Betrugs hier in Deutschland eingesessen hat und seit zehn Jahren auf der Insel lebt. Das ist für mich ein klarer Beweis dafür, dass die ganze Sache stinkt.“

Siggi schüttelte den Kopf. „Grandios, ich bin begeistert. Ein Superplan und ein mögliches Aufeinandertreffen mit Kriminellen! Mel, lass uns das ordentlich durchdenken. Eigentlich finde ich die Idee nicht schlecht, aber doch unvorbereitet. Wie hast du dir den Aufenthalt überhaupt vorgestellt? Willst du da ebenfalls improvisieren? Ich könnte dir ein paar Tipps für das Übernachten unter freiem Himmel geben.“

Melanie lachte herzhaft. „Du bist spitze! Danke, kein Bedarf! Die Residenz liegt im Gebiet Maspalomas/Meloneras. Nicht weit davon entfernt habe ich eine tolle Hotelanlage gefunden. Richtig schick, mit mehreren Pools. Einer ist sage und schreibe hundert Meter lang. Genau mein Ding! Ich reise als Touristin und statte dem Wohnheim einen Besuch ab."

„Noch einmal: wir sollten das in Ruhe angehen." Er hielt inne. „Übrigens hat Katja mir das Angebot gemacht, als Partner ins Gasthaus einzusteigen. Ich überlege mir ernsthaft, ob ich das nicht tun soll. In der Wohnung bleibe ich wohnen."

Der plötzliche Themenwechsel irritierte Melanie und enttäuschte sie ein bisschen. Sie war mental auf die geplante Rechercheреise zu der kanarischen Insel fixiert. Dennoch ließ sie sich darauf ein, denn eine Frage schoss ihr durch den Kopf.

„Wieso darf sie solche Offerten machen? Ich dachte, deine Bude gehörte Rosenthal."

„Stimmt. Ralf hat in einem Testament verfügt, dass sein gesamtes Vermögen an Sabrina fallen sollte. Katja ist die einzige leibliche Verwandte von Sabrina, wodurch sie deren Nachlass erbt und in der Kette automatisch auch Ralfs. Ist kompliziert, jedoch logisch. Ralf starb ja vor Sabrina."

Melanie überlegte einen Augenblick. „Dir ist wohl klar, dass Katja ein klassisches Mordmotiv bei Rosenthals Tod hat, wenn sie von Sabrinas Freitodneigung wusste, oder?"

Der Graf stutzte. „Quatsch, das ist zu weit hergeholt. Wenn Sabrina getötet worden wäre, könnte man ins Grübeln kommen, aber nicht unter diesen Umständen. Das Mädchen ist dazu gar nicht in der Lage."

„Wieso ist sie eigentlich damals weggegangen und erst vor wenigen Jahren zurückgekommen? Was hat sie gemacht? Wie alt ist sie überhaupt?"

Siggi zuckte mit den Schultern. „Sie ist 35. Sie wollte die Welt kennenlernen. Sie zog vor vielleicht 17, 18 Jahren los, als ihr Vater starb. Die Mutter hatte die beiden früh verlassen. Ich habe den

Verdacht, dass Katja ahnte, dass Sabrina missbraucht wurde und als ihr mit dem Papa das Schutzschild weggestorben war, flüchtete sie." Er hob die Hände wie zur Abwehr. „Nur eine Vermutung!"

„Könnte doch sein. Hat sie einen Beruf?"

„Sogar zwei. Sie ist Köchin und Metzgerin. Während ihrer Weltenbummelei hat sie in unzähligen Küchen gearbeitet."

„Wann kam sie zurück?"

„Vor ungefähr sechs Jahren. Sie ist eine Gute und hat was drauf. Sie wird wegen ihres flippigen Aussehens und ihrer Piercings unterschätzt. Ich mag sie sehr gern!"

„Sag mal, warum heißt sie Füller? Ist sie verheiratet?"

„Sie war es kurz. Ein Irrtum."

Melanie nickte gedankenverloren. Welche Macht hatten die Eskir-Brüder, dass damals niemand eingegriffen hatte? Rosenthal hatte zwar gehandelt, in Melanies Augen jedoch deutlich zu spät.

Siggi riss sie aus ihren Überlegungen. „Ich habe eine Wahnsinnsidee! Wir fliegen zusammen nach Gran Canaria und ich bin dein Onkel, der einen Altersruhesitz sucht!"

9. Mai

Anja war einfach nur genervt. Ihr Unterricht im Goethe-Gymnasium, das sich in unmittelbarer Nähe zum Volkspark befand, begann an diesem Morgen erst zur zweiten Schulstunde, aber irgendwie war der Tag für sie bereits gelaufen. Dass sie verschlafen hatte, konnte sie aufholen, dass sie in der Kaffeedose nur noch Krümel vorfand, weil sie gestern vergessen hatte, neuen Kaffee zu kaufen, war dagegen ein mittleres Drama!

Es half nichts. Also packte sie ihre Aktentasche, verzichtete aufs Frühstück, und verließ das Haus in der Holztwiete. Wie einsam sie sich ohne den Vater fühlte! Streng genommen war das Haus viel zu groß für sie allein, aber ein Grundstück wenige Meter neben der Elbchaussee gab man nicht freiwillig auf.

Der Verkehr war wie jeden Tag grausam, wodurch sie für die knapp acht Kilometer mehr als eine halbe Stunde benötigte. Unterwegs versuchte sie, Mel anzurufen, erreichte allerdings nur die Mailbox, woraufhin ihr einfiel, dass sie eine Dienstreise nach Gran Canaria erwähnt hatte. Eine Geschäftsreise auf die Kanaren! Wer sollte ihr das denn glauben?

Anja schmunzelte. Eigentlich machte Mel es richtig. Wie gern hätte sie ein bisschen vom Tatendrang und dem Durchsetzungsvermögen der größeren Schwester abbekommen. Ein Gedanke setzte sich fest. Vielleicht konnte ja Mel zu ihr ziehen und ihre Detektei von dort betreiben. Sie nahm sich vor, sie zu fragen, sobald sie wieder in Hamburg war.

An der Schule waren sämtliche Lehrerparkplätze belegt, was sie zwang, einen Parkplatz in einer Seitenstraße zu finden. Sie war nun endgültig spät dran und hastete in die Schule. Die ursprüngliche Idee, vor der ersten Unterrichtseinheit eine Tasse Kaffee im Lehrerraum zu trinken, konnte sie vergessen. Direkt vor dem Eingang standen zwei Männer, die auf sie zukamen. Na super.

„Entschuldigen Sie." Der Jüngere sprach mit einem angelsächsischen Akzent und hielt ihr eine Straßenkarte hin, während der Ältere neben sie trat. „Wir suchen den Weg zur Barclays Arena. Können Sie uns helfen?"

Anja orientierte sich kurz auf dem Plan und zeigte den Beiden die einfachste Route zur Sporthalle. Die Typen strahlten und plötzlich umarmte sie der Mann mit der Karte. „Vielen Dank! Gott segne Sie." Mit schnellen Schritten entfernten sich die Ratsuchenden, allerdings in die falsche Richtung.

Verwirrt schaute Anja hinterher. Zunächst wollte sie ihnen nachrufen, entschied sich jedoch mit Blick auf die Uhr dagegen und zuckte mit den Schultern, bevor sie das Schulgebäude betrat.

***

Das Flugzeug landete um 16:20 Uhr in Las Palmas auf Gran Canaria. Melanie war froh, dass die Reise ohne Turbulenzen verlaufen war, weil sie nicht gerne flog.

Im an die Maschine geschobenen Verbindungsstück zum Ankunftsgate stand die Luft und ließ erahnen, wie warm es außerhalb des Flughafens war.

An den Gepäckbändern wuselten unzählige Urlauber umher, kämpften um die besten Ausgangspositionen zum Einsammeln der Gepäckstücke oder freuten sich über den Beginn ihrer Ferien. Die Koffer trafen überraschend zügig ein, obwohl der Flug bis auf den letzten Platz ausgebucht gewesen war.

In der Ankunftshalle waren einige mobile Tresen aufgebaut, hinter denen gelangweilt wirkende Damen und Herren Schilder

der jeweiligen Reisegesellschaft hochhielten. Näherten sich Touristen, trat auf die Mienen der Angestellten ein aufgesetztes Strahlen, mit dem sie Auskunft zu den Bussen gaben, die die Gäste zu den Urlaubsdomizilen transportieren würden.

Melanie seufzte und lobte sich innerlich dafür, dass sie alles selbst organisiert hatten. Siegfried und sie folgten deshalb den Hinweisen zu einem Taxistand.

Der Fahrer quittierte die Anweisung, sie zum Hotel Costa Meloneras in der Nähe des Leuchtturms von Maspalomas zu bringen, mit einem müden ‚Si'.

Zwanzig Minuten später bog das Taxi in eine breite, von Palmen gesäumte Auffahrt ein. Das Ausmaß der sechsstöckigen Hotelanlage wurde unmittelbar deutlich. Sie bestand aus zwei Flügeln, die jeweils ein Turm überragte. Ein Mittelbau verband die Seitengebäude und gab dem Ganzen den Anschein eines Schlosses im maurischen Stil.

Ein eifriger Angestellter nahm ihnen die Koffer ab und geleitete sie zur Rezeption, die sich auf der einen Seite einer riesigen Lobby befand.

Melanie blieb wie angenagelt stehen. Sie fühlte sich von der riesigen Halle erschlagen. Das Gegenstück zum Empfang bildete eine gegenüber angesiedelte, überdimensionierte Bar. Ansonsten gab es unzählige Sitzgruppen mit Sofas und Sesseln.

„Willst du Wurzeln schlagen?", holte Siggi sie zurück aus ihrem Staunen und grinste. „Da hast du uns ja eine beschauliche Unterkunft gebucht", frotzelte er und steuerte auf den Empfangstresen zu.

„Lass uns Rollschuhe ausleihen!", witzelte Siggi, als sie in der zweiten Etage endlose Gänge durchschritten, die sie zu ihren Zimmern führen sollten und von Patios unterbrochen wurden, die es jeweils zu umrunden galt.

Am äußersten Ende erreichten sie ihre beiden geräumigen Stuben, die durch die dunklen Möbel ein wenig gedrückt wirkten. Melanie trat auf den Balkon und blickte auf einen Tennisplatz.

Nachdem sie ausgepackt hatten, suchten sie den Weg zur Seniorenresidenz, um sie von außen zu inspizieren. Melanie hatte darauf bestanden, sich zunächst einen Überblick zu verschaffen, bevor sie am nächsten Tag den eigentlichen Besuch starten wollten.

Sie schlenderten durch den Hotelpark, in dem Melanie sechs Pools zählte. Es schien, als sei das Hotel nur mäßig besucht, was aber täuschen konnte, denn die Gäste verteilten sich in der Weitläufigkeit der Anlage.

Am Ende des Gartens durchschritten sie ein Eisentor, das sie direkt auf den Promenadenbereich und in eine Ladengalerie führte. Wenige Meter vor ihnen lag der Leuchtturm von Maspalomas.

Anhand eines Ortsplans orientierten sie sich und erreichten bald die Avenida del Oasis, in dem sich die Residencia Añoranza por la Vida befinden sollte. Die Straße war schmal und wurde von Palmen beschattet.

„Puh, was für eine Hitze", stöhnte der Graf. Das Thermometer am Busbahnhof zeigte siebenundzwanzig Grad.

Beinahe hätten sie die Einfahrt mit dem Steinbogen übersehen. Eine Auffahrt führte an einem unscheinbaren Hotel vorbei, bevor sie vor einem Gebäude im ebenfalls maurischen Stil endete. Die weiß gestrichene Außenwand und das hellrote Ziegeldach verliehen dem Ganzen ein freundliches Flair. Hinter einer Thujahecke verbarg sich der zweiseitige Aufgang zum höher gelegenen Eingang der Einrichtung.

„Sieht nobel aus", befand Siggi und Melanie konnte nur zustimmen.

Sie bemerkte einen Mann in einer blauen Uniform mit einem Funkgerät und Stöpseln im Ohr, der sie offenkundig beobachtete.

„Bewacht wird es außerdem!“, raunte sie Siggi zu und hängte sich bei ihm am Arm ein. Dabei lächelte sie den Sicherheitsangestellten an und blickte sich um, als hätten sie sich verlaufen.

„Sind wir hier richtig?“, rätselte sie übertrieben laut.

Der Angestellte kam auf sie zu. „Kann ich Ihnen helfen“, erkundigte er sich in tadellosem Deutsch. Er musterte sie unverhohlen von oben bis unten, seine Wangenmuskulatur arbeitete.

Siggi ergriff das Wort. „Guten Tag, gestatten Sie, dass ich mich vorstelle.“

Melanie hatte Mühe, nicht laut zu lachen. Siggis plötzlich eingenommene Haltung verlieh ihm sofort Autorität.

„Mein Name lautet Siegfried Graf zu Biebenau. Ich bin auf der Suche nach einem Altersruhesitz. Frau Klettke aus Bad Homburg in Deutschland hat mir die Residencia aufs Wärmste empfohlen. Bin ich denn hier überhaupt richtig? Kennen Sie vielleicht die Dame? Sie heißt, glaube ich, mit Vornamen Marion.“

Bei der Nennung des Adelstitels entspannten sich die Züge des Mannes schlagartig, beim Anlass des Besuchs lächelte er.

„Ja, dies ist die Residencia. Tut mir aber leid. Ihre Bekannte sagt mir nichts. Möchten Sie, dass ich Sie zu Herrn Bachmann, unserem Geschäftsführer, führe?“

Siggi hob die Hände. „Nicht heute. Wir haben gleich einen Termin. Sind ja ein paar Tage hier und kommen vermutlich morgen vorbei, wenn es der Terminplan zulässt. Dennoch, vielen Dank für Ihre Bemühungen.“

In diesem Moment klingelte Melanies Telefon. Anja rief über den Netzanschluss an, was sie eigentlich nie tat. Melanie entfernte sich ein Stück, bevor sie das Gespräch annahm. „Hallo, Kleines, schön, dass du dich meldest.“

Aus der Leitung ertönte ein Schluchzen. „Mel, es ist etwas passiert." Anja hustete.

Melanie zuckte zusammen, als habe sie ein Stromschlag getroffen. „Was ist los? Rede mit mir", rief sie in das Smartphone.

Ein paar Sekunden vergingen, in denen nur angestrengtes Atmen zu vernehmen war. Schließlich meldete Anja sich erneut.

„Man hat mir das Handy gestohlen. Vermutlich heute Morgen vor dem Gymnasium." Sie erzählte stockend von den beiden Männern, die sie vor der Schule angesprochen hatten.

Das klang nach einem Trickdiebstahl.

„Mel, das ist aber nicht alles und schon gar nicht das Schlimmste!"

Ein heißer Stich fuhr Melanie ins Herz und sie erinnerte sich an Ralls Drohung vor der Erlöserkirche. „Was ist passiert?", fragte sie vorsichtig.

„Ich habe das Gefühl, dass jemand im Haus war. Erst dachte ich, ich sei paranoid, bis ich feststellte, dass an einer Wand zwei Fotos fehlen."

Melanie begann zu zittern. „Welche Bilder? Hattest du die Alarmanlage nicht aktiviert?"

„Eine Aufnahme zeigt mich, auf der anderen bist du. Du weißt doch, wie sehr ich das Ding hasse. Deshalb schalte ich es nur nachts an."

Das klang beunruhigend. Es gab nur einen Grund, warum man Porträts stahl: um Personen zu erkennen.

„Ab sofort schaltest du die Anlage immer scharf. Auch tagsüber. Außerdem schließt du alle Türen und Fenster ab, jetzt direkt nach unserem Telefonat! Falls du verdächtige Geräusche hörst, rufst du auf der Stelle die Polizei an! Hast du das verstanden?"

„Klar, bin ja nicht blöd", kam es trotzig zurück. „Mel, was hat das zu bedeuten? Hängt das mit deinem Auftrag zusammen?"

„Quatsch. Kann ich mir nicht vorstellen. Hier läuft es super", log sie. „Um sicher zu gehen, rufe ich gleich Fred Spiegel an und bespreche das mit ihm. Er wird sich mit dir in Verbindung setzen. Wenn er zu dir kommt, lässt du ihn rein! Aber nur ihn oder Leute, die er mitbringt!"

10. Mai

Beim Betreten des Architekturbüros am frühen Morgen bemerkte Timo augenblicklich, dass etwas nicht stimmte. Die Büroassistentin saß kreidebleich hinter ihrem Empfangstresen und starrte geradeaus. Wimperntusche war über die Wangen verschmiert. Sie schien sein Eintreten nicht zu bemerken.

„Hallo Annika, was ist denn mit dir passiert?"

Sie nahm ein Schreiben vom Tisch und reichte es ihm wortlos.

Es handelte sich um eine fristlose Kündigung, in der Frank Schüttler sein Bedauern darüber äußerte, dass er das Büro mit sofortiger Wirkung auflöse.

„In dem Umschlag lagen 5.000 Euro", schluchzte die Assistentin. „Timo, bei ihm da drin ist alles ausgeräumt! Bei mir hier ebenfalls. Bis auf das dort ist nichts übrig!"

Timo folgte Annikas Blick. Neben einem Aktenvernichter stapelte sich ein riesiger Berg Papierschnipsel. Jemand musste stundenlang Unterlagen geschreddert haben.

„Für dich gibt es auch einen Brief." Die Angestellte reichte ihm ein dickes Kuvert.

Timo ahnte, was er darin finden würde. Er ging in Schüttlers Arbeitszimmer. Die Schranktüren waren weit geöffnet und in den Schrankwänden verloren sich einsame Staubflocken. Unglaublich!

Er riss den Briefumschlag auf. Außer einer beschriebenen Seite fand er einen Bündel Geld: 10.000 Euro.

Lieber Timo,

Annika hat es dir bestimmt bereits gesagt. Ich höre auf und schließe das Architekturbüro. Alle Dokumente sind vernichtet, die Schränke leer geräumt und die Konten aufgelöst. Eine soziale Einrichtung wird die Möbel abholen. Den Mietvertrag habe ich gekündigt und die Restmiete überwiesen.

Es macht keinen Sinn mehr. Ich habe mich mit den falschen Leuten eingelassen und nachdem das Projekt in der Neuen Mauerstraße geplatzt ist, bin ich am Ende. Um weiterzumachen, müsste ich meine mühsam aufgebauten Rücklagen plündern. Das will ich nicht, weil sie genau für einen solchen Notfall gedacht sind.

Deshalb verschwinde ich und suche mir irgendwo auf der Welt ein Domizil.

Nimm das Geld als Entschädigung. Ich danke Dir für die wunderbare Zusammenarbeit und Deine grenzenlose Loyalität. Da Du die Hintergründe und Involvierten der gefährlichen Geschäfte nicht kennst, kann Dir nichts passieren. Jag diesen Brief einfach durch den Schredder.

Wir werden uns nie mehr wiedersehen, daher wünsche ich Dir alles Gute für die Zukunft. Du kommst auch ohne Frank Schüttler zurecht! Behalte mich nicht in allzu schlechter Erinnerung.

Die Sachen auf dem Schreibtisch vernichtest Du bitte ebenfalls. Ich habe sie liegen gelassen, um Dir zu zeigen, dass es mir ernst ist.

Viele Grüße
Frank

P.S. Gib keine Vermisstenmeldung auf! Ich gehe aus freien Stücken und bin weit davon entfernt, mir etwas anzutun.

Timos Kopf war so leer, als seien ihm sämtliche Gedanken ausgesaugt worden. Auf Manches war er vorbereitet gewesen, jedoch nicht auf einen solchen Abgang.

Er blickte zum Schreibtisch. Dort lagen Schüttlers Personalausweis, sein Reisepass, diverse Kreditkarten und sein Smartphone.

Was hatte das zu bedeuten?

***

„Danke, dass du gekommen bist." Anja goss Fred Spiegel eine Tasse Tee ein und setzte sich ihm gegenüber in einen Sessel. Er hatte das Gefühl, dass sie ihre Nervosität zu überspielen versuchte. Sie schien um einige Jahre gealtert, ihre sonst makellos gepflegten Haare hingen wirr herab und ihre Hände zitterten unübersehbar.

„Was hat es bloß damit auf sich? Warum klaut mir einer mein Telefon und bricht hier ein, um zwei Bilder zu stehlen?"

Fred zog die Jacke aus. Die Hitze des Kaminofens trieb ihm Schweißperlen auf die Stirn. Eigentlich wäre es an der Zeit gewesen, ein Fenster oder die Terrassentür zu öffnen. Er verzichtete jedoch darauf, um Erlaubnis zu bitten, weil er vermutete, dass Anjas Kreislauf sich im Keller befand und sie frieren könnte.

„Wenn ich das wüsste!", entgegnete er und gab sich Mühe, gelassen zu klingen. Er hatte nach seiner Ankunft die Haustür, den Ausgang zur Terrasse, die Kellertür und alle Fensterscheiben überprüft, aber nicht die geringsten Einbruchsspuren entdeckt. Anscheinend war ein Profi am Werk gewesen, denn Anja besaß ihren Schlüssel noch und der ihres Vaters hing unversehrt am Schlüsselbrett im Eingangsbereich.

„Hat das was mit Mel zu tun? Sie hat sich gestern am Telefon merkwürdig verhalten." Anja nahm das Wasserglas und leerte es in einem Zug. Sie erhob sich und ging auf und ab.

„Kann ich mir kaum vorstellen", erwiderte er, obwohl ihm sonnenklar war, dass die Vorkommnisse mit Mels aktuellem Fall in Verbindung stehen mussten.

„Fred, sei ehrlich und verarsche mich nicht. Mel war bei unseren Telefonaten ziemlich angespannt. Das konnte ich deutlich spüren. Jetzt ist sie urplötzlich auf die Kanaren geflogen und behauptet, dort ein paar Tage auszuspannen. Das glaube ich keine Sekunde." Ihre Stimme wurde schärfer. „Sag mir die Wahrheit!"

Ein Kloß drohte ihm die Kehle zuzuschnüren. Er hasste es, die Unwahrheit zu sagen, insbesondere Anja gegenüber. Er mochte Mels Schwester.

„Ich weiß doch nicht, was sie genau treibt", flunkerte er weiter. „Mir hat sie erzählt, dass sie einen Mann in Bad Homburg kennengelernt hat, der auf Gran Canaria einen Altersruhesitz sucht. Er hat sie gebeten, ihn zu begleiten und zu beraten", versuchte es Fred mit der offiziellen Version.

„Was für ein Blödsinn! Mel würde nie mit einem Kerl, den sie wenige Tage kennt, verreisen!", schleuderte Anja zurück.

„Vielleicht mag sie ihn."

Sie sog die Luft scharf ein. „Hör bitte auf, der Quatsch wird immer abstruser! Du weißt selbst, dass es seit Eriks Unfall keinen anderen Lebenspartner für sie gibt und sie nach wie vor um ihn trauert."

Das wusste er leider nur zu gut!

Fred schaute aus dem Fenster und dachte an die vergangenen zwei Jahre. Er hatte Mels Therapie begleitet und ihr zur Seite gestanden. Wie selbstverständlich betrachtete sie ihn als ihren Vertrauten, vor dem sie ihre innersten Schuldgefühle und den ganzen Schmerz, der in ihr brodelte, ausbreiten durfte. Nur zu gern wäre er mehr für sie gewesen, aber er hatte sich damit abgefunden, ihr wenigstens auf diese Art und Weise nahe sein zu dürfen. Allerdings hoffte er, Mel würde ihr keusches Nonnenleben eines Tages aufgeben und er seine Chance bekommen. Im Moment schien der Zeitpunkt in weite Ferne gerückt.

„Fred, hallo, Fred!“, riss ihn Anja aus den Gedanken.

„Ja, entschuldige, ich war gerade ein bisschen weg.“

Sie grinste. „Hab ich bemerkt. Ich wollte wissen, wie du dir das hier vorstellst.“

Fred strich sich mit dem Daumen über das Kinn. „Ich bleib die nächste Zeit bei dir, wenn du einverstanden bist. Im Augenblick ist es bei uns im LKA ruhig und ich schleppe einen Berg Überstunden mit mir rum. Die feiere ich ab. Außerdem habe ich mit Holger Liebig gesprochen. Die Kollegen fahren mit einem Streifenwagen regelmäßig durch die Straße, um Gesindel abzuschrecken, und passen auch sonst auf uns ein wenig auf.“

Anja runzelte die Stirn. „Das kann ich nicht von dir verlangen! Wer ist noch mal Holger Liebig? Der Name sagt mir was, ich weiß aber nicht, wo ich ihn hinstecken soll.“

Er lachte. „Papperlapapp! Diskutier erst gar nicht! Ich beschütze dich. Das musste ich Mel versprechen.“ Er nahm einen Schluck Tee, als ihm einfiel, dass sie eine weitere Frage gestellt hatte. „Holger war in unserem MEK-Team, und saß bei Eriks Unfall mit im Auto. Er war sofort bereit, zu helfen, als ich ihm erzählte, dass es um dich und Mel geht. Er ist vor einem Jahr beim LKA ausgeschieden und leitet die Polizeidirektion, die für diesen Teil Hamburgs zuständig ist.“

Die Haustürklingel läutete. „Erwartest du jemand?“, fragte Fred.

Anja schüttelte den Kopf. „Nicht, dass ich wüsste.“

Fred zog seine Waffe aus dem Holster und registrierte aus dem Augenwinkel, wie bleich Anja wurde.

„Geh in die Küche und vom Fenster weg“, wies er sie in betont ruhigem, aber bestimmtem Ton an. „Ich schau kurz nach.“

Er stand auf und ging in ein Zimmer, von dem aus er den Vorgarten und das Eingangstor überblicken konnte. Es war niemand zu sehen.

Er verließ das Haus und war froh, dass er eine Schutzweste trug. Vorsichtig spähte er um die Hausecke, obwohl er kaum glaubte, dass ein Angreifer das Eindringen durch Klingeln ankündigen würde. Der Garten war leer.

Als er auf dem Weg zur Straße war, heulte ein Motor auf und ein Motorrad schoss am Grundstück vorbei. Mit wenigen Sätzen war Fred am Tor, von wo aus er gerade noch erkannte, wie die Maschine in die Elbchaussee einbog und damit verschwand.

***

Melanie und Siegfried saßen in der Eingangshalle der Residencia Añoranza por la Vida in einer Sitzgruppe und warteten auf Julius Bachmann, den Geschäftsführer. In der lichtdurchfluteten Halle, die von unzähligen, jeweils aus einem Sofa und vier Sesseln bestehenden, Sitzecken unterteilt wurde, dominierten die Farben hellblau und gelb. Die freundliche Atmosphäre wurde nicht nur von Pflanzen verschiedener Größe, sondern ebenso durch den Fensterblick auf eine gepflegt wirkende Poollandschaft verstärkt. In dunklem Holz gebeizte, mit Intarsienarbeiten verzierte Schränke rundeten den edlen und kostspieligen Anschein der Senioreneinrichtung ab. Melanie fühlte sich eher an ein Luxushotel als an ein Altersheim erinnert.

Nur die Menschen, die sich hier tummelten, verrieten den eigentlichen Zweck der Anlage. Die Senioren verteilten sich über alle Sitzecken, lasen, spielten Karten oder unterhielten sich.

Andere bewegten sich in unterschiedlichem Tempo mit und ohne Rollator, manche im Rollstuhl. Das permanente Geschnatter verlieh dem Ganzen gleichzeitig den Eindruck von Geschäftigkeit und Entspannung. Die Auswahl des Namens für die Residencia, übersetzt mit „Sehnsucht nach dem Leben“ hätte nirgends eine bessere Bestätigung finden können als in dieser Umgebung.

„Guten Tag, die Herrschaften“, unterbrach eine jugendlich klingende Stimme ihre Gedanken.

Vor ihnen stand ein Mann Anfang fünfzig mit gewellten, die Ohren bedeckenden Haaren. Sein Gesicht zeigte Spuren seines Alters. Er trug eine beige Leinenhose, schwarze Lederslipper und ein pastellfarbenes Seidenhemd. Am Hals lugte ein Kettchen hervor, an der rechten Hand fiel Melanie ein protzig aussehender Siegelring auf. Alles an dem Typen wirkte teuer.

Melanie grinste innerlich, als ihr durch den Kopf schoss, dass Bachmann besser zur Leitung eines Bordells passen würde. Insbesondere sein Dauergrinsen ging ihr sofort auf den Nerv, wobei sie grübelte, ob es möglicherweise durch eine Botoxbehandlung oder gar einen chirurgischen Eingriff verursacht sein könnte.

Nach einer kurzen Vorstellung erläuterte Siegfried sein Anliegen und die Absicht, den Lebensabend in einer für ihn angemessenen Wohneinrichtung zu verbringen. Dabei ließ er keinen Zweifel daran, dass Geld für ihn eine lästige Selbstverständlichkeit darstellte.

Melanie musste schmunzeln, als sie feststellte, dass der Graf mit dieser grandiosen schauspielerischen Leistung Bachmann immer mehr in den Bann zog. Die Gier tanzte offen in seinen Augen!

„Nun, ich möchte nicht verhehlen, dass ich eine Reihe von entsprechenden Objekten in Erwägung ziehe. Lassen Sie mich nur Marbella, Saint-Tropez oder Monte Carlo als denkbare Alternativen nennen. Ich gebe zu, dass wir nicht hier säßen, wenn man uns Ihre Residenz nicht verschiedentlich empfohlen hätte.“

Bachmann hing längst am Haken. „Darf ich fragen, wer so freundlich war?“

„Natürlich, das ist ja kein Geheimnis“, gab sich Siegfried generös. „Zunächst Marion Klettke und Werner Mumer, obwohl deren Meinung für mich nicht besonders wichtig ist, denn ihr Ziel ist es selbstverständlich, eine vermutlich üppige Vermittlungsprovision zu verdienen.“

Der Geschäftsführer grinste.

„Aber vor allem Angelika Bubser und Uwe Klarer haben derart überschwänglich vor ihrem Umzug geschwärmt“, fuhr Siegfried fort, „dass es mir fast verdächtig vorkam. Ich hoffe übrigens, meine Bekannten hier zu treffen.“

Das Grinsen gefror bei der Erwähnung der Namen schlagartig ein und etwas schien sich auf Bachmanns Stimmbänder gelegt zu haben.

„Es ist schön, dass es Leute gibt, die uns wohlgesonnen sind und dies auch verkünden“, krächzte er. „Ich bedauere jedoch zutiefst, dass Frau Bubser und Herr Klarer derzeit nicht anwesend sind. Frau Bubser besucht ihre Tochter in den USA und kommt erst in vier bis sechs Wochen zurück. Herr Klarer weilt gerade auf einem Heimaturlaub in Deutschland. Wir erwarten ihn im Juli zurück.“ Der Geschäftsführer kaute seine Unterlippe durch und machte Anstalten, aufzustehen. „Darf ich Ihnen jetzt unsere Anlage zeigen?“

Melanie fiel ein untersetzter Mann auf, der an einer Säule stand und anscheinend etwas in einer Zeitschrift las. Sie war sich sicher, dass ihm keines der gesprochenen Worte entgangen war. Sie gingen durch die Poolanlage und erreichten eines der Wohnhäuser. Nachdem sie zwei, auf antik getrimmte Appartements besichtigt hatten, verkündete Bachmann, dass er nun den Wellnessbereich zu besichtigen beabsichtige, um damit den Rundgang abzuschließen.

„Herr Bachmann, es ist mir ein wenig peinlich“, unterbrach ihn Melanie, „gibt es vielleicht irgendwo Waschräume, die ich aufsuchen dürfte. Ich habe mir gestern vermutlich einen Virus eingefangen, wenn Sie verstehen, was ich meine.“

Der Geschäftsführer nickte und zeigte dabei ein mitfühlendes Gesicht. „Selbstredend, im Erdgeschoss befinden sich die Örtlichkeiten. Fragen Sie unten einfach noch einmal.“

Melanie versprach, die beiden Männer am Ausgang zu treffen und eilte die Treppe hinunter. Sie kam in den Außenbereich und steuerte auf eine Frau zu, die sich in einem Liegestuhl aalte, und die ihr deutsch vorkam.

„Entschuldigen Sie, ich suche Herrn Waske, Rainer Waske. Können Sie mir sagen, wo ich ihn finde?“

Die Angesprochene musterte sie unverhohlen, um dann doch zu antworten. „Rainer sitzt dort hinten an der Palme und liest“, bedeutete sie Melanie und wies ihr den Weg mit einer Geste.

Waske erwies sich als klein, der jedoch zu versuchen schien, die fehlende Größe durch entsprechende Körperfülle auszugleichen. Sein spärlicher Haarkranz ließ erahnen, dass er einmal blond gewesen sein musste.

„Guten Tag, Herr Waske, mein Name ist Melanie Gramberg. Ich komme aus Bad Homburg.“ Er schaute interessiert auf.

„Das ist ja schön. Setzen Sie sich.“ Er deutete auf einen Stuhl neben sich. „Wie geht es Marion Klettke und Werner Mumer?“, erkundigte er sich.

Sie beschloss, stehenzubleiben und den Blick ständig durch die Anlage auf der Suche nach Bachmann und Siegfried kreisen zu lassen. „Den beiden geht es prima. Ralf Rosenthal ist jedoch leider verstorben, er wurde ermordet.“

An Waskes entsetztem Gesicht war abzulesen, dass diese Nachricht für ihn neu war.

„Er hatte ja ebenfalls vor, sich hier einzukaufen, und hat mit Ihnen telefoniert, wie ich weiß“, bluffte sie. „Ich dachte deshalb, es würde Sie interessieren“, ergänzte sie.

„Das ist ja schrecklich.“ Plötzlich sah er sich um, als habe er Bedenken, jemand könne zuhören. Er senkte die Stimme. „Ich möchte mehr darüber erfahren, aber nicht hier. Wollen wir uns heute um 21 Uhr im K1 treffen? Das ist eine Bar an der Strandpromenade.“

„Sehr gerne!“ Sie reichte ihm die Hand und verabschiedete sich.

Am Eingang zur Haupthalle stand ein Sicherheitsangestellter und schaute in ihre Richtung. Sie vermutete, dass er sie die ganze Zeit beobachtet hatte. Ohne ihn zu beachten, hastete sie an ihm vorbei und sah Bachmann und den Grafen am Ausgang warten.

In der Mitte des Raums kam der Mann, der sie anfangs belauscht hatte, auf sie zu. Er kreuzte ihren Weg und rempelte sie an. Überschwänglich entschuldigte er sich, um sich sofort zu bücken. Er gab ihr einen Zettel.

„Ich glaube, den haben Sie verloren.“ So schnell wie er erschienen war, verschwand er wieder.

In diesem Moment hörte Melanie, dass eine Nachricht auf ihrem Handy einging. Sie stammte von Anja, die offenkundig ihr Telefon wiederbekommen hatte. Die Mitteilung enthielt ein Bild, das Mel neugierig öffnete.

Das Blut gefror ihr in den Adern.

***

Schüttler schaute durch das offene Fenster eines Ferienhauses. Mitten im Wald war die Stille beinahe unheimlich. Ein Wildschwein kam über die Wiese vor dem Haus, schnüffelte unentwegt auf dem Boden, um zurück ins Dickicht zu verschwinden.

Es war eine glückliche Fügung, wie der Architekt empfand, dass sein Schwager für ein Jahr in Großbritannien weilte und ihm angeboten hatte, das Anwesen während der Abwesenheit zu nutzen. Gerade jetzt bot dies die exzellente Gelegenheit, die Zeit bis zum Abflug nach Argentinien unauffällig überbrücken zu können. Das Grundstück war nur auf einer nicht asphaltierten Privatstraße zu erreichen und bot ideale Bedingungen für ein vorübergehendes Versteck, zumal der Frankfurter Flughafen nur eine gute Autostunde entfernt lag.

Schüttler betrachtete den neuen Pass, der auf den Namen Dirk Jansen lautete und ihn eine Stange Geld gekostet hatte, aber die wichtigste Voraussetzung darstellte, unerkannt unterzutauchen. Hoffentlich stimmte es, dass es den Menschen wirklich gab und er ein unbescholtener Bürger war.

Zufrieden dachte er daran, dass ihm ein Freund vor geraumer Zeit angeboten hatte, in ein florierendes Bauträgergeschäft in Buenos Aires einzusteigen. Nun galt es, den Schritt zu gehen.

Er schaute auf die Armbanduhr. Er musste losfahren, die Maschine der argentinischen Fluggesellschaft Argentina Flights startete in drei Stunden. Insgeheim freute er sich auf den rund vierzehnstündigen Flug in der First-Class und die Tatsache, Frank Schüttler quasi auszulöschen, während Dirk Jansen in ein neues Leben aufbrechen konnte.

Schüttler streichelte gedankenverloren über seinen privaten Laptop. Es gab darauf eine Reihe von brisanten Informationen und Daten, die verschiedene Unternehmer und Politiker ins Gefängnis bringen konnten, allen voran ihn selbst, wenn sie publik würden. Er hatte sich entschlossen, ihn mitzunehmen, denn wer wusste schon, wozu er noch zu gebrauchen war.

Seufzend erhob er sich, holte die Jacke von der Garderobe und zog sie an. Das Gepäck hatte er bereits im Kofferraum des Jaguars verstaut.

Er schloss die Haustür gewissenhaft ab, und versteckte den Schlüssel in einem kleinen Schuppen, wie er es mit dem Schwager vereinbart hatte.

Bald erreichte er die Autobahn A3, die ihn direkt zum Flughafen bringen würde und pfiff leise vor sich hin. Er war in diesem Moment mit sich und der Welt zufrieden, auch wenn die vergangenen Wochen alles andere als reibungslos verlaufen waren. Es war daher immer gut, einen Plan B zu haben.

Im Hessischen Rundfunk meldeten sich die Verkehrsnachrichten. „A3: Zwischen den Anschlussstellen Limburg und Bad Camberg hat sich ein LKW-Unfall ereignet." Schüttlers Herzschlag näherte sich schlagartig dem Kammerflimmern. Er hatte doch gerade die Ausfahrt Limburg passiert! „Die Autobahn in Richtung Wiesbadener Kreuz ist derzeit voll gesperrt. Die Polizei hofft, die Sperrung in den nächsten zwei Stunden aufheben zu können."

Schüttler trat mit voller Kraft auf die Bremse, denn vor ihm leuchteten plötzlich unzählige Bremslichter auf.

***

„Mel, das sieht nicht gut aus“, klang es aus dem Handy, „überhaupt nicht gut.“

Sie hatte Fred das Bild geschickt, das sie vor wenigen Minuten von Anjas Smartphone erhalten hatte, worauf er sie angerufen und von dem ominösen Motorradfahrer und dem Klingeln an der Haustür erzählt hatte.

Sie saß neben Siegfried auf der Mauer, die die Strandpromenade zum Meer abgrenzte.

„Es ist exakt die gleiche Aufnahme, die Siggi zugegangen ist: Ein ausgeblutetes Schaf, nur wurde diesmal Sabrinas Kopf durch Anjas ersetzt. Das klingt wie eine letzte Drohung.“

Fred hörte sich nachdenklich an. „Ich weiß. Du bist anscheinend ganz nahe an den Tätern dran.“

„Wahrscheinlich. Es hängt alles mit diesem Seniorenheim hier zusammen.“ Melanie fuhr sich durch die Haare.

„Kann sein“, gab Fred zu. „Du hattest doch bereits eine Warnung, die Anja betraf.“

„Stimmt, Rall, Schüttlers Angestellter, hat mich vor ein paar Tagen vor der Erlöserkirche abgefangen und mir gedroht, dass ihr was passieren könnte, falls ich seinen Chef nicht in Ruhe lasse. Glaubst du, der steckt dahinter? Aber das wäre fast zu einfach. Vielleicht hat euer Motorradfahrer gar nichts mit der Sache zu tun.“

„Warte mal, Mel, Anja kommt gerade von draußen zurück.“

Melanie hörte ein unverständliches Gemurmel, dass sie ihrer Schwester und Fred zuordnete. Ungeduldig wartete sie darauf, dass sich der Freund wieder meldete.

Schließlich war es soweit, Fred sprudelte los: „Stell dir vor, Anjas Telefon lag im Briefkasten. Jetzt bin ich felsenfest davon überzeugt, dass der Biker das Smartphone zurückgebracht hat.“

Melanie begann zu zittern. Die Dinge entwickelten sich in eine Richtung, die ihr Angst machte. Wie sollte sie Anja schützen?

„Ich auch“, gestand sie ein. „Anja muss Anzeige erstatten und versuchen, Phantombilder von den Typen erstellen zu lassen, die ihr das Handy geklaut haben. Ruf Holger an, es wäre gut, wenn er sich direkt mit den Kollegen Schubert und Kimmerle in Bad Homburg in Verbindung setzen würde. Außerdem muss jemand überprüfen, ob dieser Rall Motorrad fährt.“ Sie atmete tief durch. „Fred, das Wichtigste ist, dass du auf meine Kleine aufpasst!“

***

„Was ist das?“, erkundigte sich Schubert und betrachtete Annika Seiver, die zusammen mit ihm und Sandro im Vernehmungsraum saß.

Sandro überlegte, ob er die Tür öffnen durfte, um den nicht auszuhaltenden Geruch eines süßlichen Parfüms wenigstens ein bisschen im Stockwerk zu verteilen, bevor er Kopfweh bekäme. Er verzichtete schließlich darauf, hatte jedoch Mühe, sich auf das Gespräch zu konzentrieren.

„Eine externe Festplatte. Ich habe mir erlaubt, die Daten auf Frank Schüttlers Laptop zu kopieren“, entgegnete die frühere Büroangestellte. „Mein ehemaliger Chef ist in eine Vielzahl von Korruptionsfällen im Zusammenhang mit Bauprojekten verwickelt. Es sind eine Reihe von Politikern, Verwaltungsangestellten und Bauunternehmern beteiligt. Außerdem hat er gemeinsam mit einigen Grundstückseigentümern Steuern in nennenswerter Höhe hinterzogen. Die Beweise finden Sie in diesem Speicher.“

Schubert runzelte die Stirn. „Aha, warum bringen Sie uns das?“

„Weil ich ihn bestrafen will, dass er uns im Stich lässt“, entgegnete die Besucherin überraschend. „Ich möchte Anzeige erstatten. Ich gebe Ihnen noch einen Stick.“ Sie legte einen USB-Stick auf den Tisch. „Auf dem habe ich persönliche Protokolle und Aussagen gespeichert, die die jeweiligen Vorkommnisse mit genauen Daten belegen. Ich kann bei den meisten Vergehen als Zeugin auftreten."

„Frau Seiver", schaltete Sandro sich ein. „Sie müssen sich nicht selbst belasten. Trotzdem die Frage: Haben Sie daran mitgewirkt?"

Die Angesprochene schüttelte den Kopf. „Ich war einzig für die Dokumentation zuständig. Schüttler hat mich zehn Jahre lang für ein blondes Büromäuschen gehalten und gedacht, ich würde nicht bemerken, was da gespielt wird. Nun hat er sich abgesetzt und mich mit einer lächerlichen Abfindung rausgeworfen. Deshalb zeige ich ihn an und stelle mich als Belastungszeugin zur Verfügung."

Aha, daher wehte der Wind, dämmerte es Sandro, eine Angestellte, die sich ungerecht behandelt fühlt und deswegen ihren Chef in die Pfanne hauen will. Er blickte zu Schubert.

„Wo befindet sich der Architekt? Wissen Sie das?"

„Nein", erwiderte sie. „Er ist vermutlich mit seinem Jaguar unterwegs. Vielleicht auch weggeflogen." Sie nahm einen Zettel aus ihrer Handtasche. „Das ist die Autonummer."

Schubert betrachtete die Notiz und schob sie Sandro zu.

„Okay, danke, dann bringen wir Sie zum Dezernat Wirtschaftskriminalität, das sich darum kümmern wird. Sie sind bei uns gelandet, weil Herr Schüttler in einem anderen Zusammenhang auf unserem Schreibtisch lag." Er schaute den Partner an. „Sandro, gib eine Fahndung raus, nach dem Verdächtigen und dem Fahrzeug. Bahnhöfe, Flughafen, das volle Programm. Sag den Kollegen Bescheid, dass wir das angeleiert haben."

***

Melanie und Siggi saßen in der Bar K1 an der Uferpromenade von Meloneras. Die Lokalität war mit einem Eiscafé verbunden und in der Nähe einer zweistöckigen Einkaufspassage gelegen. Jetzt um 20.55 Uhr füllte sich die Bar langsam. Aufgrund eines heftigen Regenschauers war die Temperatur gesunken und die Luftfeuchtigkeit hatte zugenommen. Dennoch war es prima ohne Jacke im Freien auszuhalten, wie Melanie fand.

„Wie war's beim Sport?“, erkundigte sich der Graf.

„Super, ich fühle mich total ausgepowert. Ich bin eine ganze Stunde in diesem wahnsinnigen Pool geschwommen. Stell dir vor, es gab sogar Gäste, die am Beckenrand zugeschaut haben. Ich hab einfach Gas gegeben und wollte die negativen Gedanken vertreiben.“

„Und, ist es gelungen?“

Sie machte eine vage Handbewegung.

Ein Kellner erschien und nahm in passablem Deutsch ihre Wünsche entgegen. Siggi orderte ein großes Bier und Melanie überlegte kurz. Kräuterlimonade gab es nicht auf der Getränkekarte. Vielleicht würde etwas Alkohol helfen, ein bisschen ruhiger zu werden. Wann hatte sie zuletzt Alkohol getrunken? Das lag bestimmt mehr als zwei Jahre zurück und war auch damals ein äußerst seltenes Ereignis.

„Was ist ein Tinto de verano?“, fragte sie die Bedienung.

„Das bedeutet so viel wie Sommerrotwein. Es handelt sich um einen Rotwein, der mit Gaseosa, einer süßen Limonade, gemischt ist“, lautete die Antwort.

Siggi runzelte die Stirn, als sie das Getränk bestellte. „Was wird das?“, erkundigte er sich mit einer Mischung aus Überraschung und Belustigung.

„Mir ist einfach danach.“ Sie lachte und betrachtete die Menschen auf der Uferpromenade, die in beide Richtungen spazierten.

Gerade, als die Bestellung kam, erschien Rainer Waske. Er ließ sich in einen freien Korbsessel an ihrem Tisch fallen.

Ohne lange Vorreden und Begrüßungszeremonien fiel er mit der Tür ins Haus. „Erzählen Sie mir bitte, was mit Ralf passiert ist. Er hat vor rund drei Wochen bei mir angerufen."

Siggi berichtete von Rosenthals Ermordung und schloss damit ab, dass die Polizei im Dunklen tappe. Die anderen Todesfälle verschwieg er.

„Unglaublich!", stieß der Rentner hervor und nahm einen kräftigen Schluck Gin Tonic, den ihm die Bedienung zwischenzeitlich gebracht hatte.

Melanie spürte eine gewisse Leichtigkeit, das süße Getränk schmeckte ihr. Du bist wirklich nichts mehr gewohnt, mein Mädchen, dachte sie. „Was wollte er bei dem Anruf?"

„Er erkundigte sich nach der Residenz. Wie es mir gefalle und wie alles so sei. Dann bat er, mit Angelika Bubser reden zu dürfen. Als ich ihm mitteilte, dass sie nicht in unserer Anlage lebt, erschien er mir verwirrt. Als er daraufhin Uwe Klarer zu sprechen verlangte, und ich ihm mitteilen musste, dass auch der nicht in der Residenz wohnt, wurde Ralf plötzlich aufgeregt und legte ziemlich abrupt auf."

Der Graf meldete sich zu Wort. „Sind Ihnen Frau Bubser und Herr Klarer bekannt? Ist es sicher, dass sie nicht Bewohner des Seniorenheims sind?"

„Selbstverständlich. Die beiden waren im Taunus immer bei den gemeinsamen Ausflügen dabei, obwohl sie nicht in Bad Homburg lebten. Ganz liebe Menschen! Das Domizil hier ist wirklich nicht groß, sodass wir uns alle ständig über den Weg laufen."

„Man teilte uns mit, dass Frau Bubser sich derzeit bei einer Verwandten aufhalte", erwähnte Melanie.

„Wer behauptet denn einen solchen Blödsinn? Sie hat keine Angehörigen. Das hat sie mir selbst mal erzählt. Übrigens genauso wie Uwe Klarer."

Waske betonte im weiteren Verlauf des Gesprächs, wie wohl er sich in der Anlage fühle. Die Kosten für ein Appartement, das man kaufen oder mieten könne, seien zwar nicht niedrig, aber jeden Euro wert. Zudem habe sich eine wunderbare Gemeinschaft gebildet, womit das Leben an einen andauernden Urlaub erinnere. Einzig der Geschäftsführer Bachmann sei ein merkwürdiger Vogel, mit dem niemand so recht warm würde, was sowohl für die Senioren als auch das Personal gelte. Die Fluktuation unter den Angestellten sei ziemlich hoch. So werde gemunkelt, dass Bachmann am Vortag einem langjährigen Mitarbeiter im Buchhaltungsbereich zum Monatsende gekündigt habe. Angeblich aus nichtigem Anlass.

Er blickte auf seine Armbanduhr. „So Herrschaften, jetzt muss ich los, sonst komme ich nur noch schwer ins Haus." Er stand auf.

„Darf ich Ihnen ein paar Bilder zeigen, dauert nur eine Minute", hielt Melanie ihn auf. Der Gedanke war ihr wie aus dem Nichts gekommen. Sie nahm ihr Smartphone heraus und blätterte in den Fotos eines Albums, in dem sie Aufnahmen der Personen speicherte, die ihr während den Ermittlungen aufgefallen waren.

„Schauen Sie doch mal, ob Sie jemanden wiedererkennen und in der Residenz gesehen haben."

Waske ließ sich wieder nieder und wischte über das Display.

„Nun, hier sind Marion Klettke und Werner Mumer, die mir den Aufenthalt vermittelt haben und alle paar Wochen auftauchen. Ich seh sie dann stets mit Bachmann zusammen." Er schaute weiter. Plötzlich lachte er und zeigte dem Grafen das Handy. „Sie sind wirklich gut getroffen!" Siegfried runzelte die Stirn und sah kurz zu Melanie, ohne einen Ton zu sagen.

„Die anderen kenne ich nicht.“ Waske beendete die Bildershow und reichte Melanie das Telefon. Gerade, als sie es entgegennehmen wollte, hielt er inne und nahm es zurück, um erneut auf den Bildschirm zu schauen.

„Warten Sie, der Typ hier auf dem Passbild ist zwar nicht sehr scharf zu erkennen, aber ich bin mir sicher, dass der in der Residenz war. Ist einige Monate her. Er war, glaube ich, mit Bachmann verabredet.“

***

Schüttler hastete durch den Flughafen. Es waren fünfzehn Minuten bis zum Abflug. Jetzt war er froh, dass er erster Klasse flog und sowohl den Eincheckvorgang als auch die Sicherheitskontrolle reibungslos passiert hatte. Allerdings hatte ihm der Mensch am Schalter wenig Hoffnung vermittelt, die Maschine zu erreichen. Die Mitarbeiter am Abfluggate räumten gerade zusammen.

„Sorry, mein Herr, der Flug ist geschlossen. Sind Sie Herr Jansen?“

„Ja, der bin ich“, keuchte Schüttler, „ich muss unbedingt mit.“

„Es tut mir leid, aber das Flugzeug steht auf einer Außenposition und der letzte Bus ist weg.“

„Hören Sie mal, ich fliege First-Class. Dann bringen Sie mich mit einem anderen Fahrzeug nach draußen.“ Er nahm einen Hunderteuroschein aus dem Portemonnaie und hielt die Banknote den beiden Angestellten hin, die sich ansahen.

Während der eine den Geldschein wortlos entgegennahm, ergriff der Kollege ein Telefon und sprach eine Weile.

Er legte auf. „Gehen Sie die Treppe hinunter. Dort holt Sie ein Wagen ab.“

„Da haben Sie aber richtig Glück gehabt. Normalerweise wären wir weg", begrüßte ihn die Purserin des Flugs und brachte ihn zu seinem Sitzplatz. „Vor ein paar Minuten wurde uns mitgeteilt, dass sich der Abflug aufgrund widriger Wetterverhältnisse verzögert. Möchten Sie ein Glas Champagner?"

Schüttler nickte. Turbulenzen! Das hatte ihm gerade noch gefehlt. Er lachte. Hauptsache, er saß in der Maschine.

***

Die Gestalt tigerte im Wohnzimmer umher und grübelte. Die Angelegenheit nahm einen unschönen Verlauf und wurde zunehmend brenzlig. Warum hatte er sich mit diesen Leuten eingelassen! So einfach die bisherigen Geschäfte abliefen, so schlimm war es diesmal.

Dass Schüttler das Doppelhaus nicht bekommen hatte, war ärgerlich, weil damit das lukrative Gesamtprojekt platzte, für seine eigenen Aktivitäten aber trotzdem kein Beinbruch. Dumm war, dass Schüttler die Nerven verloren und ihm mitgeteilt hatte, dass er sich absetzen würde. Es war eine Frage der Zeit, bis die Polizei sich für ihn interessieren würde. Die Chance, dass Schüttler sämtliche Spuren vernichtet hatte, war nicht sehr hoch. Zum Glück war der Kontakt ausschließlich über die Prepaidtelefone gelaufen und Schüttler hatte hoch und heilig geschworen, dass er niemandem seinen Namen genannt hatte, nicht einmal seinem Assistenten. Wenn es denn stimmte!

Er seufzte. Hinzu kam, dass die anderen Volltrottel den Hausbesitzer umgebracht hatten. Obwohl, das ließ sich auch noch verkraften, sogar der Tod des Neonazis konnte ausgebügelt und mit ihm nicht in Zusammenhang gebracht werden. Da war er sich sicher.

Die eigentliche Gefahr bestand in Melanie Gramberg. Warum war sie nicht verschwunden und nach Hamburg zurückgefahren, nachdem sie ihren Auftrag beendet hatte?

Er hatte sie unterschätzt. Dabei hatte er die Idee, ihr den Mord an Schneider anzuhängen, genial gefunden. Vermutlich waren die Deppen nur zu dumm gewesen, das ordentlich zu erledigen. Wie sonst hätte das schiefgehen können?

Am meisten beunruhigte ihn Bachmanns Anruf. Die Privatdetektivin und dieser ominöse Graf waren in der Residenz aufgetaucht und stellten unangenehme Fragen.

Er hatte gehofft, dass die verschiedenen Warnungen fruchten würden, doch die Gramberg war zäh. Es half nichts, er musste schärfere Geschütze auffahren. Bei dem Wortspiel schmunzelte er.

Er nahm das Telefon vom Sideboard und tippte eine Nummer.

***

Melanie nippte an einem weiteren Glas Tinto de verano. Der leichte Rausch hatte ihre innere Leichtigkeit verstärkt, schien jedoch zudem ihren Jagdtrieb aktiviert zu haben. Sie befanden sich auf der richtigen Spur! Auch wenn es offene Fragen gab.

„Falls es stimmt, dass Jan Wolter hier in Meloneras war, verstehe ich den Zusammenhang nicht." Ein schlimmer Verdacht stieg in ihr auf. „Ich möchte zu gern kapieren, wie mein alter Boss Schuldt da drin hängt. Erst vermittelt er mir den Auftrag und lässt mich dabei beobachten. Außerdem war er in Bad Homburg und hat ein dubioses Grundstücksgeschäft abgewickelt. Fred sagt, er hat das Interesse verloren, nachdem Jan Wolters Leiche aufgetaucht ist. Siggi, das ergibt keinen Sinn!"

Der Graf lachte. „Der Rotwein scheint dir ja zu schmecken. Spaß beiseite: Dieser Teil des Falls erschließt sich mir auch nicht."

Sie grinste. „Das Zeug ist prima. Muss nur ein bisschen aufpassen, es steigt mir in den Kopf.“ Sie verschränkte die Hände im Nacken. „Ralf Rosenthal hat Fragen zur Residenz gestellt. Nun wissen wir, er hat herausgefunden, dass Angelika Bubser und Uwe Klarer hier nicht wohnen und verschwunden sind. Deshalb vermutlich die Fragezeichen auf dem Zettel in seiner Wohnung hinter den Namen. Der Haken bei Waske bedeutete, dass er ihn erreicht hat und alles in Ordnung ist.“

Melanie sah sich um und fuhr fort. „Er wurde kurz darauf ermordet, wobei der oder die Täter versuchten, es Leo Schneider in die Schuhe zu schieben. Dieselbe Masche wie in Kirdorf mit mir. Für mich gehören die Morde zusammen. Vielleicht hat Schneider ebenfalls etwas mitbekommen, was ihm zum Verhängnis wurde.“ Erneut nahm sie einen Schluck aus ihrem Glas.

Ein sarkastisches Lächeln umspielte Siggis Lippen. „Du hast eine fantastisch beruhigende Art, meine Liebe. Wenn das stimmt, möchte ich daran erinnern, dass wir genauso Fragen gestellt haben und uns hier rumtreiben.“ Er ließ den Blick umherschweifen.

Melanie nickte. „Ist mir klar! Ich bezweifele jedoch, dass sie hier versuchen werden, uns anzugreifen. Der Schlüssel liegt in diesem Seniorenheim. Sie riskieren nicht, dass die hiesige Polizei uns mit der Unterkunft in Verbindung bringt.“ Eine heiße Welle schwappte durch ihren Körper. „Viel schlimmer ist, dass Anja in Gefahr ist.“ Sie stockte. „Ich bin so froh, dass sich Fred bei ihr befindet und Holger Liebig ihm hilft.“ Die Worte klangen deutlich zuversichtlicher, als ihr zu Mute war.

Plötzlich beugte sich Siggi zu ihr vor und Melanie dachte einen Moment, er wolle sie küssen. Irritiert bemerkte sie ein Kribbeln im Bauch. Was hatte das zu bedeuten?

Siggi schob den Kopf zu ihrem Ohr. „Wir werden beobachtet. Schau von dir aus in Richtung elf Uhr. Drei Reihen hinter mir sitzen zwei Typen, die ich heute in der Seniorenanlage gesehen habe.“ Er setzte sich wieder gerade hin, als sei nichts gewesen.

Das Kribbeln hielt unbeirrt an. Sie stand wortlos auf und ging zum Innenbereich, in dem sich die Toiletten befanden. Dabei schlenderte sie scheinbar zufällig an dem besagten Tisch vorbei. Die Männer schienen etwas Interessantes in der von ihr abgewandten Seite entdeckt zu haben. Ihr kurzer Blick reichte allerdings, um festzustellen, dass Siggi recht hatte.

Als sie die Treppe erreichte, die zu den Waschräumen führte, fiel ihr der Zusammenstoß mit dem Herrn in der Residenz ein. Wo hatte sie den Zettel gelassen? Sie suchte in ihren Hosentaschen und holte ein zusammengefaltetes Papier hervor.

Sie öffnete es und hielt es in die Lampe über dem Tresen.

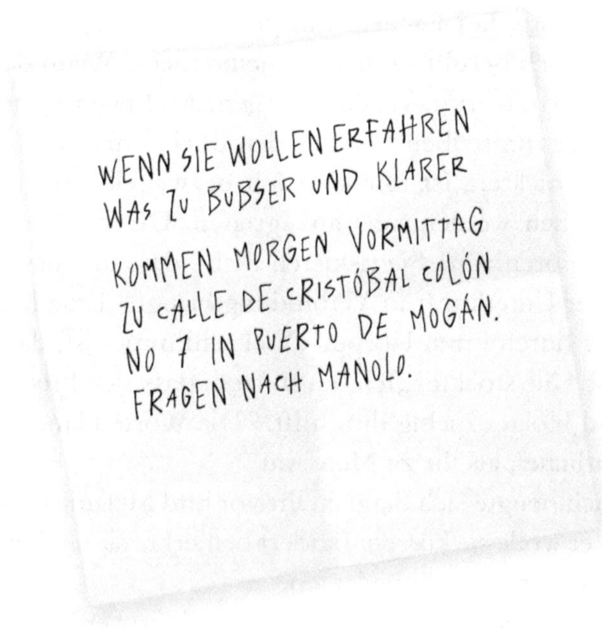

12. Mai

Melanie zog in der aufgehenden Sonne einsam ihre Bahnen. Sie genoss es, allein im Becken zu schwimmen, und erhöhte das Tempo.

Der Traum aus dieser Nacht tauchte plötzlich klar vor ihr auf. Sie steuerte ein Auto, in dem Erik neben ihr, im Fond Anja und Siegfried saßen. Die Straße kam ihr eng vor und wurde schmaler und schmaler, bis es plötzlich kein Weiterkommen mehr gab. Der Wagen bremste selbstständig und jetzt stellte Melanie fest, dass im Fußraum die Pedale fehlten und das Fahrzeug wie von Geisterhand gesteuert fuhr.

Als sie standen, wandte sich Erik ihr zu und strahlte sie an. Er streichelte ihr einen Moment über den Kopf, öffnete die Beifahrertür und stieg aus. Einmal noch drehte er sich um, lachte, winkte ihr zu, bis er im Nichts verschwand. Überrascht registrierte sie den Grafen auf dem freigewordenen Sitz neben sich. Er trug wieder das schlohweiße Haar und bedachte sie mit einem warmen Blick. Das Auto setzte sich auf der wieder breiten Fahrbahn in Bewegung und wurde mit jeder Sekunde schneller. Nun spürte sie Anjas Umarmung. Es schien, als habe sich eine Klammer um sie gelegt, die jemand immer enger zog.

In diesem Augenblick war Melanie aufgewacht.

Was hatte das zu bedeuten? Sie erinnerte sich an die gestrige Szene, in der sie Siggi so nahe gekommen war wie nie zuvor und daran, wie ihr Körper reagiert hatte.

Auch jetzt war es da, das Ziehen in der Bauch- und Lendenregion, das sie sofort verdrängen wollte. Sie trauerte um Erik! Wie lange noch, fragte sie der kleine Engel, der urplötzlich in ihrem

Kopf auftauchte. Du musst loslassen können und dein Leben neu ausrichten!

„Bist du aus dem Bett gefallen?"

Melanie erschrak so sehr über den Ruf des Grafen, dass sie bei dem Versuch, zu ihm aufzuschauen, Wasser in die Nase bekam und sich verschluckte. Hustend schwamm sie zum Beckenrand.

Er lachte. „Du sollst nicht gleich ertrinken, wenn du mich siehst. Ich dachte, es wäre an der Zeit, zu frühstücken."

Melanie drückte sich auf dem Rand des Schwimmbeckens hoch und kletterte aus dem Pool. Sie nahm das Handtuch, das ihr Siggi hinhielt, und trocknete sich ab.

Als sie bemerkte, dass er sie in ihrem knappen Bikini unverhohlen betrachtete, stieg in ihr eine Hitze auf, wie schon lange nicht mehr. Schnell schlang sie das Badetuch um ihren Körper und wischte sich mit dem Handrücken ein paar Tropfen von Stirn und Nase.

„Hast du eigentlich mal darüber nachgedacht, deine Haare wieder in der natürlichen Farbe und so einen Vollbart wie früher zu tragen?", hörte sie sich zu ihrer eigenen Überraschung fragen.

***

Sandro stürmte ins Büro und ließ die Tür derart ins Schloss knallen, dass Schubert zusammenzuckte.

„Bist du meschugge?", blaffte er den jüngeren Kollegen an.

„Sorry, aber du wirst es nicht glauben! Der Architekt Frank Schüttler wurde schneller ausfindig gemacht als erhofft."

Schubert hob die Augenbrauen. „Das ist ja ein Ding! Wann und wo? Wurde er verhaftet?"

Auf Sandros Stirn lag ein zarter Schweißfilm. „Man hat den Jaguar gestern auf dem Frankfurter Flughafen entdeckt. Daraufhin wurden die Überwachungsvideos gesichtet, auf denen er am Abend zu sehen war. Er hat unter dem Namen Dirk Jansen bei Argentina Flights eingecheckt und ist gegen 22 Uhr in die Maschine nach Buenos Aires eingestiegen. Er hätte den Flug beinahe verpasst, deshalb konnte man sich an ihn erinnern." Er zögerte. „Wäre er mal noch später eingetroffen …"

„Du sprichst in Rätseln!" Schubert blickte auf die Uhr. „Er müsste in der Luft sein. Versuche, Interpol zu aktivieren und dafür zu sorgen, dass er bei der Ankunft sofort verhaftet wird!" Er stutzte, als Sandro regungslos stehen blieb. „Was ist los? Worauf wartest du?", schnauzte Schubert ihn an.

„Hast du denn keine Nachrichten gehört? Ein Flugzeug der Argentina Flights ist heute Nacht auf dem Weg von Frankfurt nach Buenos Aires über dem Atlantik vom Radar verschwunden. Man befürchtet, dass es abgestürzt ist. Es gab gestern nur einen Flug auf der Strecke."

***

Melanie und der Graf mieteten in der Nähe des Hotels einen Wagen, mit dem sie Richtung Puerto de Mogán fuhren. Melanie ärgerte sich ein bisschen, auf der Autobahn GC1 unterwegs zu sein. Eigentlich hatten sie vorgehabt, den etwas längeren Küstenweg zu nehmen. Zum Glück wurden sie vom Autovermieter darauf hingewiesen, dass die Küstenstraße kurz vor ihrem Zielort gesperrt war und ihr Ziel nur auf einem riesigen Umweg zu erreichen sei.

Die Sonne brannte jetzt am späten Vormittag unbarmherzig vom Himmel, der Straßenbelag vor ihnen flimmerte.

Melanie hatte auf die Jeans verzichtet und stattdessen ein buntes Sommerkleid und Flip-Flops gewählt, während Siggi zu einem gelben T-Shirt blaue Shorts und Sandalen trug. Mit Wohlwollen nahm Melanie zur Kenntnis, dass er in den Schuhen barfuß ging. Es war ihr aufgefallen, dass er sie bei ihrem Treffen im Hotelfoyer deutlich länger als gewohnt gemustert hatte.

An der Ausfahrt 68 verließen sie die Schnellstraße.

Die Fahrt verlief schweigsam und Melanie hatte den Eindruck, dass ihr Begleiter nervös war. Sie vermochte sich darauf keinen Reim zu machen. Fast verbissen saß er hinter dem Steuer und folgte den Anweisungen des englischen Navigationsgerätes. Hatte sie ihn mit ihrer Bemerkung wegen seiner Haarfarbe verärgert? Sie konnte sich das kaum vorstellen, außerdem hatte er nur gelacht und war die Antwort schuldig geblieben. Verstohlen schielte sie zu ihm rüber. Er war ein interessanter Mann, so viel stand fest. Allerdings hätte er ihr Vater sein können. Sie fühlte sich in seiner Gegenwart wohl und wusste ihre Gefühle für ihn nicht wirklich einzuordnen. In jedem Fall vertraute sie ihm mittlerweile uneingeschränkt.

„Ich glaube, wir werden verfolgt“, unterbrach sie die Stille und beobachtete den Rückspiegel auf ihrer Seite.

Siggi sah kurz in ihre Richtung, um sich sofort wieder auf den Verkehr zu konzentrieren. „Wie kommst du darauf?“ Er blickte in den Spiegel über ihm.

„Zwei Autos hinter uns fährt ein roter Kleinwagen. Siehst du ihn?“

„Ja, was ist mit dem?“, kam es zurück.

„Ich bin überzeugt, dass der gegenüber unserer Hotelauffahrt am Straßenrand stand. Wenn ich recht habe, sitzt da ein schwarz gelockter Mann mit einer bunt verspiegelten Sonnenbrille drin. Lass uns den im Auge behalten.“

„Okay“, entgegnete Siggi so einsilbig, als zweifele er an ihren Worten.

Sie passierten eine Bucht, die hässlicher nicht sein konnte. Im Hintergrund des winzigen Strandes verdeckten jenseits der beginnenden Küstenstraße unzählige Hotel- und Appartementbauten den Berghang. Am Anfang der Straße waren Sperrschilder und Barrieren zu erkennen.

Vor ihnen tauchte ein kostenpflichtiger Parkplatz auf, in den Siggi das Mietauto steuerte. Er stellte sich in eine Parklücke und Melanie war in diesem Augenblick froh, dass sie kein größeres Auto gemietet hatten.

„Dreh dich nicht um", raunte Siggi, „der rote Wagen parkt schräg gegenüber und deine Beschreibung des Fahrers passt wie die Faust aufs Auge."

Ihr Herzschlag erhöhte sich unmittelbar. Gestern die Überwachung in der Bar und nun wurden sie sogar unterwegs beobachtet. Da schien jemand ziemlich unruhig zu sein. Sie überquerten eine kleine Straße, die sie vom Hafengebiet trennte. Enge Gassen mit meist einstöckigen, weißen Häusern führten hin zum Wasser. Auf hölzernen Balkonen zeigten Hängegeranien und prächtige Bougainvilleas ihre ganze Farbenpracht. Eine unglaubliche Ruhe durchströmte diese Ansiedlung, die urplötzlich an einem Jachthafen endete. Parallel zur Mole, an der unzählige Segel- und Motorboote unterschiedlicher Größe vertäut lagen, begann eine Promenade, die von Geschäften und Restaurants gesäumt war.

Melanie steuerte auf einen Juwelier zu, der unter einem Vordach und im angrenzenden Schaufenster seine Auslage präsentierte. Siggi folgte ihr, ohne einen Ton zu sagen. Sie blieb vor einer Vitrine stehen und betrachtete eine Sammlung Ringe. Siggi stellte sich neben sie und schien etwas irritiert.

„Der Typ steht an der linken Seite der Pier und beobachtet uns", erklärte sie ihrem Begleiter. „Es macht keinen Sinn, ihn zu der Verabredung zu führen."

Siggi nickte. „Sehe ich genauso. Hast du eine Idee?" Er sah auf die Armbanduhr. „Ist ohnehin schon spät. Was machen wir?"

„Pass auf", forderte sie ihn auf, „wir trennen uns. Dann muss sich unser Freund entscheiden. Derjenige von uns, der nicht verfolgt wird, nimmt den Termin wahr. Die Calle Cristóbal Colón müsste die nächste Gasse rechts sein." Sie sah Siggi an. „Der andere führt den Kerl ein bisschen durchs Viertel und wir treffen uns in 90 Minuten in dem Café da drüben." Sie zeigte mit einer schnellen Kopfbewegung in Richtung eines kleinen Bistros mit Außenbestuhlung.

„Einverstanden. Obwohl es mir lieber wäre, wir blieben zusammen."

„Mir auch. Ich glaub aber nicht an eine Falle, sonst hätten sie uns nicht den Aufpasser geschickt. Die haben, denke ich, nicht den geringsten Schimmer, warum wir hier sind."

„Ich hoffe, du hast recht", entgegnete Siggi, wobei die Skepsis in der Stimme unüberhörbar war.

Seine Umarmung fühlte sich wie ein Abschied an. Sie war im ersten Augenblick überrascht, erwiderte jedoch die Geste und sofort war ein Ameisenvolk auf ihrer Haut zugange.

Melanie schlenderte die Promenade entlang, während Siggi sich in die entgegengesetzte Richtung bewegte und den Weg wählte, den sie gekommen waren. Sie stützte sich an einem Poller ab und schüttelte ein imaginäres Steinchen aus ihren Flip-Flops. Der Mann folgte Siegfried. Prima, also galt es jetzt für sie, so schnell wie möglich Manolo zu besuchen.

Drei Minuten später stoppte sie vor dem Haus mit der Nummer 7, das sich von den sonstigen Gebäuden nicht unterschied. Eine schmale Stiege mit fünf Stufen führte zur Eingangstür.

Sie drückte die Klingel, ihr Herz pochte in den Schläfen. Nun bereute sie, dass sie auf feste Schuhe und Jeans verzichtet hatte, denn wenn sie sich verteidigen musste, wäre ihr Kleid nicht besonders hilfreich.

Der Mann, der sie in der Residenz angerempelt hatte, öffnete die Tür, ging hinunter und schaute nach beiden Seiten, bevor er ihr bedeutete, einzutreten.

„Dachte, du kommst nicht", begann er das Gespräch ohne Begrüßung. In der abgewetzten Hose, einem Poloshirt und Hausschlappen ähnelte er einem Rentner, den sie gerade vom Sofa geholt hatte. Er führte sie in ein Wohnzimmer, das mediterran eingerichtet war und sauber wirkte.

„Du können nicht lang bleiben", sprudelte er los, „also, in Residencia wird betrogen. Bachmann böser Cheffe!" Er machte eine Pause und schien zu warten, ob Melanie ihm folgen konnte. Sie überlegte bereits leicht verwirrt, ob es richtig war, hergekommen zu sein.

„Wir bekommen Geld für Menschen, die nicht wohnen in Haus. Wie Frau Bubser und Herr Klarer." Erneut hielt er inne. Jetzt wurde es endlich spannend.

Sie runzelte die Stirn. „Sie sind dort beschäftigt?"

Ihr Gastgeber schüttelte den Kopf. „Bachmann mich rausgeworfen, gestern, weil ich zu viel fragen. Er mir gedroht." Er ging zu einer Kommode und holte eine Mappe hervor, die ungefähr zwanzig Seiten beinhalten mochte, und reichte sie Melanie.

„Was ist das?", erkundigte sie sich und blätterte. Es schien eine Belegungsliste des Seniorenwohnheims zu sein. Im hinteren Teil gab es Kontoauszüge, auf denen einzelne Eingänge markiert waren.

„Liste von Bewohner und Konto mit Zahlungen." Er nahm ihr die Aufstellungen ab und blätterte. „Hier! Frau Bubser in Appartemente 8. Da wohnt andere Frau, du verstehen?" Er deutete auf zwei Übersichten. „Und hier: Herr Klarer in Appartemente 14, dort lebt anderer Mann. Sie nicht in Residencia, nie gewesen. Zahlen aber Geld.“ Er zeigte auf Eingangsbeträge von jeweils 3.200,- Euro, die als Absender die Namen der Genannten auswiesen.

„Gibt dritte solche Betrug, neben Bubser und Klarer, du kapieren?“, behauptete er. „Du fragen wegen die beiden Bachmann, deshalb Beweis hier!“

Melanie bekam große Augen und hatte es plötzlich eilig. Sie fotografierte die Aufstellungen ab. Dann sendete sie sie an Kimmerle. Dazu schrieb sie: *Das ist der Beleg, dass in dem Seniorenheim auf GC etwas faul ist. Hier wohnen weder Angelika Bubser noch Uwe Klarer. Sie bezahlen Miete und werden als Bewohner geführt. In ihren Appartements leben jedoch andere Menschen. Wir fliegen morgen nach Frankfurt, mehr im Präsidium.*

Schnell drückte sie auf Senden. „Darf ich das mitnehmen?“, wandte sie sich dem ehemaligen Angestellten erneut zu.

Er holte wortlos einen Umschlag, in den sie die Unterlagen steckte und ihn zuklebte.

***

Siggi schlenderte über den Parkplatz und die Straße entlang, die aus dem Ort führte. Die Sonnenbrille blieb weit zurück, folgte ihm aber weiterhin. Für wie blöd hielt der Typ ihn? Links tauchte eine Bar auf, auf die Siggi zusteuerte. Er nahm Platz und bestellte einen Milchkaffee.

Sein Schatten schien unschlüssig, was er tun sollte. Schließlich stellte er sich in gehöriger Entfernung an ein Geländer und tat so, als betrachte er den Strand auf der anderen Seite der Bucht. Er griff in die Hosentasche und holte ein Telefon heraus. Anscheinend hatte er einen Anruf angenommen. Während des Gesprächs schielte er immer wieder zum Café. Plötzlich hatte er es eilig. Er verstaute das Handy in der Tasche und eilte in Richtung Hafen.

Was hatte das zu bedeuten? Siggis Brust verengte sich, als er das Gefühl bekam, ihm drücke jemand die Kehle zu. Er nahm sein eigenes Smartphone und wählte Melanies Nummer. Mailbox! Er versuchte es erneut mit demselben Erfolg. Schnell kramte er ein paar Münzen aus den Shorts und legte sie zu dem nicht angerührten Kaffee. Er winkte der erstaunten Kellnerin zu und hastete davon.

***

Melanie schaute auf die Uhr, als sie zurück auf die Gasse trat. Sie hatte noch viel Zeit, bis sie Siggi treffen wollte. Diese Unterlagen konnten den Durchbruch bedeuten. Sie hatte keine Vorstellung, warum dieser Buchführungsbetrug durchgeführt wurde. Weshalb sollte jemand Mietzahlungen für Menschen leisten, die gar nicht in dem Heim lebten? Wieso führte man sie überhaupt als Bewohner? Irgendwie fehlte ihr im Moment die Fantasie, was Bachmann für ein Spiel trieb. Sie blieb stehen und überlegte.

Der Angreifer tauchte praktisch aus dem Nichts auf. Er gab Melanie einen Stoß, durch den sie ins Stolpern geriet und vornüber stürzte. Sie schlug mit der Stirn gegen eine Hauswand und rutschte an ihr nach unten auf den Asphalt. Der Briefumschlag fiel ihr aus der Hand. Sterne blitzen vor ihren Augen, die Welt drehte sich um sie herum.

„Hilfe, Hilfe, Überfall!“, versuchte sie, zu brüllen, legte ihre ganze Kraft in den Schrei, heraus kam nur ein Krächzen. Jemand riss an der winzigen Handtasche, die sie diagonal über die Schultern gehängt hatte und nestelte daran. Sie schloss die Lider und wünschte sich, weit weg zu sein!

***

„Mel, um Himmels Willen, was ist mit dir? Mel, wach auf!“ Die Worte kamen aus einer unendlichen Ferne, in regelmäßigen Abständen klatschte irgendein netter Mensch ihr auf die Wangen. Sie wollte protestieren, brachte aber nur ein Gurgeln zustande.

Die Stimme klang näher. „Mel, Gott sei Dank, du bist wieder da.“

Durch einen feinen Nebel erkannte sie Siggi. Wo kam der auf einmal her? Er sollte doch in dem Café auf sie warten! Warum saß sie auf der Straße? In ihrem Schädel ratterte ein Presslufthammer mit ungeheurer Wucht, ihre Knie und Ellenbogen brannten wie Feuer.

Sie konzentrierte sich und zog sich mit aller Kraft an der Hauswand hoch. Sofort wurde es ihr schwarz vor Augen und Siggi fing sie auf.

„Mel, Kind, bleib sitzen!“, ermahnte er sie.

Genau das wollte sie nicht, denn langsam fiel ihr ein, was passiert war. Die Welt wurde heller und kehrte zurück. Ein Mütterchen stand mit einem Glas Wasser vor ihr, das sie ihr entgegenhielt.

„Bebe!“ Es schien sich dem Klang nach um eine Aufforderung zu handeln, der Melanie allerdings nicht nachkam.

Die Alte hörte sich fordernder an. „Tienes que beber!“ Sie hob das Getränk an Melanies Lippen.

Ja, doch, ich trinke ja schon, weil es unzweifelhaft das war, was die Nervensäge von ihr verlangte. Mit dem ersten Schluck bemerkte sie, wie erfrischend die Flüssigkeit war. Sie versuchte, zu lächeln, wobei die Haut am Haaransatz spannte.

„Danke“, flüsterte sie und gab das leere Glas zurück. Sofort füllte es die Frau aus einem Krug und reichte es ihr erneut. Gehorsam trank sie und wehrte anschließend ein weiteres Nachgießen erfolgreich ab.

„Du blutest am Kopf, an den Armen und Knien." Siggi, der sie weiterhin am Arm festhielt, betrachtete sie eingehend. „Außerdem wirst du eine ziemliche Beule an der Stirn bekommen!"

Er ließ sie vorsichtig los. „Dein Kleid ist an verschiedenen Stellen zerrissen! Sag mir bitte, was geschehen ist."

Mit wenigen Worten berichtete sie von dem Überfall. Ein Gedanke meldete sich. Sie schaute in die Handtasche, die nach wie vor an ihrer Seite hing. Ihr Handy war verschwunden. Sie sah sich in der Gasse um, in der sich zwischenzeitlich eine Menschentraube gebildet hatte.

„Wo ist der große Umschlag?"

Siggi hob die Augenbrauen. „Welcher Umschlag? Hier ist kein Umschlag!"

13. Mai

Die Wut stieg in Schubert mit einer unglaublichen Kraft hoch. Vor ihnen saß ein tiefenentspannter Timo Rall und lächelte. Schließlich hatten sie ihn ins Präsidium bestellt und ihn sofort darauf aufmerksam gemacht, dass es sich um ein Verhör handele, in dessen Verlaufe er durchaus zum Beschuldigten werden könne. Statt zu erschrecken, spiegelte sich ein eher überraschtes Interesse in der Miene des Mannes. Er hatte die Fragen zur Tätigkeit im Architekturbüro unbeeindruckt beantwortet und angegeben, dass er seit dem Verschwinden des Chefs keinen Kontakt mehr zu ihm gehabt habe.

„Herr Rall, gehörte es zu Ihren Aufgaben, Eigentümer von Grundstücken, die Schüttler kaufen wollte, unter Druck zu setzen, damit ihre Bereitschaft zum Verkauf erhöht wurde?“, versuchte es Schubert.

Jetzt schien sich der Besucher zu amüsieren. „Wo denken Sie hin? Das wäre ja illegal und so etwas passt nicht zu meinem Stil.“

„Aha, wie muss ich mir den vorstellen?“, bohrte der Hauptkommissar weiter.

„Nun, Überzeugung durch erstklassige Angebote und Argumente. Fragen Sie unsere Kunden. Sie werden Ihnen das sicher gerne bestätigen.“ Rall verschränkte die Arme, sein Lächeln wurde breiter.

„Das tun wir, verlassen Sie sich darauf. Welche Rolle spielte denn Leo Schneider bei diesen Verkaufsgesprächen?“

Rall zog die Stirn kraus. „Keine! Wie kommen Sie jetzt bitte auf den?“

Schubert ging auf die Gegenfrage nicht ein. „Also geben Sie zu, ihn zu kennen?“

Rall wiegte mit dem Kopf. „Klar weiß ich, wer das ist. Er ist als rechter Vogel ja ziemlich bekannt. Ich hatte jedoch nichts mit ihm zu tun, schon gar nicht geschäftlich." Er nahm einen Schluck Wasser aus dem Glas, das vor ihm stand und lehnte sich zurück.

„Sie wurden mehrfach zusammen gesehen!"

„Wer sagt das? Vielleicht habe ich mich mal mit ihm unterhalten." Rall schien zu überlegen. „Stimmt, vor einigen Tagen saß ich an einem Brunnen im Kurpark nahe der Orangerie. Da kam der Typ und setzte sich zu mir."

Schubert lachte. „Einfach so? Ist ja ein beliebter Platz, nicht wahr?", stellte er sarkastisch fest. „Was wollte er von Ihnen?"

Wieder das Lächeln, das in ein ironisches Schmunzeln überging. „Ob Sie es glauben oder nicht: Der hat sich tatsächlich erkundigt, ob ich schon einmal von dem Wasser getrunken habe und wie es schmeckt!"

Schuberts Toleranzschwelle war überschritten. Der Kerl hatte ihm gerade den symbolischen Mittelfinger gezeigt, so viel war klar. Er atmete hörbar ein. „Wollen Sie mich verarschen?", stieß er hervor, wobei er sich alle Mühe gab, gelassen zu wirken, was ihm nur bedingt gelang.

„Das würde mir nie einfallen", kam es prompt zurück. „Haben Sie weitere Fragen?" Rall sah auf die Uhr. „Ich müsste eigentlich schon wieder weg sein. Termine, Sie verstehen?"

„Sie werden noch einen Moment unser Gast sein müssen", griff Kimmerle in das Verhör ein, was Schubert sehr recht war.

„Herr Rall, wissen Sie, wo sich Angelika Bubser aufhält?"

Der Angesprochene zuckte mit den Schultern. „Keine Ahnung. Wer soll das sein?"

Kimmerle verwies auf die Grundstücksgeschäfte in der Neue Mauerstraße.

„Ach so. Damit hatte ich nichts zu tun. Das hat Frank allein abgewickelt. Sobald die Eigentümer dem Verkauf zustimmten, hatte er meist schon Käufer in der Hinterhand."

„Ist es üblich, Land, das für ein größeres Projekt benötigt wird, über Strohmänner aufzukaufen?", erkundigte sich Kimmerle.

„Durchaus! So verschleiert man das Interesse am Gesamten und verhindert, dass die Preise anziehen. Wenn dann die Genehmigung zum Bau erteilt ist und alle Objekte gesichert sind, folgt der eigentliche Ankauf. Klingt ein bisschen kompliziert, spart jedoch eine Stange Geld."

Kimmerle kaute die Unterlippe. „Was haben die Strohleute davon?"

„Die bekommen sicher eine Prämie." Rall sah die Kriminalbeamten an, als verspüre er Mitleid mit ihnen.

„So, jetzt ist Schluss", schaltete sich Schubert erneut ein. Er war innerlich ein wenig entspannter geworden und wollte das Gespräch so bald wie möglich zu Ende bringen, denn er hatte längst erkannt, dass sie diesem aalglatten Typen schwerlich beikamen. „Herr Rall, wo hielten Sie sich am 10. Mai tagsüber auf?"

Erstmals stutzte Rall. „Am 10. Mai? Das ist der Tag, an dem ich erfuhr, dass mein verehrter Boss das Weite gesucht hat." Er schien die Worte mehr zu sich selbst zu sagen. „Moment, da war ich anschließend mit einer netten Dame in Würzburg. Ich brauchte etwas Ablenkung. Gestern sind wir zurückgekommen. Ich kann Ihnen gerne den Namen der Begleitung nennen und die Bahntickets zeigen. Die Hotelrechnung habe ich bestimmt auch noch."

Es wäre ja zu einfach gewesen. „Sie befanden sich nicht zufällig in Hamburg und fahren ein Motorrad?", kam Kimmerle Schubert zuvor.

Ralls Miene verriet Erstaunen. „Nein, ich war ganz sicher in Würzburg", gab er zu und machte dann eine Pause, „allerdings besitze ich eine Geländemaschine, eine Enduro. Sie steht mit einem Getriebeschaden in meiner Garage. Seit letzten Herbst. Warum die Frage?"

***

In Melanies Schädel schien sich ein Steinbruch zu befinden, in dem sich ein Bohrhammer vorwärts arbeitete. Sie hatte bereits zwei Schmerztabletten genommen, die kaum Linderung brachten. Wie sollte sie der Empfehlung des Arztes Folge leisten und sich wegen der leichten Gehirnerschütterung schonen? Dafür war keine Zeit. Der Flug nach Frankfurt startete am frühen Abend und Melanie wollte unbedingt wissen, wer der Typ war, der sie in Puerto de Mogán verfolgt und ganz sicher überfallen hatte. Natürlich blieb die Möglichkeit, wieder in das Seniorenheim zu gehen, denn dort hatten sie den Mann schließlich gesehen. Es war jedoch zu vermuten, dass er im Auftrag des Geschäftsführers Bachmann gehandelt hatte. Somit versprach die Alternative wenig Chancen, etwas Brauchbares herauszufinden.

Mittlerweile war Melanie froh, dass sie auf die Idee gekommen war, die Bilder der gestohlenen Unterlagen an Kimmerle zu senden, bei dem sie zum Glück angekommen waren.

Jetzt saß sie in einer freien Sitzgruppe in der Nähe der Rezeption und wählte mit Siggis Handy Manolos Nummer. Der Concierge hatte ihr die über die Auskunft besorgt, da sie nicht nur die Adresse des früheren Angestellten aus der Residenz kannte, sondern sich zudem den Nachnamen am Türschild an dessen Haus gemerkt hatte.

Nach dem dritten Klingeln meldete sich eine Frauenstimme. Na, prima, dachte Melanie. „Guten Tag, kann ich mit Manolo sprechen?", versuchte sie es auf Deutsch.

Die Antwort bestand aus einem spanischen Wortschwall.

„Could I speak to Manolo, please?", probierte sie es auf Englisch, was zum identischen Ergebnis führte. Nur diesmal legte die Dame kurz darauf einfach auf.

Seufzend erhob sich Melanie und ging zu dem Mitarbeiter am Empfang, der ihr geholfen hatte. Sie erklärte ihm ihr Problem und bat ihn, für sie anzurufen. Ohne mit der Wimper zu zucken, nahm er Siggis Handy und drückte auf die Wahlwiederholung.

Nachdem er anscheinend sein Anliegen kundgetan hatte, hörte Melanie wieder den Redefluss, der gedämpft aus dem Apparat klang. Er fragte etwas, wobei seine Augen immer größer wurden und er Melanie erschrocken ansah.

„Muchas gracias, Señora", beendete er das Gespräch und reichte Melanie das Smartphone zurück.

Er starrte vor sich hin.

„Was ist passiert?", fragte sie, nichts Gutes ahnend. „Kann ich Manolo sprechen?"

Sie schien den Concierge aus weiter Ferne geholt zu haben. „Nein, das tut mir leid. Er ist gestern Abend im Gebirge mit dem Auto tödlich verunglückt!"

14. Mai

„Als Fazit bleibt festzuhalten, dass Marion Klettke und Werner Mumer etwas mit dem Verschwinden von Angelika Bubser, Uwe Klarer und vielleicht einer zweiten Frau zu tun haben“, schloss Melanie ihren Bericht über ihren Aufenthalt auf den Kanaren im Polizeipräsidium in der Saalburgstraße ab. Am Besprechungstisch saß neben dem Grafen und den Beamten Schubert und Kimmerle, außerdem Staatsanwalt Sailer.

„Das sehe ich genauso“, bestätigte Kimmerle. „Die andere Verschwundene heißt Marlies Haufer und wohnte in Glashütten. Sie wurde bisher nicht als vermisst gemeldet. Ohne den Hinweis dieses Manolos hätte niemand gemerkt, dass sie abgängig ist.“ Er nahm eine Mail, die vor ihm gelegen hatte. „Es gibt eine positive Nachricht. Ich habe die Buchhaltungsdaten der Residenz zu den spanischen Behörden geschickt und einen Amtshilfeantrag gestellt. Zu meiner grenzenlosen Überraschung hat sich die Finanzpolizei in Spanien des Themas sofort angenommen und eine unangekündigte Prüfung im Seniorenheim durchgeführt. Dabei stellten sich die Angaben des früheren Angestellten als richtig heraus. Darüber hinaus wurden weitere Manipulationen aufgedeckt und Bachmann verhaftet.“

„Das klingt zwar prima, aber hier geht es nicht nur um Bilanz- und Steuerbetrug!“, wandte Siggi ein. „Ich befürchte, die Bubser und der Klarer sind tot. Vermutlich getötet, um sich deren Vermögen unter den Nagel zu reißen. Was verlockend war, da beide ohne Angehörige sind. Ich bin mir sicher, dass die Täter das Gleiche mit Ralf Rosenthal planten, weil sie davon ausgingen, dass er ebenfalls allein war.“

„Du hast garantiert recht, obwohl das trotzdem erst zu beweisen ist, wie du weißt“, schaltete sich Sailer ein.

Melanie spürte eine innere Unruhe. „Meine Herren, Sie brauchen einen Durchsuchungsbeschluss für die Wohnung Klettke/Mumer. Dort werden Sie bestimmt fündig.“

Sailer verzog das Gesicht. „Das wäre prima, sagen Sie mir, auf welcher Grundlage ich eine Durchsuchung beantragen soll. Außer Vermutungen haben wir wenig. Zwei Senioren sind verschwunden, okay. Es gibt keinerlei belastbaren Hinweis, dass das Paar damit etwas zu tun hat. Das kann ebenso auf Gran Canaria passiert sein. Auch zu den anderen Taten vermisse ich bisher tragbare Verbindungen. Leute, das haut mir jeder Richter um die Ohren!“

In Melanie brodelte es. „Ich teile natürlich Ihre Bedenken, will jedoch nicht akzeptieren, dass wir nichts unternehmen dürfen. Unliebsame Zeugen werden einfach beseitigt, Siggi, meine Schwester Anja und ich sind bedroht worden, weil wir den Mördern zu nahegekommen sind.“

„Frau Gramberg, wir können derzeit noch nicht einmal belegen, dass die einzelnen Verbrechen, sofern es solche überhaupt gibt, zusammenhängen“, erwiderte Sailer geduldig. „Nicht, dass Sie mich falsch verstehen. Ich bin ja auf Ihrer Seite, doch benötigen wir mehr Anhaltspunkte.“ Er schaute zu Schubert und Kimmerle. „Bringen Sie mir die und ich laufe sofort los!“

Melanie überlegte eine Sekunde, dann platzte es aus ihr heraus. „Bin unterwegs“, verkündigte sie und erhob sich.

Schubert runzelte die Stirn. „Was haben Sie vor? Machen Sie bloß keinen Unfug!“

Melanie kochte. „Ich werde die notwendigen Beweise besorgen. Heute Nachmittag ist Seniorentreff im Silbernen Bein! Das trifft sich perfekt!“ Sie grinste.

Schubert stöhnte. „Bitte nicht einen weiteren Einbruch! Frau Gramberg, Sie waren lange genug Kollegin, um zu verstehen, dass wir das, was Sie eventuell finden sollten, vor Gericht nicht verwenden können!"

Melanie winkte mit der Hand ab. „Das lassen Sie meine Sorge sein. Ich hab eine Idee! Entspannen Sie sich, Sie wissen von nichts!"

***

„Ich hörte, ihr seid auf Gran Canaria gewesen." Oliver Grundke saß am Stammtisch im Silbernen Bein und biss in ein Schmalzbrot.

„Stimmt, woher hast du das schon wieder?", erkundigte sich Melanie, die mit Siggi am Nachbartisch Platz genommen hatte. Das ist ja merkwürdig, dachte sie, denn nicht einmal Katja hatte etwas von ihrem Ausflug gewusst.

„Marion hat es erwähnt", antwortete der Langhaarige scheinbar leichthin, obwohl er in Melanies Augen unruhig wirkte. „Ihr wart doch in diesem Seniorenheim, für das Marion und Werner Appartements vermitteln."

Das war ja interessant, schoss es ihr durch den Kopf. Demnach hatte Bachmann ihren Besuch direkt nach Bad Homburg gemeldet. Warum allerdings hatte Marion das ausgerechnet Olli erzählt?

Sie sah sich um. Katja eilte zwischen der Theke und dem separaten Gastzimmer hin und her, denn in rund zehn Minuten begann der wöchentliche Seniorenkreis. Die ersten Gäste trafen bereits ein und wurden von dem Veranstalterpaar begrüßt.

„Siggi, Marion ist übrigens ein bisschen sauer auf dich, weil du nicht vorher mit ihr und Werner gesprochen hast", meldete sich Oliver wieder. „Sie wussten gar nicht, dass du einen Altersruhesitz suchst", verriet er.

Siggi verzog das Gesicht. „Wollte die Pferde nicht scheu machen, bevor sie losgelaufen sind. War mehr eine spontane Idee, als wir dort waren. Hab leider schnell gemerkt, dass das Ganze nicht meiner Kragenweite entspricht!“

Oliver hob den Zeigefinger. „Dass ihr zusammen auf die Insel gefahren seid …“ Er grinste frech. „… hat einige Gerüchte ausgelöst!“

„Dann wird es euch auch nicht langweilig.“ Melanie sah auf die Uhr. Sie hatte ab jetzt ungefähr zwei Stunden Zeit, ihr Vorhaben in die Tat umzusetzen. „Ich muss los“, warf sie in den Raum und sprang auf. Siggis Blick verriet ihr, dass es ihm lieber wäre, sie würde dableiben. Es gab aber kein Zurück mehr. Das hatten sie nach dem Termin im Polizeipräsidium lang und breit, insbesondere kontrovers ausdiskutiert. Sie war stur geblieben.

***

Melanie fuhr mit dem Mietwagen über die Saalburgstraße, vorbei an der Polizei zur PPR-Kreuzung. Insgesamt betrug die Fahrstrecke rund drei Kilometer. Im Stadtteil Dornholzhausen nahm sie die Lindenallee und gelangte schließlich in den Güldensöllerweg. Als die Verwaltungsgebäude des Gestüts Erlenhof auf der linken Seite auftauchten, begann sie am Waldrand Ausschau nach einem Parkplatz zu halten. Vorsichtshalber drehte sie das Auto in einem Feldweg und stellte es vor der Mauer zum Pferdegestüt ab. So könnte sie schnell wegfahren, falls dies nötig sein sollte.

Das Grundstück lag gegenüber und unmittelbar am Waldesrand. Sie schlenderte wie eine interessierte Spaziergängerin in Richtung Stadt und prägte sich die Gegebenheiten ein. Als ein Mann aus einem Nachbarhaus trat und sich umblickte, bog Melanie in die Einfahrt zum Reiterhof ab und tat, als ob sie etwas suche. Hoffentlich kam jetzt niemand aus einem der Gebäude oder dem Stall.

Sie hatte Glück. Erstens verschwand der Nachbar und auch sonst schien sich keiner für sie zu interessieren. Melanie ging zurück zu ihrem Wagen, sah sich kurz um und als sie sicher war, allein zu sein, schlüpfte sie in den Wald und näherte sich ihrem Ziel durch die Bäume.

Sie war froh, dass sie eine enggeschnittene Jeans und Sportschuhe angezogen hatte. Den Jägerzaun überwand sie spielend und bald stand sie hinter dem Haus. Es gab in einem Kellerabgang eine Metalltür mit einem leichtsinnig billigen Schloss.

Sie schlich hinunter, fischte Einweghandschuhe und ihr Mäppchen mit dem Einbruchswerkzeug aus ihrer Jackentasche. Nach wenigen Sekunden ließ sich der Kellereingang öffnen.

Eine muffige Wolke umhüllte sie, während sie die Räume hier unten durchforstete. Außer einem Vorratsraum und dem Heizungskeller entdeckte sie einen nahezu leeren Verschlag. Jetzt gab es nur noch eine Tür. Eine Staubwolke schwebte Melanie entgegen, als sie sie öffnete. Vor ihr lag ein Arbeitsraum mit allerlei Werkzeug und einer Werkbank. Hier hatte schon lange keiner mehr gearbeitet!

Die Treppe zum Erdgeschoss endete in einem schmalen Flur. Das Gefühl von Enge stellte sich ein, als sie die Wohnung betrat. Die Möbel waren vermutlich einige Jahrzehnte alt, winzige Fenster und der abgetretene Holzfußboden verstärkten die düstere Atmosphäre. Die abgestandene Luft trug das Übrige dazu bei.

Schnell verschaffte sie sich im Wohnzimmer einen Überblick, durchsuchte die Schubladen, wobei sie darauf achtete, alles so zu hinterlassen, wie sie es vorgefunden hatte. Außer dem Geschirr, das auf jedem Flohmarkt eine Attraktion hätte sein können, fand sie in einem Schränkchen unzählige Videokassetten. Sie musste schmunzeln, als auf einem Sideboard ein Videorekorder und ein Plattenspieler friedlich nebeneinanderstanden. Sicher über hundert in einem Regal gestapelte Vinyl-Schallplatten rundeten das nostalgische Bild ab.

Ein kurzer Blick auf ihre Armbanduhr verriet, dass ihr eine gute Stunde blieb. Bislang verlief der Besuch ziemlich enttäuschend.

Im angrenzenden Arbeitszimmer standen in einem Rollschrank mehrere Ordner. Einer war mit *Senioren* beschriftet und beinhaltete diverse Verträge. Mumer und die Klettke schienen sehr vermögend zu sein was nicht zum Zustand des Hauses passen wollte.

Melanies Puls beschleunigte sich. Neben verschiedenen anderen, entdeckte sie auch Generalvollmachten von Angelika Bubser und Uwe Klarer, die sie abfotografierte.

Sie blätterte die Vollmachten durch. Die vorletzte Vollmacht lautete auf den Namen Marlies Haufer. Also doch!

Der Wandschrank hinter ihr verbarg einen mit einem Zahlenschloss gesicherten Kleintresor. Schade.

Ein weiterer Aktenordner daneben entpuppte sich als ungleich spannender: der handschriftliche Titel versprach *Grundbuchunterlagen.*

Es handelte sich um Kaufverträge und Grundbuchauszüge von fünf Grundstücken im Taunus. Zwei in Oberursel und jeweils eins in Kronberg, in Wehrheim sowie in Neu-Anspach. Als Eigentümer waren in allen Fällen Marion Klettke und Werner Mumer ausgewiesen. Hier lagen die Urkunden zu Millionenwerten, wie aus den Kaufunterlagen zweifelsfrei hervorging.

Sie schüttelte den Kopf. Das Paar war steinreich, so viel stand fest. Besonders interessant fand sie den bei sämtlichen Verträgen aufgeführten Verkäufer: Frank Schüttler, bekanntermaßen Architekt und Bauträger. Bei dem Objekt in Wehrheim verpflichtete er sich, ein Sechsfamilienhaus schlüsselfertig zu errichten. Schnell wanderten entsprechende Fotos in Melanies Smartphonealbum.

Weshalb lebten die beiden in diesem Loch, obwohl sie über ganz andere Möglichkeiten verfügten? Sie sah sich um. Es fehlten Konto- und Depotauszüge. Die konnten sich natürlich im Safe befinden. Zu gern hätte sie ein wenig zu den Finanzen des Paars erfahren.

Im Obergeschoss befand sich neben einem überraschend geräumigen Bad das Schlafzimmer. In den Schränken nur Kleidung, ein weißes Sideboard entpuppte sich als deutlich spannender. In einem Fach lag ein Familienstammbuch. Es musste aus der ersten Ehe von Marion stammen.

Melanie knetete ihr Kinn, als sie den Namen des Ehemanns und den Vornamen des eingetragenen Sohnes las. Sie legte das Dokument langsam zurück, während ihre Gedanken dermaßen rotierten, dass sie beinahe vergessen hätte, es zu fotografieren.

Von dem Möbelstück aus blickten sie Werner Mumer und Marion Klettke von verschiedenen Fotos an. Melanie hatte allerdings nur Augen für die Aufnahme eines Mannes in der Uniform eines Bundeswehrsoldaten, den sie hier nicht erwartet hatte.

***

Werner Mumer fand, dass der Seniorennachmittag irgendwie zäh verlief. Zum einen waren nur sieben Gäste erschienen, zum anderen die Anwesenden ziemlich langweilig. Marions kurzes Referat zu den geplanten Änderungen in der Pflegeversicherung wurde emotionslos zur Kenntnis genommen, die Kaffeerunde war von weitgehender Schweigsamkeit begleitet, obwohl er mehrfach versucht hatte, eine Diskussion in Gang zu bringen. Nun spielte eine Gruppe Doppelkopf, während die übrigen sich mit Marion unterhielten.

Er selbst saß ein wenig abseits der Gesellschaft, was vor allem daran lag, dass er die ganze Zeit über den Besuch des Grafen und der Gramberg auf Gran Canaria grübelte. Unruhig machte ihn insbesondere, dass er Bachmann am Morgen nicht erreicht hatte. Und warum hatte sich die Angestellte am Telefon dermaßen unfreundlich und abweisend verhalten?

Er spürte, dass sie etwas unternehmen mussten, doch was? Der Chef hatte sie aufgefordert, ihn das Notwendige machen zu lassen. Die Angst verbreitete sich in ihm wie eine Schlangenbrut. Sie befanden sich in großer Gefahr, obwohl Marions Sohn das am Vorabend vehement abgestritten hatte. Es war nur zu offensichtlich gewesen, dass er sie zu beruhigen versuchte.

Werner stand auf, um sich die Beine zu vertreten, und betrat den Gastraum. Siegfried saß allein an einem Tisch und schien in einer Zeitung zu lesen. Melanie Gramberg war nirgends zu sehen. Werner wusste genau, dass sie mit dem Grafen gekommen war.

„Na, Siggi, hat dich Mel verlassen?"

Der Angesprochene zuckte zusammen, errötete und überlegte einen Tick zu lange. „Sie hat Kopfweh und macht einen Spaziergang durch den Schlosspark."

Warum wirkte der Graf so nervös?

„Nun denn", antwortete Werner, drehte sich auf dem Absatz um und eilte in den Nebenraum.

Marion sah ihn erstaunt an.

„Ich muss weg", erklärte er seiner Partnerin, die ihn anschaute, als habe er ihr gerade mitgeteilt, im Hochsommer sei mit einem Schneesturm zu rechnen. „Ich hole dich nachher ab", fügte er hinzu und hastete zurück in die Gaststätte.

„Na, Werner, auf dem Weg zum Klo?", erkundigte sich Siegfried in einem ironisch klingenden Unterton und grinste. Der Blödmann!

Mumer riss sich zusammen. „Nein, ich fühle mich nicht wohl." Er holte den Anorak an der Garderobe und verließ das Lokal mit schnellen Schritten.

***

Melanies Handy brummte, der Graf rief an. Jetzt nicht, dachte sie und drückte das Gespräch weg. Sie hatte eine Eisentür, die in einen Hügel führte, entdeckt. Das Vorhängeschloss leistete keinen Widerstand und verschwand in ihrer Jackentasche. Sie trat durch die Tür mit der Kennzeichnung Eiskeller, die sie hinter sich anlehnte.

Steile Stufen verloren sich in der dunklen Tiefe und Melanie war froh, als sie einen Lichtschalter entdeckte. Diffuses Licht flackerte auf, das aus einigen an der Wand befestigten Baustellenlampen stammte.

Unten weitete sich der vollständig geflieste Raum nicht nur in die Breite, sondern ebenso in die Länge. Sie zog den Reißverschluss ihrer Jacke bis zum Hals hoch. In einer Ecke befand sich eine überdimensionierte Badewanne. Diese, wie auch deren Armaturen, konnten gut und gerne hundert Jahre alt sein. Ansonsten war der Kellerraum zwar fast leer, dafür überraschend sauber. Warum er offenkundig regelmäßig geputzt wurde, erschloss sich Melanie nicht.

Im hintersten Eck stand eine geräumige Box. In ihr stapelten sich eine Plastikschürze, Gummistiefel der Größe 46, eine Gummihose und eine Schutzbrille, dazu ein Gehörschutz. Außerdem eine angebrochene Packung Latexhandschuhe und mehrere dünne Overalls.

Melanie hob die Kleidungsstücke an. Darunter versteckte sich eine elektrische Kettensäge, die gebraucht, aber penibel gepflegt wirkte.

Irgendetwas erweckte ihre Aufmerksamkeit, weshalb sie das Werkzeug herausholte. Jetzt wusste sie, was sie störte. Nahe des Griffs haftete etwas Dunkles an der Kette. Sie hielt die Stelle gegen das Licht, worauf es in ihren Fingerspitzen zu kribbeln begann. Das ähnelte eindeutig eingetrocknetem Blut. Ging ihre Fantasie mit ihr durch?

Hastig ordnete sie die Gegenstände in der Kiste und verschloss den Deckel.

Sie hatte es auf einmal eilig, wegzukommen. Das Adrenalin in ihren Adern bescherte ihr nicht nur eine unsägliche Tatkraft, sondern auch eine tiefe Genugtuung.

Plötzlich blitzte irgendetwas im Lichteinfall unter der Badewanne hervor. Sie kniete sich nieder und krabbelte auf allen vieren, bis sie einen Siegelring hervorgefischt hatte. In der Mitte prangten die Buchstaben *UK*. Uwe Klarer, schoss es ihr in den Kopf. Wer wollte da an einen Zufall glauben? Sie fotografierte das Schmuckstück und schob es, soweit es ihr möglich war, zurück hinter die Wanne, wobei sie sich vergewisserte, dass man den Ring nicht mehr sehen konnte.

Auf der Treppe zum Ausgang brummte das Smartphone. Sie hatte im Keller anscheinend keinen Netzempfang gehabt, denn Siggi hatte viermal angerufen und eine Nachricht geschickt, ohne dass sie es bemerkt hatte. Ein Lavastrom schien sich den Weg durch ihre Arterien zu bahnen.

Mach, dass du wegkommst.
Mumer ist möglicherweise auf
dem Weg nach Hause!

Schnell verstaute sie das Telefon in der Jackentasche und spähte vorsichtig durch den Türspalt.

Ein alter Passat Kombi fuhr auf das Grundstück und der Hausherr stieg aus. Er sah sich um und Melanie befürchtete bereits, er könnte die geöffnete Eisentür entdeckt haben, aber er eilte zum Wohnhaus, schloss auf und verschwand im Inneren.

Das Licht ging hinter dem Fenster an, das zum Arbeitszimmer gehören musste. Dort war er hoffentlich abgelenkt. Melanie verschloss hastig die Tür, rastete das Vorhängeschloss wieder ein und rannte zum Zaun. Ohne zu zögern, kletterte sie darüber und lief zum abgestellten Wagen.

***

Sein Gefühl hatte ihn nicht betrogen. Irgendetwas stimmte hier nicht. Die Gramberg war hier gewesen, möglicherweise sogar noch da. Im Haus lag ein fremder Geruch, der so zart war, dass er anderen vielleicht nicht aufgefallen wäre, er allerdings war stolz auf seine sehr empfindliche Nase.

Mumer schlich zum Arbeitszimmer, schaltete das Licht ein und öffnete den Tresor, dem er einen Revolver entnahm. Er vergewisserte sich, dass er geladen war, und entsicherte ihn. Die Selbstsicherheit kehrte zurück.

Langsam betrat er die Küche, stets darauf gefasst von der Einbrecherin angegriffen zu werden. Als er gerade den Raum verlassen wollte, streifte sein Blick das Fenster und sein Herzschlag setzte aus. Melanie Gramberg verließ den Eiskeller, verschloss die Tür und floh über den Zaun in den Wald. Sein Schrei hallte ihm in den Ohren, ein Stuhl flog mit einem Krachen an den Kühlschrank, als er gegen ihn trat. Es dauerte sicher ein, zwei Minuten, bis er imstande war, einen klaren Gedanken zu fassen.

Endlich nahm er das spezielle Telefon und wählte eine Nummer. Als abgenommen wurde, flüsterte er in den Apparat: „Es ist aus! Die Gramberg hat den Keller entdeckt und war hier im Haus!“

16. Mai

„Das hört sich ja alles prima an, ist aber leider vor Gericht nicht zu verwenden und deshalb bekommen wir auch weiterhin keinen Durchsuchungsbeschluss! Freiwillig werden uns die Herrschaften kaum reinlassen."

Melanie hatte Schuberts Reaktion auf ihren Bericht beinahe erwartet, war aber trotzdem enttäuscht, wie wenig kreativ der Hauptkommissar war.

Kimmerle, der im Besprechungszimmer in der Saalburgstraße neben seinem Kollegen saß, sah sie aus traurigen Augen an und verzog den Mund.

Sie gab sich Mühe, nicht aufzubrausen. „Herr Schubert, mir ist klar, dass das alles nicht einfach ist, sonst hätte ich mich ganz bestimmt nicht in den Güldensöllerweg begeben."

„Was Ihnen keiner gesagt hat und ich weder wissen will, noch darf!", unterbrach sie Schubert.

Es wurde eng mit ihrer Geduld. „Dennoch habe ich vermutlich am möglichen Tatort Hinweise auf mindestens zwei, vielleicht drei Morde gefunden. Wir können doch nicht den Kopf in den Sand stecken und darauf warten, dass die Beweise oder ein Geständnis wie Manna vom Himmel fallen."

Zornesröte überzog Schuberts Gesicht. „Frau Gramberg, *wir* schon mal gar nicht! Die Polizei sind wir beide", er zeigte auf sich und Kimmerle, „und darum führen wir die Ermittlungen. Ich kann Ihre illegalen Methoden keinesfalls dulden. Sie haben sich entschieden, Privatdetektivin zu werden. Es steht nirgends geschrieben, dass Sie deshalb Recht und Gesetz vergessen dürfen. Daran sind wir hier gebunden, verdammt!" Seine Augen sendeten Blitze in Melanies Richtung. Die immer stärker werdende Wut vermischte sich langsam mit Resignation. Kimmerle wich ihrem Blick aus. Schlappschwanz war die einzige Bezeichnung, die ihr für den jüngeren Beamten einfiel.

Sie atmete tief durch. „Was gedenken Sie zu tun? Schließen Sie jetzt die Akten und geben sich mit all den Tötungsdelikten und Betrugsfällen zufrieden, weil Sie keine legal erlangten Beweise haben?"

Zu ihrer Überraschung antwortete Schubert nicht, sondern schüttelte fast unmerklich den Kopf und starrte vor sich hin.

„Eine Idee", schaltete sich Siggi, der neben ihr saß, ein. „Falls Sie eine anonyme Anzeige bekämen, die Ihnen die verschwundenen Senioren auf Gran Canaria präsentierten und eine Verbindung zu der Klettke und dem Mumer herstellen würde? Darüber hinaus die darin enthaltene Vermutung, dass aus dem Eiskeller in der Vergangenheit mehrmals Krach zu hören war, der an eine Kettensäge erinnerte. Müssten Sie dem nicht nachgehen?"

Schubert sah Siggi an. „Dünn, ausgesprochen dünn! Ihre Verdächtigen haben im Moment objektiv gesehen nur die Vermittlung der Appartements durchgeführt. Im Haus gab es nicht einmal Kontoauszüge, die eine Beteiligung an dem Betrug zeigen. Wären Sie als Staatsanwalt mit den aktuell vorliegenden Hinweisen zum Richter gegangen?"

„Weiß ich nicht", erwiderte Siggi unbestimmt, „käme auf den Gesamtzusammenhang an. Hier gibt es so viele Anhaltspunkte und eine einfache Vernehmung hätte sicher zum Ergebnis, dass das Paar die Beweise verschwinden lässt."

Melanie hatte genug. „Es sind nicht unsere Verdächtigten, sondern es sollten Ihre sein, Herr Schubert. Sie sind schließlich die Polizei", betonte sie zynisch.

Sie spielte ihre letzte Trumpfkarte aus und hoffte inständig, sie würde stechen.

„Ich gebe Ihnen einen weiteren Tipp: Nehmen Sie sich Oliver Grundke vor. Er ist der Sohn von Frau Klettke aus erster Ehe. Fangen Sie bei seiner Vergangenheit in der Bundeswehr an. Dort war er nicht nur Spatenpauli!"

***

„Siggi, mich kotzt das an", zischte Melanie. Sie saßen im separaten Gastraum, obwohl im Silbernen Bein nichts los war. Die Gefahr, Marion Klettke und Werner Mumer zu begegnen, war zwar nicht groß, denn die beiden kamen außerhalb der Termine ihrer Seniorentreffs selten vorbei. Das war bei Oliver Grundke etwas anders, der unregelmäßig auftauchte.

„Mel, die Kollegen haben kaum eine Alternative und das muss dir klar sein. Wir wissen alle, dass die Voraussetzungen für eine Hausdurchsuchung streng reglementiert sind, was vernünftig ist. Selbst dann, wenn es wenig Zweifel an der Schuld eines Verdächtigten gibt, haben sich die Richter an die Gesetze zu halten."

Ihre Augen sprühten Funken und der Lavastrom, zu dem ihre Blutbahn mutiert war, näherte sich dem Siedepunkt. Sie wusste eigentlich nicht, ob sie gerade wütender über Siggis Belehrung war, oder über die Tatsache, dass er recht hatte. In jedem Fall empfand sie es als äußerst entmutigend, gegen zwei offenkundige Täter nicht vorgehen zu können.

Sie trank einen Schluck Kräuterlimonade und griff nach den Salzstängeln, die Katja ihnen mit den Getränken auf den Tisch gestellt hatte. „Tolle Ansprache, Herr Staatsanwalt! Was gedenken wir nun zu tun? Hier herumsitzen, warten, bis wieder ein Rentner stirbt? Ich erwarte Vorschläge!" Merkwürdigerweise wurde sie etwas gelassener und musste sogar schmunzeln, als sie das verstörte Gesicht ihres Gegenübers sah.

Seine Irritation ging in ein Lachen über. „Na also, Frau Ex-Kommissarin, Sie verstehen das Rechtssystem ja doch“, frotzelte er. Schlagartig wurde er ernst. „Ich glaube, Schubert und Kimmerle und auch Sailer sind sich der Situation und der davon ausgehenden Gefahr durchaus bewusst und werden den richtigen Weg einschlagen. Schließlich sind das alles erfahrene und umsichtige Beamte.“ Er gab einen Teelöffel Zucker in den Kaffee, der vor ihm stand.

Die Tür öffnete sich und Kimmerles Kopf erschien im Türrahmen. „Hallo, störe ich?“, erkundigte er sich mit nervös klingender Stimme. Sein Gesicht war aschfahl.

„Nicht, wenn Sie uns mitteilen wollen, dass gerade eine Hausdurchsuchung im Güldensöllerweg stattfindet“, giftete Melanie ihn an.

Der Polizist schloss die Tür und setzte sich unaufgefordert an den Tisch. Er stellte ein Glas Bier vor sich, anscheinend hatte er bereits Feierabend. Er schien ihren fragenden Blick zu lesen. „Ich bin ein bisschen früher abgehauen, weil ich hoffte, Sie hier anzutreffen und mit Ihnen privat sprechen zu können.“

Melanie hob die Augenbrauen. „Aha.“

„Wissen Sie, mir tut unser Gespräch vorhin im Präsidium leid.“ Er schaute sie direkt an. „Martin Schubert übrigens auch. Das hat er mir hinterher gesagt. Ihm stinkt es genauso wie mir, dass wir Ihren berechtigten Vorschlägen nicht folgen können.“

Die Wut kehrte bei Melanie zurück. Sie hasste diese Art des bedauernden Nachkartens von schlecht verlaufenen Ereignissen. Vor allem, wenn jemand, wie jetzt Kimmerle, fast unterwürfig um Verständnis, nein Verzeihung, bat, obwohl er beim Termin kein Wort beigetragen hatte.

„Das hat Ihr werter Kollege geschickt verborgen!“, griff sie den Polizisten an, der immer unruhiger auf dem Stuhl hin und her rutschte und vermutlich bereits bereute, gekommen zu sein.

„Wissen Sie, mir ist es völlig egal, wie Sie weiter vorgehen", log sie. „Schubert hört sowieso nicht auf uns, weil ihm von Anfang an stinkt, gezwungen zu sein, sich mit uns auszutauschen. Macht, was ihr wollt und zählt irgendwann die Opfer. Ich bin in Hamburg und ermittle dort."

Kimmerle wurde eifrig. „Warten Sie! Das bekommen Sie in den falschen Hals. Schubert schätzt Ihre Art sehr und ist froh, Ihre Unterstützung zu haben. … Wie ich selbstverständlich auch", schob er schnell nach. „Das Einzige, was ihm nicht behagt, ist, dass er sich in einer dunkelgrauen Zone bewegen muss, da Sie eben Zivilisten sind." Er trank das Bier in einem Zug zur Hälfte aus und stellte es wieder ab.

Melanie überlegte, was das sollte. Hatte Schubert den Kollegen geschickt? „Okay, lassen wir das so stehen, obwohl ich zugebe, dass Sie mich irritieren. Wie wollen Sie denn weiter vorgehen?"

„Ich darf Ihnen das eigentlich gar nicht mitteilen."

Melanie kniff die Augen zusammen.

Kimmerle senkte die Stimme, obgleich sie allein im Raum waren. „Wir fahren morgen früh zu dem Paar und werden sie verhören. Je nach dem Ergebnis behalten wir uns vor, eine Hausdurchsuchung zu beantragen."

Sie wiegte den Kopf. „Besser als nichts. Ich hoffe, die Beweise sind bis dahin nicht verschwunden. Haben Sie was über Oliver Grundke herausgefunden?"

„Ja und nein", kam die prompte Antwort. „Er war wirklich Berufssoldat bis 2004. Das ergab unsere offizielle Anfrage. Ich erfuhr, dass er zuletzt bei einer Eliteeinheit in Afghanistan stationiert war. Er scheint dort relativ plötzlich den Dienst quittiert zu haben. Warum, wollte mir mein Gesprächspartner nicht verraten und hat sich auf Geheimhaltung berufen. Nur so viel, dass er nicht freiwillig gegangen ist." Er lehnte sich zufrieden zurück.

In Melanies Hirn rasten die Gedanken, es kribbelte sie am ganzen Körper. Bundeswehr – Eliteeinheit – unfreiwillig ausgeschieden! Elitesoldaten waren im Nahkampf ausgebildet! Sie griff sich unwillkürlich an den Hals.

***

Grundke saß in seinem Haus, das sich Am Seeberg in Bad Homburg befand. Ihm war mehr als mulmig zumute. Die Informationen, die ihm Werner am Vortag gegeben hatte, klangen sehr beunruhigend und er hatte damit gerechnet, die Polizei würde auftauchen. Zum Glück war das nicht geschehen. Er überlegte schon den ganzen Tag, wie er sich selbst schützen könne. Rosenthals Tod hatte die Sache aus der Bahn geworfen und er wusste immer noch nicht, weshalb sich diese Gramberg in die Angelegenheit gemischt hatte. Es war seitdem so ziemlich alles schief gegangen und die Privatdetektivin hatte sich ihnen stetig genähert. Die Gefahr bestand, dass die Bullen eine Verbindung zu ihm fanden.

Eigentlich war ihm klar, was zu tun war, er schreckte aber davor zurück. Er nahm das Handy für besondere Fälle und wählte. Nach dem zweiten Klingeln wurde abgenommen.

„Ja“, tönte es barsch aus der Leitung.

Grundke erzählte kurz von den Vorkommnissen im Güldensöllerweg.

„Scheiße“, kam die laute Antwort. „Ihr seid so bescheuert!“ Es war einen Augenblick still im Telefon und Grundke dachte bereits, der Gesprächspartner habe aufgelegt.

„Hör zu, ich sage das jetzt nur einmal! Solltest du das vermasseln, komme ich und mache dich persönlich kalt! Und, wenn es das Letzte ist, was ich tun kann! Es gibt nur eine Möglichkeit, wie wir beide die Sache retten können und du weißt selbst, was ich meine. Also schwing die Hufe!“ Die Verbindung war unterbrochen.

Grundke wusste genau, was gemeint war. Ein Gefühl aus Trauer und Verzweiflung überkam ihn.

***

Melanie lag auf dem Bett im Hotelzimmer. „Störe ich?“

„Alles entspannt. Anja schläft auf der Couch“, klang Freds gedämpfte Stimme aus dem Telefon. „Ich bin in die Küche gegangen.“

„Prima, wie sieht es bei euch aus?“

„Soweit unverändert. Keine besonderen Vorkommnisse. Ich dachte zwar, vorhin ein ähnliches Motorrad wie letztens in unserer Nähe gesehen zu haben, dann war es jedoch weg. Hab mich vermutlich geirrt.“

Melanie berichtete ihrem Ex-Kollegen von den jüngsten Entwicklungen in Bad Homburg. „Es wird sicher nur noch ein paar Tage dauern, bis das Drama vorbei ist“, schloss sie ihre Erzählung ab.

„Zum Glück, denn langsam bekomme ich Probleme. Drei, vielleicht vier weitere Schichten kann ich frei machen, bevor Wolfgang Amok läuft. Er hat schon angerufen und sich erkundigt, wie lange ich für die Renovierung brauche.“ Fred lachte. „Ich scheine vermisst zu werden!“

Im Hintergrund rührte sich etwas. „Wer ist das? Mel? Super, gib sie mir.“

„Mel, hallo Süße, wie sieht es bei dir aus? Kommst du voran? Ist der Spuk bald vorüber?“

Die Fragen versetzten Melanie einen Stich ins Herz. Sie wusste, dass die Schwester ihretwegen in Gefahr war und sie alles, aber wirklich auch alles, daransetzen sollte, diesen unsäglichen Zustand so schnell wie irgend möglich, zu beenden.

Sie zwang sich, fröhlich zu klingen. „Hi, Kleines, tut das gut, mit dir zu sprechen. Ja, wir stehen kurz vor dem Abschluss." Melanie hoffte, dass sie nicht log. „Die Bösen sind nicht mehr lange auf freiem Fuß."

„Das ist super. Mel, ich habe die Schnauze voll von dem Theater. Anfangs fühlte es sich wie ein Abenteuer an, langsam wird es nervig. Obwohl, Fred ist fantastisch! Er liest mir jeden Wunsch von den Augen ab und ist wie ein großer Bruder!" Sie kicherte. „Mel, komm bald heim! Ich vermisse dich!"

Der Raum verschwamm hinter einem zarten Tränenfilm. Nach dem Tod ihres Vaters war das Verhältnis zu Anja unglaublich vertraut geworden. Obwohl sie sich kaum gesehen und nur telefoniert hatten. Es war kein Vergleich zu den letzten Jahren.

„Anja, Kleines, du fehlst mir genauso! Du machst das so toll! Fred ist grenzenlos begeistert. Er hat mir gesagt, dass er selten jemanden beschützt hat, der sich dermaßen professionell verhält. Halte durch!" Sie holte tief Luft, um den Kloß in ihrem Hals runterzuschlucken. „Sei vorsichtig! Ich liebe dich!"

17. Mai

„Niemand daheim." Schubert streckte den Kopf über das Tor, um einen freien Blick zum Haus zu erhaschen.

„Es steht aber ein Auto vor der Garage." Sandro zeigte auf den Passat, der in der Einfahrt parkte. Er spürte die Anspannung, die bei ihm stets aufkam, wenn die Chance bestand, einen Fall erfolgreich zu beenden.

Aus dem Augenwinkel sah er, wie sich Schubert noch weiter nach vorne beugte und einen Knopf betätigte, mit dessen Hilfe sich das Tor öffnen ließ. „Das ist nicht ganz zulässig", wandte Sandro ein, während pures Adrenalin durch den Körper strömte.

Schubert schmunzelte und schwieg. Sie gingen langsam an einem Hügel vorbei. Das musste der von der Gramberg beschriebene Eiskeller sein. Das Haus lag still vor ihnen, die Rollläden waren hochgezogen. Schubert entdeckte einen Klingelknopf an der Haustür, den er mehrfach drückte. Nichts! Er klopfte an die in die Tür eingelassene Glasscheibe.

„Herr Mumer, Frau Klettke! Polizei! Sind Sie daheim? Machen Sie bitte auf!"

Keine Reaktion.

„Lass uns gehen", forderte Sandro und folgte dem Gartenweg einige Schritte Richtung Grundstücksausgang. „Wir bestellen das Paar aufs Präsidium", schlug er laut vor und drehte den Kopf um. Verblüfft stellte er fest, dass der Kollege verschwunden war. Er war doch wohl nicht um das Gebäude herumgegangen?

„Sandro, schnell hierher, hinterm Haus!" Schuberts Stimme klang entfernt, dennoch war deutlich zu hören, dass etwas passiert sein musste.

Sandro rannte los und zerrte seine Dienstwaffe aus dem Holster.

Schubert stand auf einer Terrasse vor einer breiten Glasfront. Er schaute hinüber. „Die brauchst du nicht, kannst sie wegstecken!“

***

„Hast du an die Milch gedacht?“ Anja verließ mit Fred zusammen den Supermarkt. Sie schleppte drei Einkaufstüten, er einen Kasten Wasser und eine Tasche.

Er drehte sich kurz zu ihr um. „Klar, hast du mir doch vorhin extra noch gesagt. So senil bin ich nicht.“ Er lachte und stellte den Wasserkasten ab, um die Einkaufstasche in die andere Hand zu wechseln. Als er die Kiste wieder hochnahm, rann ihm der Schweiß in einer breiten Spur den Rücken entlang.

Die Sonne brennt für die Jahreszeit heftig, fuhr es ihm durch den Kopf. Dennoch trug er über der leichten Schutzweste eine dünne Jacke, da er es vermeiden musste, das Waffenholster offen zu tragen. Das hätte sonst bestimmt für ziemliche Aufregung gesorgt.

Der Markt lag nur ein paar Autominuten von der Villa in der Holztwiete entfernt und hatte einen großen Parkplatz. Fred gelang es, den Autoschlüssel aus der Jackentasche herauszufischen, und drückte auf die Fernbedienung, um den BMW zu öffnen. Mit einem erleichterten Seufzer schob er die Getränkekiste in den Kofferraum und stellte die Tasche daneben. Anja machte zwei Schritte auf ihn zu und reichte ihm die Lebensmittel.

Plötzlich heulte ein Motor auf, ein Motorrad schoss auf sie zu. Es schien vom Himmel gefallen zu sein.

„In Deckung“, schrie er entsetzt, riss die Waffe aus dem Etui und entsicherte sie. Mit einem Sprung wollte er Anja mit dem Körper abdecken und sie gleichzeitig mit der freien Hand nach hinten schieben. Melanies Schwester rührte sich jedoch keinen Millimeter, sondern blieb wie festgewachsen stehen.

Bevor er die Walther PPK anlegen konnte, bremste die Maschine ab und der Sozius zog ein kurzläufiges Gewehr unter einer Lederjacke hervor. Überrascht vermisste Fred das Geräusch von abgegebenen Schüssen, obwohl es ihm vorkam, als prasselten Steine gegen seine Brust. Er prallte zurück, schoss und stolperte rücklings über die am Boden liegende Anja.

Vergeblich versuchte er, irgendwo Halt zu finden, und fiel unkontrolliert auf den Asphalt, wo er mit dem Kopf aufschlug. Das Letzte, was er wahrnahm, war ein aufheulendes Motorengeräusch, das sich rasant entfernte.

Die Sonne verschwand und die Umgebung verwandelte sich in eine finstere Nacht.

***

Melanie fühlte sich in dem weißen Overall, den Schuhüberziehern und den Einweghandschuhen wie in einer längst vergangenen Welt. Sie hatte nicht damit gerechnet, von der Polizei in den Güldensöllerweg beordert zu werden, war der Aufforderung aber gern gefolgt.

„Ah, da sind Sie ja“, rief ihr der auf sie zukommende Schubert entgegen. Er lächelte sie freundlich an, was sie ziemlich verwirrte.

„Es scheint, als hätten sich Marion Klettke und Werner Mumer in der Nacht erschossen. Präziser gesagt, handelt es sich wohl um einen erweiterten Freitod. Er hat seine Lebensgefährtin getötet und sich anschließend selbst gerichtet.“

„Ist das sicher? Oder soll es nur so aussehen?“ Sie legte all ihre Skepsis in die Stimme.

„Recht eindeutig nach dem aktuellen Stand der Ermittlungen. Keine Einbruchspuren, dazu ein Abschiedsbrief mit einem konkreten Geständnis, das Täterwissen beinhaltet."

Er kratzte sich an der Nase.

„Okay, was erwarten Sie von mir?", erkundigte sie sich.

„Sie sind eine der Letzten, die das Gebäude betreten und auch einige Beobachtungen gemacht haben. Können Sie bitte, ohne die Kollegen zu stören, durch das Haus gehen und schauen, ob etwas verändert wurde?" Schubert machte eine winzige Pause. „Nur, um sicherzugehen."

Normalerweise wäre Melanie sauer gewesen, dass der Kommissar es für möglich hielt, dass sie sich nicht professionell an einem Tatort aufhalten könnte, doch in diesem Moment spürte sie den Adrenalinstrom, der durch ihren Körper floss. Sie nickte. „Einverstanden. Darf ich vorher die Toten sehen und den Brief lesen?"

Schubert schien zu überlegen. Dann deutete er zum Wohnzimmer. „Sandro, wo haben wir den Abschiedsbrief?", rief er laut.

Melanie betrat das Zimmer vorsichtig und prägte sich alles ein. Die zugezogenen Vorhänge bewegten sich im Luftzug der geöffneten Terrassentür. Marion Klettke lag auf dem Rücken vor einem runden Tisch, wesentliche Teile ihres Gesichtes hatten sich in eine blutige Masse verwandelt. Eine ungewöhnliche Art, seiner geliebten Partnerin zu einem freiwilligen Abgang aus dem Leben zu verhelfen, dachte Melanie.

Werner Mumer saß auf dem Sofa, eine kurzläufige, schwarze Pistole lag seitlich auf dem Parkettboden. Er musste sich die Waffe am Kinn angesetzt und sich nach oben in den Kopf geschossen haben. Die Kugel war aus der Schädeldecke ausgetreten.

Kimmerle trat neben Melanie und hielt ihr eine Klarsichthülle mit einem Blatt Papier entgegen. „Hallo, schön, dass Sie da sind", strahlte er sie an. „Das ist der Brief."

Mel nahm ihn und las:

> Wir, Marion Klettke und Werner Mumer, sind freiwillig aus dem Leben geschieden, weil wir Verbrechen begangen haben, die uns für immer ins Gefängnis gebracht hätten. Wir mussten in den vergangenen Tagen feststellen, dass man uns auf der Spur war und es eine Frage der Zeit sein würde, bis man uns verhaftet hätte.
>
> Wir gestehen, die Senioren Angelika Bubser, Uwe Klarer und Marlies Haufer nicht nur um ihr Vermögen betrogen, sondern sie zudem getötet zu haben. Die Polizei findet die Leichen in einem Schacht, der sich in der Nähe des Peter-Schall-Hauses befindet. Die genauen GPS-Koordinaten lauten 50.2430754, 8.5462582.

Melanie sortierte ihre Gedanken. Sehr ungewöhnlich empfand sie die exakte Positionsbeschreibung des Fundorts.

> Außerdem bekennen wir uns schuldig am Tod von Ralf Rosenthal, der hinter unsere Verbrechen kam. Deshalb mussten wir ihn töten. Das Gleiche gilt für Leo Schneider, den wir in Kirdorf erschossen haben, weil er uns erpresst hat. Er sah uns in der Tatnacht vor Rosenthals Grundstück.

Mel überlief ein eiskalter Schauer. Fünf Getötete waren wie auf einem Einkaufszettel aufgelistet. Die emotionslose Aufzählung der Morde überstieg ihre Vorstellungskraft.

Was ging in einem Menschen vor, der skrupellos Leben auslöschte, nur um an deren Vermögen zu gelangen, beziehungsweise, die begangenen Taten zu verdecken?

Wir bitten um Verzeihung und fügen uns die verdiente Strafe selbst zu. Wir sind dem Laster verfallen, das der Menschheit am meisten zu schaffen macht: der HABGIER! Es tut uns leid.

Marion Klettke   Werner Mumer

Melanie reichte Kimmerle die Hülle zurück. Er sah sie erwartungsvoll an. „Was sagen Sie dazu?"

„Schrecklich." Sie überlegte. „Irgendetwas stimmt hier nicht. Mir erscheint das zu glatt."

Seine Gesichtsmuskeln arbeiteten. „Wie meinen Sie das?"

„Kann ich im Augenblick nicht begründen. Lassen Sie mich mal schauen."

Sie wandte sich von ihm ab und ging durch die anderen Räume. Im Obergeschoss hielt sie im Türrahmen des Schlafzimmers inne und ließ den Blick durch die Stube schweifen. Plötzlich stutzte sie und eilte zu dem weißen Sideboard, an dem sie eine Schublade öffnete.

„Dachte ich es mir doch", murmelte sie vor sich hin und grinste.

Sie rannte die Treppe hinunter und erreichte Schubert gerade in dem Moment, als ein Mann auf ihn zukam. Irritiert sah dieser die Privatdetektivin an, stellte sich aber wie automatisch vor.

„Hartmut Klinger. Ich bin der Leiter der Kriminaltechnik."

„Melanie Gramberg." Sie überlegte. „Ich bin eine Zeugin."

Klinger schaute verstört zu Schubert, der nickte.

„Hartmut, was gibt's? Du kannst offen reden."

Der Spurensicherer wirkte verunsichert, fand jedoch schließlich die Sprache wieder. „Wir haben an den Toten etwas Interessantes entdeckt. Vielleicht wurde das Ganze doch inszeniert. Beide

Leichen weisen Hämatome am Hals, direkt an der Halsschlagader, auf. Könnten von Schlägen stammen. Zum Beispiel von Handkantenschlägen."

Melanie überlief ein Schauer. Damit hatte sie beinahe gerechnet. „Es handelt sich nicht um einen erweiterten Freitod!", sagte sie mit fester Stimme. „Oliver Grundke hat seine Mutter und Mumer getötet. Anschließend hat er entscheidende Hinweise verschwinden lassen. Er war beim Bund in einer Spezialkampfeinheit. Sein Foto in Uniform, das vorgestern oben im Schlafzimmer stand, und das Familienstammbuch, aus dem hervorgeht, dass er Klettkes Sohn ist, sind verschwunden."

Klinger riss die Augen auf und Schubert starrte sie entgeistert an. Plötzlich klingelte Melanies Handy. Holger Liebig. Was wollte er um diese Zeit?

Ein furchtbarer Gedanke durchfuhr sie und ihre Beine verwandelten sich in Pudding. Bitte nicht! Wie in Trance nahm sie das Gespräch an.

„Mel, endlich", kam eine sanfte Stimme aus dem Telefon. „Es tut mir leid, aber hier ist etwas Schreckliches passiert!"

***

Schubert stellte einen Kaffeebecher auf seinen Schreibtisch. „Verstehst du das Verschwinden der Gramberg vorhin? Wo warst du eigentlich?"

Sandro nickte. „Ich bin ihr nachgelaufen. Es gab ein Attentat auf ihre Schwester und einen Kriminalbeamten, der sie beschützt hat. Ich habe sie zum Hotel und dann zum Flughafen gebracht. Sie war völlig von der Rolle. Sorry, dass ich nicht Bescheid geben konnte."

Schuberts Kiefer mahlten. „Scheiße! Was ist passiert?"

„Weiß ich nicht. Nur so viel, dass auf die beiden geschossen wurde. Sie leben beide, es scheint aber kritisch zu sein. Frau Gramberg ist auf dem Weg nach Hamburg."

Schubert knetete das Kinn. „Hat das was mit unserem Fall zu tun? Was meinst du?"

Sandro zuckte mit den Schultern. „Möglich. Es gab ja Drohungen." Er seufzte. „Hoffen wir mal, dass es glimpflich ausgeht."

„Ja, unbedingt!", bekräftigte Schubert und setzte sich. „Konzentrieren wir uns auf die Ereignisse in Dornholzhausen. Haben wir vorläufige Ergebnisse aus der Kriminaltechnik?"

Kimmerle schlug einen Ordner auf. „Alles deutet auf Mord hin, obwohl die angeblichen Freitode geschickt arrangiert wurden. Unter dem Vorbehalt der Obduktion könnten beide Opfer durch Schläge an den Hals betäubt und anschließend erschossen worden sein. Auf der Waffe, es handelt sich um eine HK USP, befinden sich nur Mumers Fingerabdrücke. Der Abschiedsbrief wurde mit dem sichergestellten Computer geschrieben." Sandro blätterte um. „Es gibt keinerlei Einbruchspuren. Demnach haben die Getöteten ihren Mörder reingelassen oder er besaß einen Schlüssel."

Schubert lehnte sich zurück. „Was auf Grundke hindeutet, falls er wirklich der Sohn der Klettke ist."

„Ist er. Das wurde zwischenzeitlich überprüft. Das Familienstammbuch und das Bild von ihm im Schlafzimmer fehlen. Ich habe aber gestern die Fotos bekommen, die die Gramberg bei ihrem Besuch im Haus gemacht hat."

„Prima. Was ist mit dem Eiskeller?"

„Könnte ein Tatort sein. Der Raum ist zwar fast klinisch rein, dennoch hat Hartmut Klingers Mannschaft Blutreste in der Badewanne festgestellt. Bei den Flecken an der Kettensäge handelt es sich ebenfalls um Blut. Außerdem wurde der Siegelring mit den Initialen *UK*, den die Privatdetektivin gesehen hat, gesichert.

Allerdings war die von der Gramberg beschriebene Box bis auf eine angebrochene Packung Latexhandschuhe und mehrere Overalls, wie wir sie auch verwenden, leer. Die anderen Gegenstände, die anscheinend vorgestern darin gelegen haben sollen, sind verschwunden."

Schuberts Miene verfinsterte sich. „Blöd. Hat die Gramberg nicht gesagt, die Gummistiefel hatten die Größe 46? Würden die zu Mumer passen?"

Kimmerle schüttelte den Kopf. „Nein, er hatte 43 und die Klettke 39. Das spricht wiederum dafür, dass ein Dritter im Spiel ist, vermutlich ein Mann." Er zwinkerte. „Wir sollten uns mal Grundkes Füße anschauen."

Das Telefon auf dem Tisch klingelte und Schubert nahm ab. Er meldete sich und hörte kurz zu. „Danke, wir sind auf dem Weg."

Er griff nach seiner Jacke, die über der Stuhllehne hing. „Auf geht's! Das war Hartmut. Sie haben den Schacht und darin drei Plastiktonnen entdeckt."

***

Die Angst hatte Melanie wie ein ausgehungertes Wolfsrudel überfallen.

„Klappen Sie bitte den Tisch vor Ihnen nach oben. Wir landen in wenigen Minuten." Die Stewardess lächelte sie an. Als Melanie keinerlei Anstalten machte, der Aufforderung nachzukommen, sondern die Flugbegleiterin nur anstarrte, arretierte diese den Klapptisch selbst am Vordersitz und ging kopfschüttelnd weiter.

In Melanies Kopf lief das Telefonat mit Holger wie in einer Endlosschleife ab. Er hatte erzählt, dass zwei Motorradfahrer auf Anja und Fred geschossen hatten. Obwohl beide Schutzwesten trugen, wurden sie schwer getroffen. Anja sei mit einem Rettungshubschrauber in ein Krankenhaus geflogen und Fred mit einem Notarztwagen abtransportiert worden. Genaueres zu den Verletzungen wusste er nicht, nur, dass beide lebten. Fred hatte wohl einen der Angreifer erschossen. Der andere war entkommen. Wie es aussah, hatte Fred ihrer Schwester das Leben gerettet, denn er habe sich laut einer Zeugenaussage vor sie gestellt, als die ersten Schüsse fielen.

Holger wartete am Ausgang. Er nahm sie in den Arm und hielt sie eine gefühlte Minute lang fest. „Mel, es tut mir so leid“, flüsterte er schließlich.

„Danke“, erwiderte sie tonlos und löste sich von ihm. „Was gibt es Neues?“

„Anja wird immer noch im Mathilden-Hospital notoperiert. Mehr kann ich bisher nicht sagen. Ein Kollege ist vor Ort. Ich werde sofort informiert, sobald die Operation beendet ist.“

„Was ist mit Fred? Wie geht es ihm?“

Liebig zögerte und sah einen Augenblick an ihr vorbei, bevor er ihr in die Augen schaute. „Er hat es nicht geschafft! Bauchschuss. Er starb direkt nach seiner Einlieferung.“

Melanie nahm die Nachricht wie in Trance wahr. Sie legte die Handflächen gegeneinander und atmete tief aus.

„Wie konnte das passieren? Ich dachte, ein Wagen von euch war zu Freds Unterstützung in der Nähe.“ In ihrer Stimme klang nicht der geringste Vorwurf durch.

Liebig nickte. „Ja, es gab einen Streifenwagen. Aber kurz vor dem Attentat ging ein anonymer Notruf ein, in dem behauptet wurde, zwei Straßen weiter gäbe es einen Banküberfall. Da die Kollegen am nächsten dran waren, sind sie dorthin geschickt worden.“

„Und? Haben sie die Bankräuber wenigstens erwischt?“, erkundigte sich Melanie mit einem ironischen Unterton.

Liebig schüttelte den Kopf. „Nein, es gab keinen Überfall. Jemand hat uns böswillig alarmiert!"

„Die Schweine!", murmelte Melanie. „Leider ziemlich clevere."

***

Schubert fuhr im Stadtteil Dornholzhausen durch die Lindenallee und den Landwehrweg. Bald wurde die Straße schmaler und mit dem Einbiegen in den Tannenwaldweg begannen die Bäume. Schließlich erreichten sie die Elisabethenschneise, in der sie zunächst den Hirschgarten passierten.

Am Straßenrand lagerten Holzpolter, die auf ihre Abholer warteten. Der Untergrund wurde immer schlechter und die Fahrbahn enger, bis endlich links das Peter-Schall-Haus auftauchte. Sandro erinnerte sich, hier vor Jahren an Ferienspielen der Stadt Bad Homburg teilgenommen zu haben. Ansonsten war ihm die Gegend fremd. Der Asphalt glitzerte nach einem Wolkenbruch und Sandro betrachtete unwillkürlich seine frisch geputzten Lederschuhe.

Direkt hinter der Einfahrt zum städtischen Anwesen begann ein Waldweg. Hier versperrten vier Polizeifahrzeuge die Weiterfahrt. Dahinter flatterte ein rot-weißes Absperrband.

Ein Beamter, der aussah, als habe er die Ausbildung gerade erst abgeschlossen, eilte auf sie zu und grüßte, nachdem er das Nummernschild des Audis in Augenschein genommen hatte.

„Der Einsatzort befindet sich wenige hundert Meter auf der rechten Seite im Wald. Sie können das nicht verfehlen, es sind eine Reihe von Kollegen vor Ort."

Sandro hatte es befürchtet: Der Weg war hier schon schlammig und zwischen den Bäumen würde es nicht besser sein. Ausgerechnet heute hatte er seine beste Stoffhose angezogen. Geniale Idee!

Schubert schien der Matsch nicht zu stören, als er mit schnellen Schritten losstiefelte. Der Schacht, um den eine weitere Absperrung gespannt war, entpuppte sich als eine Art Bunker, vielleicht auch als ein Kellergeschoss ohne Überbau. Er hatte eine betonierte Bodenplatte, die in der Mitte mit einem dicken Eisendeckel versehen war.

Hartmut Klinger kam in der gewohnten Tatortkleidung auf sie zu. „Die Koordinaten haben exakt gestimmt. Ansonsten hätten wir einige Mühe gehabt, den Bau zu finden. Er war mit Erde und Laub abgedeckt. Möchte zu gern wissen, wie die Täter den hier entdeckt haben."

„Na toll", brummelte Schubert. „Was habt ihr denn zu bieten?"

„Einen Raum, zehn auf sechs Meter siebzig und zwei fünfzig tief. Vollständig ausbetoniert." Schubert rollte mit den Augen, was Klinger nicht zu bemerken schien. „Überraschend trocken, bei vermutlich recht konstantem Klima."

„Ganz toll, Hartmut, sag endlich, was sich in diesem Idyll befindet", schnaubte der Kriminalhauptkommissar.

Klinger grinste. „Na, drei Plastikfässer, bis zum Rand gefüllt mit Zement. Die haben ein irres Gewicht! Würde zu gern wissen, wie das Pärchen die unversehrt dorthin gebracht hat. Für mich ist das kaum vorstellbar."

Sandro horchte auf. Das deutete ebenfalls auf eine dritte Person hin. Vielleicht Oliver Grundke?

Schubert schien seine Gedanken gelesen zu haben. „Langsam wird es eng für Herrn Grundke. Sandro, besorg doch bitte einen Durchsuchungsbeschluss für seine Wohnung und klär mal bei Staatsanwalt Sailer, ob er bereit ist, gleich einen Haftbefehl zu beantragen oder ob wir ihn zunächst vorläufig festnehmen sollen."

***

Die Eingangshalle des Mathilden-Hospitals roch genauso furchtbar wie bei Melanies letztem Besuch. Es kam ihr vor, als sei es ewig her, dass sie ihren Vater in diesem Haus kurz vor seinem Tod besucht hatte, obwohl es nur vier Wochen her war.

Eine freundliche Krankenschwester unterrichtete sie, dass Anja immer noch im Operationssaal sei, sie aber mitbekommen hätte, dass die OP beendet war. Der Chefarzt der Chirurgie habe den Eingriff selbst vorgenommen und müsste demnächst nach draußen kommen.

Melanie und Holger hatten gerade im Wartebereich Platz genommen, als ein Riese um die fünfzig in blauer Krankenhauskleidung auf sie zukam.

„Guten Tag, mein Name ist Rintler, Professor Rintler", stellte er sich mit sonorer Stimme vor. „Wie ich hörte, sind Sie die Schwester der Patientin Anja Gramberg?"

Melanie nickte. Was wäre, wenn …

„Was ist mit ihr?", flüsterte sie, auf das Schlimmste gefasst.

Der Arzt verzog keine Miene. „Nun, die OP ist zufriedenstellend verlaufen. Wir konnten die Kugel aus dem Schädel entfernen. Ihre Schwester ist derzeit stabil, aber ihr Zustand ist nach wie vor kritisch. Da will ich ehrlich sein."

Melanie schlug die Hand vor den Mund. Ein Kopfschuss! Oh Gott! „Wurde durch den Schuss sehr viel verletzt?" Sobald sie die Frage ausgesprochen hatte, kam sie ihr dumm vor.

Der Chirurg blieb anscheinend unbeeindruckt. „Sie wollen wissen, ob sie bleibende Schäden behält?"

Melanie nickte.

„Es ist noch zu früh, um das vorherzusagen. Zunächst muss sie die kommenden Tage überstehen. Wir haben sie in ein künstliches Koma versetzt. Positiv ist, dass das Geschoss keine zentralen Gehirnregionen durchschlagen hat und wir die Blutung frühzeitig stoppen konnten. Dennoch kann niemand zu diesem Zeitpunkt verlässlich sagen, was das ausgetretene Blut angerichtet hat. Das sehen wir erst, wenn sie aufwacht. Das Gehirn ist, salopp gesagt, eine Art Wundertüte."

Melanie starrte durch den Arzt hindurch und bemerkte, dass Holger ihr um die Schulter gefasst hatte. Sie setzte sich.

18. Mai

Melanie kauerte im Schlafanzug in ihrem Strandkorb. Sie hatte die Beine fest an die Brust gezogen und schaukelte hin und her. Ab und zu traf sie ein Tropfen des Nieselregens, der die laue Nacht befeuchtete.

Die Ereignisse im Krankenhaus belasteten sie sehr. Nicht nur die Nachricht von Freds Tod und Anjas Verletzung, sondern vor allem ihr eigener Zusammenbruch. Obwohl der Arzt diagnostiziert hatte, dass sie völlig dehydriert gewesen war und ihr eine Infusion gegeben hatte, die sie bald wieder rein körperlich stabilisiert hatte, war ihr die Sache irgendwie peinlich. Sie musste stark sein, egal, was passierte. Das war ihr Motto. Sicher der Hauptgrund, warum sie es abgelehnt hatte, zur Beobachtung dazubleiben.

Sie fand seit Stunden einfach keine Ruhe, obwohl sie ein homöopathisches Beruhigungsmittel geschluckt hatte. So saß sie hier draußen und sah zu, wie das Viertel den Tag beendete.

Melanie atmete tief ein und schaute auf ihr Smartphone. Siggi hatte fünfmal angerufen und genauso viele Nachrichten hinterlassen. Die Aufforderungen, zurückzurufen, klangen mit jedem Mal fordernder, vor allem besorgter.

Ihr fehlte die Kraft zum Telefonieren oder lange Antworten zu schreiben. Schließlich tippte sie:

> Melde mich, sobald es geht. Anja
> hat Kopfschuss, liegt im Koma.

Melanie stockte und wischte sich eine Träne aus dem Auge.

Melde mich, sobald es geht. Anja hat Kopfschuss, liegt im Koma.

Fred ist tot.

Sie schickte die Botschaft auf die Reise. Ihre Gedanken kreisten um Anja und Fred. Wie hatte sie die Gefahr dermaßen unterschätzen und die beiden ins Verderben stürzen können? Wieder war sie für den Tod eines Menschen verantwortlich. Sie hatte den Fehler begangen, die Drohungen für Einschüchterungsversuche zu halten. Was naiv war, denn die Morde zeigten ja, wie skrupellos die Täter vorgingen. Erst Erik, jetzt Fred und vielleicht Anja.

Melanie starrte geradeaus, wie froh wäre sie gewesen, weinen zu können, aber selbst diese Erleichterung blieb ihr versagt. Die Ereignisse in Bad Homburg fühlten sich Lichtjahre entfernt an, obwohl sie wusste, dass sie die eigentliche Ursache für alles darstellten. Sie war davon überzeugt, dass Oliver Grundke in die Verbrechen verwickelt war und er seine Mutter und Mumer getötet hatte. Es gab einen weiteren Täter, einen, der über die notwendigen Kontakte verfügte, professionelle Killer in Hamburg anzuheuern, denn das traute Melanie Grundke auf keinen Fall zu. Diesen Unbekannten musste sie finden und für das Attentat zur Rechenschaft ziehen.

Ihr Körper spannte sich an. Wie sollte das gehen, solange sie hier im Selbstmitleid versank? Sie sprang auf, eilte ins Schlafzimmer und schlüpfte in ihre Joggingkleidung. Im Schuhschrank fand sie ein paar alte Laufschuhe und im Garderobenschrank eine Stirnlampe.

Es konnte ein langer Lauf werden und sie wusste nicht, wie er enden würde! Ein Gedanke beherrschte sie: Das Schwein durfte ihr nicht entkommen!

***

Schubert parkte den Audi in der Grenzstraße, in der Nähe von Grundkes Haus, das in der angrenzenden Straße Am Seeberg stand. Die Zielstraße war eine Sackgasse. Ein Streifenwagen stoppte hinter ihnen.

„Sandro, lass uns zunächst die Umgebung erkunden. Wenn wir recht haben und Grundke unser Mann ist, hat er vermutlich Waffen und könnte Widerstand leisten. Unter keinen Umständen dürfen wir die Nachbarschaft gefährden."

Sandro nickte. Den gleichen Kurzvortrag hatte ihm Schubert schon vor der Abfahrt im Präsidium gehalten. Eigentlich war ein solches Verhalten für ihn ungewöhnlich, doch es belegte, wie angespannt Schubert war. Mindestens so stark wie er selbst.

Sandro versuchte, sich durch Zählen zu beruhigen, und überprüfte zum x-ten Mal die Dienstwaffe.

Schubert bedeutete der Besatzung im Polizeiwagen, zu warten. Er würde sie rufen, falls es nötig sei.

Sie schlenderten in den Seeberg hinein, jeder auf einer Bürgersteigseite. Sandro las die Hausnummern. Auf seiner Seite waren sie gerade, also befand sich das gesuchte Gebäude gegenüber, wo Schubert ging. Das zweistöckige Haus zeigte mit der Giebelseite zur Straße hin, über dem Eingang war ein schmales Plexiglasdach befestigt. Eine Eibenhecke verdeckte den Hauseingang zum Teil. Grundke wohnte laut dem Einwohnermelderegister alleine.

Staatsanwalt Sailer hatte einen Haftbefehl verweigert. Sie sollten den Verdächtigen vorläufig festnehmen, wenn ihnen das angebracht erschien. Schubert war darüber nicht sonderlich erfreut gewesen, was Sandro verstand. Bei einem Haftbefehl und entsprechender Begründung hätten sie sofort ein Sondereinsatzkommando mitnehmen können. Immerhin war es Schubert gelungen, eine SEK-Einheit wenigstens in Alarmbereitschaft zu versetzen.

Die beiden Beamten trafen sich am Ende der Straße auf dem breiten Bürgersteig der angrenzenden Quirinstraße.

„Alles ruhig“, begann Schubert. „Hast du gesehen, gegenüber des Hauses ist ein städtischer Kindergarten und daneben ein privater.“

Natürlich hatte Sandro das beobachtet, die umhertobenden Knirpse auf dem Spielplatz waren nicht zu überhören.

„Klar. Die müssen wir da wegbekommen, bevor wir bei ihm klingeln. Wollen wir evakuieren lassen? Zumindest die Zwerge?“

Schubert verzog das Gesicht und schüttelte den Kopf. „Würde ich zu gern, aber ich befürchte, das bekommen wir nicht hin, ohne ihn zu warnen. Ich hab eine Idee. Komm, versuchen wir es.“

***

Oliver Grundke stand im Obergeschoss hinter der Gardine am Schlafzimmerfenster. Er war gerade dabei, das Bettzeug zum Lüften herauszulegen, als ihm die beiden Männer auffielen, die scheinbar gelangweilt vorbeispazierten. In seinem Magen begann es zu brodeln. Es war offenkundig, dass sie sich umschauten. Wie er erwartete, trafen sie sich an den Pollern, die Autos an der Weiterfahrt hinderten, und unterhielten sich. Nun war er davon überzeugt, Polizisten zu sehen. Es konnte nur einen Grund geben, warum sie hier waren. Er suchte die Umgebung nach weiteren Bullen ab, konnte allerdings keine entdecken.

Weshalb gingen die jetzt in den städtischen Kindergarten gegenüber? Sie verschwanden im Gebäude und kurz darauf erschien die Leiterin des Kinderhorts. Sie sprach mit ihren Kolleginnen und plötzlich hörten die Kinder auf zu spielen, und rannten ins Haus. Er erkannte durch die großen Fensterscheiben des blauen Holzgebäudes, wie sie in die hinteren Räume und damit außerhalb des Sichtfelds gebracht wurden. Die Beamten verließen die Kita und eilten ins Nachbargebäude.

Die planten einen Polizeieinsatz, so viel stand fest und er war das Ziel. Was sollte er tun? Bevor alles abgesperrt war, einen Durchbruch auf seinem in der Garage geparkten Motorrad wagen? Sich nach gegenüber durchschlagen und in der Kindertagesstätte mit Geiseln verschanzen? Aufgeben und für den Rest des Lebens in den Knast wandern? Keine der Optionen behagte ihm. Hatte er verloren?

Grundke öffnete den Schrank und entnahm einem eingebauten Safe zwei Pistolen, legte jeweils ein volles Magazin ein und stopfte sich die Waffen in den Hosenbund. Außerdem positionierte er die Munitionsschachtel auf einem Stuhl und bezog am Fenster Stellung.

***

„Fordern Sie Verstärkung an“, wies Schubert die Besatzung des Streifenwagens an. „Zunächst einen weiteren Wagen. Halten Sie sich hier bereit. Das SEK soll aufsitzen. Wir melden uns über Funk, sobald es benötigt wird.“ Er wandte sich an seinen Kollegen. „Los, Sandro, dann wollen wir mal.“

Sie stiegen in den Audi und Schubert startete den Motor. Er bog rechts ab und parkte das Fahrzeug direkt vor dem Kindergarten am Straßenrand.

Sandro versuchte, sich zu konzentrieren und die Angst in Schach zu halten. Er hatte bisher nur einen Polizeieinsatz mit Schusswaffengebrauch erlebt und das war vor ein paar Monaten in einem Wochenendhaus im Taunus gewesen. Die Sache hing ihm immer noch nach, vor allem weil es dabei ein Todesopfer gegeben hatte.

Warum regte er sich auf? Grundke hatte keinen Schimmer, dass sie kamen. Vielleicht würde das Ganze problemlos über die Bühne gehen. Der Kloß in seinem Hals, der stetig größer zu werden schien, widersprach ihm.

„Das Fenster im ersten Stock war vorhin nicht offen“, riss ihn Schubert aus den Gedanken. Tatsächlich war es vollständig geöffnet und die Gardine zurückgezogen.

Wie aus dem Nichts ertönte von dort oben eine laute Stimme, wobei niemand zu sehen war.

„Macht, dass ihr fortkommt! Ich ergebe mich nicht freiwillig!“

***

Melanie hielt Anjas Hand. „Kleines, du schaffst das! Du bist stark und ich bin bei dir!“

Ihre Schwester war an diverse Apparate angeschlossen und ein Überwachungsgerät piepste im Rhythmus ihres Herzschlags. Eine Infusion tropfte langsam in den Schlauch, der über eine Kanüle in ihren Arm lief. Sie war intubiert und das Sauerstoffgerät pumpte in regelmäßigen Stößen.

Die Tür öffnete sich und Professor Rintlers Gesicht erschien im Türrahmen. Er winkte ihr, nach draußen zu kommen.

Melanie schlich aus dem Raum wie auf dem Weg zum Schafott.

„Guten Tag, Frau Gramberg, kann ich Sie kurz sprechen?“

Melanie zog die Stirn in Falten und begann zu zittern. Er schien es bemerkt zu haben und legte ihr eine Hand auf den Arm. „Nein, nein, es war nicht meine Absicht, Sie zu erschrecken. Es gibt keinen Grund für Panik.“

Melanie entspannte sich ein wenig bei den ruhigen Worten. „Ihre Schwester hat die Nacht wunderbar überstanden. Ihr Kreislauf ist soweit stabil. Der Hirndruck ist befriedigend, die Pupillenreflexe schwach ausgeprägt. Die erste wichtige Hürde ist überwunden." Er lächelte. „Das wollte ich Ihnen nur sagen."

„Danke", flüsterte Melanie. Die Angaben verwirrten sie. In dem Zimmer hinter ihr lag ein Mensch, der anscheinend von Geräten abhängig war. „Wie geht es weiter? Wann holen Sie Anja aus dem Koma?"

„Es ist zu früh, darüber eine Prognose abzugeben. Die Hirnschwellung muss verschwinden. Wir werden in den nächsten Tagen damit beginnen, das Gehirn mit verschiedenen Methoden zu scannen. Dabei versuchen wir, herauszufinden, welche Bereiche reagieren und wie hoch der Energieverbrauch des Organs ist. Daraus ergeben sich Rückschlüsse, wie stark es geschädigt wurde. Wichtig ist, dass sich Ihre Schwester langsam erholt."

Melanie schielte zu dem Polizisten, der an der gegenüberliegenden Wand auf einem Stuhl saß. Sie war Holger für diese Vorsichtsmaßnahme sehr dankbar.

Der Arzt folgte ihrem Blick. „Es ist in Ordnung, dass der Beamte dort sitzt. Er stört uns nicht und wenn ich es richtig verstanden habe, ist Ihre Schwester nach wie vor in Gefahr."

Melanies Telefon brummte. Sie schaute auf das Display. Siggi! Wer sonst?

„Gehen Sie dran, ich muss ohnehin weiter." Er zeigte an das Ende des Gangs. „Da hinten in der Wartegruppe können Sie telefonieren. Tschüss."

Melanie erwiderte den Gruß und nahm das Gespräch an.

***

Grundke hatte die Helmkamera, die er beim Motorradfahren trug, an einem Besenstil befestigt und hielt sie ans offene Fenster. Er verfolgte die Aufnahmen live auf dem Bildschirm des Laptops, den er neben sich auf dem Boden platziert hatte.

Die Straße lag viel zu verlassen da. Außer den beiden Beamten hinter dem Audi war keine Menschenseele zu sehen. An der Kreuzung zur Grenzstraße registrierte er Bewegungen, ebenso am Ende des Seebergs. An beiden Orten wurden Polizeiabsperrbänder gespannt, erste Passanten blieben stehen.

Warum war es so still? Es sollten Mannschaftswagen vorfahren oder zumindest mehrere Streifenwagen. Er legte sich eine Hand an die Wange, als ob er sie kühlen müsse.

Sein Herz jagte. Die Anspannung zog sich in ihm zusammen.

Ein Gedanke durchzuckte sein Hirn. „Diese Hurensöhne!“

Mit wenigen Sätzen rannte er auf die andere Seite des Hauses in eines der Gästezimmer, wo er sich neben das Fenster drückte und hinausspähte.

Die Schweine kamen von der Rückseite über die U-Bahntrasse! Scheiße, in den vergangenen Minuten waren keine U-Bahnen vorbeigefahren. Er hatte zumindest keine gehört.

Schwarz vermummte Gestalten mit Helmen und Schutzwesten schlichen durch den Garten. Nach hinten gab es kein Entkommen mehr. Die Schlinge zog sich zu und es war nur noch eine Frage der Zeit, bis sie ihn erwürgen würde! Er zog eine Waffe aus dem Hosenbund und betrachtete sie, seine Gedanken rasten.

***

„Er ist allein!“, stellte Schubert fest.

„Wie kommst du darauf?“, erkundigte sich Sandro und verlagerte das Gewicht aufs linke Bein, das ihm in der Hockstellung eingeschlafen war.

„Wenn jemand bei ihm wäre, hätte er uns gedroht und ein Ultimatum gestellt. Er geht nicht ans Telefon und zeigt sich auch sonst nicht. Ich verwette einen Monatslohn, dass der nur Zeit gewinnen will.“

Sandro schaute nach rechts in die Richtung Quirinstraße. Dort huschten Mitglieder des SEKs durch den Garten des Nachbarhauses auf den Einsatzort zu. Sie verharrten plötzlich.

„Filmt er noch die Gegend?“, krächzte es aus Schuberts Funkgerät. Grundkes Kamerakonstruktion war den Kollegen nicht entgangen. „Hat er uns entdeckt?“, meldete sich die Stimme wieder.

Schubert sprach gelassen in das Mikrofon. „Glaube ich nicht, die Kamera ist seit ein paar Minuten verschwunden. Vielleicht ist er im rückwärtigen Bereich.“

„Nicht viel besser, denn da sind auch meine Leute. Ich komm zu euch rüber.“

Während die Einsatzkräfte den Gartenzaun übersprangen und sich an Grundkes Hauswand drückten, rannte ein drahtig wirkender Mann im Zickzack über die Straße und warf sich mit einem Satz hinter den Audi.

„Schaibler, ich leite den Einsatz.“

Schubert stellte sich und Sandro kurz vor und erläuterte ihm die Situation.

„Falls er allein ist, können wir stürmen“, sagte Schaibler. „Wir werfen ihm eine Blendgranate und eine Tränengaskapsel durch das offene Fenster und gehen durch die Haustür und den Kellereingang rein. Beide dürften kein wirkliches Hindernis darstellen. Besser wäre natürlich, wenn wir ihn im Erdgeschoss hätten und er nicht die Zeit bekäme, sich oben in einem Zimmer zu verschanzen."

„Lass uns abwarten", widersprach Schubert. „Ich möchte einen Versuch wagen, ihn davon zu überzeugen, freiwillig aufzugeben."

Im Lack des Audis spiegelte sich auf einmal eine Bewegung, die Sandro hinter sich blicken ließ. Aus dem Kindergarten hüpfte singend ein Junge heraus und bewegte sich auf den Spielplatz zu. Dort blieb er stehen und sah auf den Boden, als suche er etwas.

Sandro zögerte keinen Moment. Er sprang auf und rannte auf den Kleinen zu. Der erschrak, verstummte und starrte ihn mit weit aufgerissenen Augen an. Sandro hechtete nach vorn. Als er das Kind nahezu erreicht hatte, fiel ein Schuss.

***

„Endlich!", tönte Siggis tiefe Stimme aus Melanies Handy. „Ich befürchtete schon, du wolltest nichts mehr mit mir zu tun haben."

„Sei mir nicht böse, aber ich musste einfach allein sein. Anja braucht meine ganze Aufmerksamkeit", entschuldigte sie sich.

Sie erklärte ihm kurz den Gesundheitszustand der Schwester. „Es sieht nicht gut aus. Der Doktor gibt sich zwar alle Mühe, mich zu beruhigen, doch ich bin nicht blöd und weiß selbst, wie kritisch es um sie steht. Vielleicht wacht sie nie wieder auf."

„Bitte, mach dich nicht verrückt. Gib den Ärzten eine Chance. Du darfst nicht sofort an das Schlimmste denken!"

Es war schön, seine Stimme zu hören, wobei es ihr schwerfiel, zu telefonieren. Dennoch fragte sie ihn nach den Entwicklungen im Taunus. Er erzählte von den Leichenfunden im Wald.

„Der Fall ist eigentlich aufgeklärt. Wenn alles glattgeht, wird Grundke in diesen Minuten verhaftet. Es ist geschafft, Melanie."

Das hörte sich prima an, obwohl sie es besser wusste. Es gab diese unbekannte Person im Hintergrund, die die Fäden zog. Wie konnte es außerdem vorbei sein, solange Anja im Koma lag und niemand in der Lage war, einzuschätzen, ob sie jemals gesund werden würde? Melanie fehlte die Kraft, mit Siggi darüber zu diskutieren, auch wenn ihr klar war, dass er sich Sorgen um sie machte, und ihr helfen wollte.

„Bist du noch da?“

Sie verdrängte ihre Gedanken. „Entschuldige, ich war gerade woanders. Was sagtest du?“

Er lachte. „Ist in Ordnung. Ich habe gefragt, ob ich zu dir kommen soll.“

Sie antwortete spontan. „Danke für das Angebot. Lass mal, ich fühle mich derzeit allein besser. Ich rufe wieder an.“ Sie unterbrach die Verbindung und vergrub das Gesicht in den Händen.

***

Die Welt war aus den Fugen geraten. Sandro wartete auf den Einschlag einer Kugel, den Schmerz, die Dunkelheit. Nichts dergleichen geschah. Stattdessen schrie der Bengel unter ihm wie am Spieß und versuchte mit überraschender Kraft, sich zu befreien.

Schaibler brüllte in sein Head-Set. „Freigabe zum Sturm! Ich wiederhole: Freigabe zum Sturm!“

Auf der gegenüberliegenden Seite ertönte ein lauter Knall und die Einsatzkräfte verschwanden in Grundkes Haus.

Sandro erhob sich mühsam. „Alles fein, Kleiner. Ich bin Polizist und wollte dich nur beschützen!“ Er lächelte das Kind an. Der Dreckspatz, bei dem Tränen Schmutzstreifen auf den Wangen hinterlassen hatten, starrte ihn an. Wenigstens hatte er aufgehört, zu brüllen. Plötzlich drehte er sich um und rannte zurück ins Gebäude.

Sandro seufzte, schlug sich den Sand von der Kleidung und eilte zu Schubert.

Am offenen Fenster erschien eine vermummte Gestalt. „Objekt gesichert“, schrie er. Schubert, Sandro und Schaibler liefen zur Eingangstür, in der ihnen ein Mitglied des SEKs entgegenkam.

„Alles sicher. Die Zielperson ist ausgeschaltet.“ Er hielt kurz inne. „Sie hat sich selbst gerichtet.“

26. Mai

„Wie geht es Anja?“ Katja stellte eine Flasche Almdudler vor Melanie, die dankbar nickte.

Das Silberne Bein war geschlossen, aber die Frauen saßen zusammen mit dem Grafen am Stammtisch.

„Unverändert. Sie liegt im Koma. Die Ärzte starten heute die Ausleitung des Narkosemittels, um sie zurückzuholen. Dann sehen wir weiter. Das wird jedoch mindestens drei Tage dauern. Deshalb nutze ich die Chance, um hier die Zelte abzubrechen. Ganz lieben Dank noch einmal dafür, dass du die Sachen im Hotel zusammengepackt und den Koffer aufbewahrt hast.“

Katja lachte. „Keine Ursache. Hab ich gerne gemacht.“

Siggi rutschte auf seinem Stuhl hin und her. „Wenn du ein Ohr für den Abschluss des Falls hast, würde ich dir ein bisschen was berichten.“ Er schmunzelte und seine Augen blitzten schelmisch.

„Nicht wirklich“, entgegnete Melanie und bereute die Antwort sofort, als sie in sein enttäuschtes Gesicht schaute. „Sei nicht böse“, beschwichtigte sie ihn. „Nachdem du mir von Grundkes Abgang berichtet hast, konnte ich meine ganze Kraft auf Anja konzentrieren. Ich habe in Hamburg mit ihren besten Freundinnen eine Krankenhausbetreuung organisiert, damit die meiste Zeit über jemand am Bett sitzt. Ich bin den Mädeln sehr dankbar, weil ich einiges zu regeln hatte.“ Sie lächelte Siggi an. „Aber erzähl. Ich hab ohnehin nachher einen Termin mit Schubert und Kimmerle. Von denen will ich mich verabschieden.“

Siggi grinste. „Grundke hat sich definitiv selbst getötet. Warum, wird schleierhaft bleiben. Es gab weder einen Abschiedsbrief noch sonstige Anzeichen. Wahrscheinlich eine Kurzschlussreaktion, als er die Einsatzkräfte sah. Sie haben die ganze Wohnung auseinandergenommen und unzählige Sachen sichergestellt, die alle ausgewertet werden müssen. Ich weiß nicht viel, nur, dass sie neben einem Handy, mit dem er mit Gott und der Welt telefonierte, ein Prepaid-Telefon besaß, mit dem bisher kein einziges Gespräch geführt wurde. Er war jahrelang beim Bund und zuletzt in einer Eliteeinheit in Afghanistan. Dort wurde er unehrenhaft entlassen, weil er mit dem Team, das er anführte, in einem vermeintlichen Taliban-Dorf einige Zivilisten gefoltert hat, um an Informationen zu gelangen."

Melanie überzog ein Schauer. „Wieso das? Man fährt doch nicht in einen Ort und quält wahllos Menschen. Woher weißt du das?"

„In der Wohnung lagen Ordner über das Gerichtsverfahren. Vor seiner Aktion hat es wohl einen Hinterhalt durch die Taliban gegeben, bei dem zwei Kameraden schwer verletzt wurden. Falls man der Aktenlage Glauben schenken darf, galt Grundke beim Bund ohnehin als recht impulsiv und unberechenbar. Vielleicht erzählen dir die Kommissare mehr."

Melanie nickte. „Siggi, ich mach mir nach wie vor Gedanken darüber, wer mich im Schutzkeller niedergeschlagen hat. War das auch Grundke oder doch Rosenthal, wie du es vermutest hast?"

„An Grundke glaub ich nicht. Der Mord an Ralf war deutlich später. Warum sollte Grundke vorher in Sabrinas Haus gewesen und wie dort reingekommen sein, ohne Spuren zu hinterlassen? Ich bin mir sicher, dass es Ralf war." Er zuckte mit den Schultern und seufzte. „Wir werden es vermutlich nie mit Sicherheit wissen."

Melanie überlegte. „Vermutlich hast du recht."

„Schluss jetzt mit Verbrechen!", mischte sich Katja ein. „Mel, welche Pläne hast du?"

Was hatte sie vor? Eine berechtigte, wenn auch schwierig zu beantwortende, Frage. „Ich werde weiter als Privatdetektivin arbeiten. Von irgendetwas muss ich schließlich leben. Wobei das nicht einfach sein wird, solange ich nicht weiß, was mit Anja wird."

„Hör mal, Siggi und ich haben miteinander gesprochen", erwiderte Katja. Siggis Gesicht bekam eine rosige Farbe. Seine Lider zuckten und er vermied den Blickkontakt mit Mel.

„Er wird bei mir einsteigen und wir managen die Kneipe zusammen. Ralfs Haus wollen wir vermieten, bis wir Klarheit haben, wie sich alles entwickelt. Du könntest nach Bad Homburg ziehen und nebenan nicht nur wohnen, sondern auch deine Detektei einrichten. Hier gibt es bestimmt genug Arbeit für Privatdetektive und wenig Konkurrenz!" Sie zwinkerte ihr zu.

Melanie war es, als habe sie ein Blitzschlag getroffen. „Puh, das kommt plötzlich! Seid mir nicht böse. Im Moment kann ich mir nicht vorstellen, aus Hamburg wegzuziehen. Schon allein wegen meiner Schwester."

***

„Nett, dass Sie noch einmal vorbeikommen." Schubert strahlte Melanie an, während Kimmerle ein Tablett mit Kaffee und Blechkuchen in den Besprechungsraum des Präsidiums balancierte und auf dem Tisch abstellte. So gelöst und freundlich hatte sie Schubert bislang nie erlebt. Vielleicht lag es daran, dass es heute ihre letzte Begegnung sein würde.

„Wir möchten uns mit der Kaffeerunde ganz herzlich bei Ihnen bedanken. Irgendwie haben Sie kräftig mitgeholfen, diesen Fall zu lösen. Ohne Sie wären wir bestimmt nicht so schnell vorangekommen."

Melanie glaubte, sich verhört zu haben. Wo war der mürrische Hauptkommissar geblieben, der sie dauernd blockiert hatte und aus der Stadt verbannen wollte?

Sie strahlte die Beamten an, wobei ihr Blick ein wenig länger auf Kimmerle verweilte, der prompt leicht errötete. „Vielen Dank für die Blumen. Mir hat es ebenfalls Spaß gemacht, obwohl es sich zum Schluss für mich schrecklich entwickelte."

„Das mit Ihrer Schwester tut uns sehr leid", meldete sich Kimmerle. „Wie geht es ihr?"

Melanie erzählte in knappen Sätzen von Anjas Verletzungen. „Haben Sie denn Hinweise gefunden, dass meine Theorie richtig ist, dass es mindestens einen Hintermann gibt?", erkundigte sie sich, um das Thema zu wechseln, da sie bemerkte, wie ihre Augen feucht wurden.

Schubert wiegte den Kopf. „Eigentlich nicht. Da wir einige Beweise gesichert haben, dass Grundke mit seiner Mutter und Mumer die Morde zusammen begangen hat, deutet wenig darauf hin, dass ein weiterer Täter im Spiel war." Er zögerte. „Einzig ein Zettel kommt uns merkwürdig vor, der an der Pinnwand in der Küche hing. Auf diesem standen neun Telefonnummern, von denen acht durchgestrichen sind."

Melanie runzelte die Stirn. „Und? Was ist daran interessant?"

„Nun ja,", fuhr Schubert fort. „Wir haben die Nummern überprüft und alle gehören zu Telefonanschlüssen ohne Vertragsbindung, die wir nicht identifizieren können. Wir haben den Anschluss angerufen, es ging jedoch niemand dran."

Melanie verengte die Augen, die innere Unruhe verriet ihr, dass sich ihr Jagdinstinkt zurückmeldete. „Kann man feststellen, wo die SIM-Karten verkauft wurden?"

Schubert nickte. „Ja, das haben wir selbstverständlich ermittelt. Sämtliche Abschlüsse erfolgten in Hamburg."

Melanie kam sich vor, als habe sie gerade ein Vorschlaghammer getroffen. „In meiner Heimatstadt!", murmelte sie. Wie aus dem Nichts machte sich ein Gedanke in ihrem Gehirn breit. „Sie haben doch die Unterlagen über den Afghanistan-Vorfall. Kennen Sie die anderen Kameraden von Grundke, die bei dieser Aktion dabei waren?“

„Ja, die haben wir“, meldete sich Kimmerle zu Wort und tippte wild auf dem vor ihm stehenden Computer. Schließlich drehte er das Gerät zu ihr um.

Es handelte sich um fünf Namen. Ihr Blick wurde von einem magisch angezogen. Das gab es nicht! Wie passte das zusammen?

29. Mai

Melanie tigerte durch das Büro von Professor Rintler. „Wie soll ich gelassen bleiben, wenn Sie mir gerade mitteilen, dass Anja zwar aufgewacht ist, aber nicht richtig?"

„Ich habe versucht, Ihnen zu erläutern, dass Ihre Schwester nach der Ausleitung der Narkotika ein sogenanntes apallisches Syndrom aufweist, das im Volksmund Wachkoma genannt wird. Sie ist eigentlich nicht mehr im Koma, kann selbstständig atmen und benötigt außerdem keine medizinischen Apparate. Allerdings nimmt sie an der Umwelt nur bedingt teil."

Melanie blieb an der Fensterbank stehen und gab sich Mühe, entspannter zu sprechen. „Was heißt das? Wie lange dauert das und vor allem, was werden Sie dagegen unternehmen?" Ihr war klar, wie ungerecht sie sich verhielt, indem sie den Arzt für Anjas Zustand verantwortlich machte.

Rintler ließ sich nicht aus der Ruhe bringen. „Ich gebe zu, dass wir uns hier auf einem Feld bewegen, von dem wir nach wie vor wenig wissen. Das Wachkoma ist eines der Themen, wo selbst die moderne Medizin vor vielen Rätseln steht. Wir haben eine sogenannte Positronen-Emissions-Tomografie durchgeführt und festgestellt, dass das Gehirn Ihrer Schwester nahezu vollständig funktionsfähig ist. Warum sie sich in diesem Zustand befindet, ist uns rätselhaft. Deshalb bleibt nur, abzuwarten. Wir müssen vor allem die Infektionsgefahr ausschalten. Aus dem Grund ist es unerlässlich, dass Sie zukünftig Schutzkleidung tragen, wenn Sie zu ihr gehen. Sie ist mit ihren 32 Jahren jung, eine vielversprechende Voraussetzung, dass sie ganz aufwachen wird."

„Was kann ich tun? Was erwartet mich?"

„Anja liegt im Bett und es hat den Anschein, als sei sie wach. Ihre Augen wandern durch den Raum und sie bewegt sich auch manchmal. Aber leider unkontrolliert, eher reflexartig. Wir wissen nicht, wie viel sie wahrnimmt. Studien haben gezeigt, dass Menschen, die sich in einer solchen Situation befinden, weit mehr registrieren, als man glaubt. Insofern können Ihre Anwesenheit und Ihre Fürsorge wie Medizin wirken. Berühren Sie sie, streicheln Sie sie, geben Sie ihr Wärme. Vor allem, sprechen Sie mit ihr."

***

Melanie rannen Tränen die Wangen hinunter, obwohl sie sich vorgenommen hatte, Anja fröhlich und optimistisch zu begegnen. Doch der Anblick hatte das Vorhaben sofort über den Haufen geworfen. Sie lag regungslos da, nur ihr Blick huschte durch den Raum, ohne an irgendeinem Punkt zu verharren.

Melanie nahm ihre Hand und drückte sie zärtlich. Sie gab ihr einen Kuss auf die Stirn.

„Kleines, schön, dass du wieder da bist!" Sie hoffte einfach, dass die Worte ankamen. „Schatz, wir schaffen das! Du hast genug Kraft, um das auszukurieren! Glaub mir das!"

Keine Reaktion! Wie sollte das weitergehen? Wann würde der Albtraum enden?

***

Melanie öffnete die Kühlschranktür im elterlichen Haus in der Holztwiete. Ihr Blick fiel auf eine Flasche Weißwein, die darauf wartete, geöffnet zu werden.

Sie drehte die Verschlusskappe ab, setzte die Weinflasche an und nahm einen großen Schluck. Wärme breitete sich in ihr aus, kurz danach ging diese in ein schwummriges Gefühl über. Mädchen, du verträgst wirklich nichts, kam ihr in den Sinn.

Sie tapste ins Wohnzimmer, wo sie sich auf die Ledercouch fallen ließ und erneut trank.

Wie sollte das weitergehen? Anja wurde zum Pflegefall. Melanie fühlte sich überfordert. Ein weiterer Schluck führte dazu, dass sich die Welt zu drehen begann, aber nicht bunter wurde.

Sie stellte die fast leere Flasche auf den Couchtisch und lehnte sich zurück und zog die Beine an. Sie hätte nicht sagen können, wie lange sie so verharrte, als ein Gedanke sie erreichte. Schwerfällig erhob sie sich, schleppte sich ins Badezimmer und hielt den Kopf unter eiskaltes Wasser.

Bist du jetzt ganz bescheuert, schimpfte sie innerlich. Anja braucht deine Hilfe und du hast einen Auftrag zu Ende zu bringen! Was machst du? Du säufst. Reiß dich gefälligst zusammen!

Sie trocknete sich ab und fühlte sich ein wenig frischer. Langsam ging sie in das Arbeitszimmer ihres Vaters. Sie hob ein Familienbild von der Wand. Bei dem dahinter eingebauten Safe stellte sie die Ziffern des Geburtsdatums ihrer Mutter in das Zahlenschloss ein. Der Tresor ließ sich nicht öffnen. Sie war sich sicher, dass diese Kombination früher gegolten hatte.

Die Eingabe der Daten des Vaters und der von Anja führten zum gleichen Erfolg. Frustriert setzte sie sich auf den Drehstuhl und überlegte. Was konnte der richtige Code sein? Sie stand auf und probierte es mit ihrem eigenen Geburtstag. Der Schrank sprang auf!

Verwirrt öffnete sie die Tür. Unter Dokumenten lag das, wonach sie gesucht hatte. Die Walther PPK wirkte top gepflegt.

Sie streichelte die Pistole einen Moment und lächelte. Dann legte sie sie zurück in den Safe und verschloss ihn wieder. Sie ging in den Eingangsbereich, nahm ihr Handy und wählte Holger Liebigs Nummer. Hoffentlich würde er sie unterstützen.

2. Juni

Melanie stopfte das Shirt in die Stretchhose. Sie unternahm ein paar Bewegungsübungen, simulierte Tritte und riss die Beine seitlich hoch bis auf Schulterhöhe. Die Gelenke knirschten etwas, funktionierten dennoch ganz ordentlich. Es war klar, dass dieser Abend gefährlich werden konnte, vor allem, weil sie nicht wusste, was genau auf sie zukam. Es gab keinen anderen Weg. Sie war das Anja und Fred schuldig.

Zum vielleicht zwanzigsten Mal überprüfte sie die Walther PPK, baute sie auseinander und wieder zusammen. Sie ist deine Lebensversicherung, pass auf sie auf! Den Gedanken wiederholte sie wie ein Mantra, denn trotz des Adrenalins und der kaum auszuhaltenden Körperspannung war sie sich bewusst, dass heute das Endspiel stattfand, bei dem es nur einen Sieger geben durfte. Sie! Die Nervosität kehrte zurück, als sie sich in den Strandkorb setzte und in den Innenhof schaute. Sie hatte seit mehr als zwei Jahren keine Waffe abgefeuert und noch nie auf einen Menschen schießen müssen. Es klingelte an der Wohnungstür. Wer mochte das sein? Beinahe war sie versucht, nicht zu öffnen, eilte aber doch zur Haustür. Ihr Herz hüpfte, als sie die Tür öffnete. Vor ihr stand Siegfried Graf zu Biebenau in voller Größe und lächelte sie scheu an. Irgendwie wirkte er verändert.

„Störe ich?“

„Quatsch, tritt rein.“ Sie ging beiseite. „Wie kommst du denn hierher?“

Siggi lachte. „Mit der Bahn. Da ich seit gefühlten Ewigkeiten nichts von dir gehört habe, dachte ich mir, es wäre an der Zeit, nach dir zu sehen.“ Er zwinkerte.

Plötzlich wusste sie, was an ihm anders war.

„Deine Haare sind blondiert und du trägst einen Bart!"

Er grinste. „Stimmt, weil jemand gesagt hat, dass mir das besser steht."

Melanie schüttelte den Kopf. „Du Verrückter! Dann solltest du dafür sorgen, dass die Haarpracht schneller wächst."

Der Graf sah sich um, sein Blick blieb am Wohnzimmertisch hängen, auf dem die Waffe lag. Seine Gesichtsmuskeln arbeiteten. „Mädchen, was hast du vor?"

In wenigen Worten erläuterte sie es ihm. „Ich weiß, was du sagen willst", schloss sie die Ausführungen. „Siggi, ich habe nur diese Möglichkeit!"

In den Klang seiner Stimme mischte sich ein deutlicher Anteil Besorgnis. „Überlass das deinem Ex-Kollegen und dem Einsatzkommando. Du bist aus der Übung, Kind!"

Sie schaute auf ihre Armbanduhr, lief zum Tisch und steckte die Pistole in ihren Hosenbund. „Ist okay. Danke, dass du dir Sorgen machst. Die Beweislage ist ziemlich dürftig, aber mit unserem Plan haben wir eine realistische Chance. Ich möchte nicht schießen und nehme das Ding nur zur Sicherheit mit." Warum log sie ihn an?

Sie ging in den Flur und zog ihre dünne Lederjacke über. Der Graf stellte sich ihr in den Weg und packte sie an den Schultern. „Wir finden eine andere Möglichkeit!"

Melanie schüttelte den Kopf. „Siggi, wir Menschen sind wie ein leeres Fass, in das alles hineinläuft. Gutes wie Übles. Das Negative sammelt sich leider an und sobald es überläuft, erscheinen die Probleme. Dann gibt es kein Halten! Bei mir ist mehr als genug hineingelaufen! Eriks Unfall, das daraus entstandene Zerwürfnis mit meinem Vater, dessen und Mutters Tod. Schließlich die Verantwortung für Freds und Anjas Schicksale. Es reicht! Ich spüre, dass ich das zu Ende bringen muss! Sonst kann man mich bald erneut in die Klapse einliefern!“

„Mel, lass dir von einem alten Mann sagen, dass Rache die denkbar schlechteste Option darstellt! Sie bringt nur eine kurze Befriedigung. Wenig später erlebst du die Ernüchterung umso heftiger und landest im Tal der Verzweiflung! Es fühlt sich an wie ein nicht endender Kater. Glaub mir, ich weiß, wovon ich rede.“ Er hielt inne. „Ich habe einmal genauso gedacht wie du. Das war falsch“, flüsterte er.

Sie hauchte ihm einen Kuss auf die Wange und löste sich aus dem Griff. „Danke!“

Schnell huschte sie an ihm vorbei und verließ die Wohnung.

***

„Melanie, schön, dass du gekommen bist“, begrüßte sie Wolfgang Schuldt mit lauter Stimme. „Ich war ja ziemlich überrascht, als du angerufen hast. Komm rein. Ich habe gerade Besuch, den du kennst.“

Sie folgte ihm durch den Flur in den weitläufigen Wohnbereich, in dessen Mitte ein Viereck, zusammengestellt aus hellgrauen Ledersofas und einem Marmortisch, stand.

„Das nenne ich wirklich eine Überraschung!“ Sie ging auf Pascal Wolter zu, der sich von einer Couch erhob.

Er lächelte sie an. „Das kann man so sagen! Immerhin geben Sie mir jetzt endlich die Chance, Ihnen persönlich für Ihre ausgezeichnete Arbeit zu danken.“

„Da nicht für“, entgegnete Melanie. „Das war der Job.“

„Mel, ich muss dir etwas erklären“, schaltete sich Schuldt ein. „Ich bin seit Längerem mit der Mutter von Pascal liiert und war es außerdem, der empfohlen hat, dich zu engagieren.“ Er grinste sie an. „Weil du die Beste bist!“

„Das geht mir runter wie Öl", bedankte sie sich artig, obwohl eine Ameisenkolonie durch ihren Körper zu flitzen schien.

Schuldt setzte sich neben Wolter und verschränkte die Arme. Seine Unruhe war unübersehbar. Auch der Blick ihres ehemaligen Auftraggebers wanderte hin und her.

Sie ging zum Esszimmertisch und holte einen Stuhl. „Ich hab ein bisschen Rücken, da ist das Sofa suboptimal", erklärte sie. Sie nahm ihr Handy aus der Jackentasche und legte es vor sich auf den Tisch. „Nur zur Sicherheit! Falls mit Anja etwas sein sollte."

Die Männer nickten.

Es wurde Zeit, mit dem Geplänkel aufzuhören und die Schauspielerei zu beenden.

„Wolfgang, sag mal, warum besitzt du ein Grundstück in Bad Homburg? Noch dazu, wo du es nur sehr kurz behalten willst."

Schuldt knetete seine Hände, während Wolter Melanie fixierte. „Lass es mich so sagen. Es war eine günstige Gelegenheit, Geld anzulegen. Ohne Risiko, dafür mit ausgezeichneter Rendite!"

„Komisch", bohrte sie nach. „Du hast doch einen Vertrag abgeschlossen, der dir gerade mal 10.000 Euro eingebracht hätte. Bisschen wenig, bei der Investitionssumme."

Schuldt strich sich über den Kopf. „Es gab mündliche Absprachen, da sieht die Sache anders aus."

„Okay, verstehe, obwohl ich dir gar nicht zutraue, mit deiner Steuerpflicht so lässig umzugehen."

Ihr früherer Vorgesetzter verzog das Gesicht.

„Wie bist du eigentlich dazu gekommen?", ließ sie nicht locker.

Schuldt blickte zu Wolter. „Pascal ist, wie du weißt, Immobilienmakler. Er hat mir einen Kontakt zu einem Bauträger namens Schüttler hergestellt."

Wolter hob die Arme wie zur Abwehr. „Wissen Sie, ich bin erstklassig vernetzt. Nahezu weltweit. Den Architekten habe ich beim

Besuch bei meinem Bruder in Bad Homburg kennengelernt und danach Geschäfte mit ihm gemacht." Die Erklärung hörte sich fast wie eine Entschuldigung an.

„Aha. Vermutlich auch nach Meloneras auf Gran Canaria, oder?"

Das Gesicht des Maklers verwandelte sich plötzlich in eine ungesund wirkende Blässe. „Jetzt müssen Sie mir helfen. Wovon sprechen Sie?"

„Macht nichts. Sie haben ja einige Freunde im Taunus. Zum Beispiel Oliver Grundke." Langsam gefiel ihr das Spiel und sie fühlte sich immer sicherer. Ihre Hand wanderte zur Pistole in ihrem Hosenbund.

Schweißperlen bildeten sich auf Wolters Stirn. „Wer soll das sein?"

„Na hören Sie! Sie werden sich doch an Ihren Truppführer in Afghanistan erinnern, mit dem Sie auf Talibanjagd gegangen sind!" Sie lachte ihn an, er wich ihrem Blick aus. Er griff in die Innenseite des Jacketts.

„Was wollen Sie von mir? Allmählich bekomme ich das Gefühl, dass unser Treffen nicht so zufällig ist, wie es aussieht."

„Stimmt. Ich will den Mörder meines Freundes zur Strecke bringen, der auch Anjas Zustand zu verantworten hat und einige andere Tötungsdelikte!" Sie nahm ihr Mobiltelefon und drückte eine Taste.

Ein Anrufsignal ertönte im Raum. Schuldt holte sein Smartphone aus der Hosentasche. Nach kurzem Blick auf das Display steckte er es zurück. Es klingelte weiter.

„Herr Wolter, warum nehmen Sie nicht ab? Das ist doch die Nummer des aktuellen Prepaid-Anschlusses, mit dem Sie Ihre verbrecherischen Geschäfte abwickeln. Das alte Handy, mit dem Sie bisher mit Grundke, Schüttler und wer weiß wem noch auf der Welt kommuniziert haben, liegt sicher auf dem Müll oder in der Elbe, nicht wahr?"

Wolter bewegte sich hastig und hielt plötzlich eine Schusswaffe, mit der er auf Schuldt zielte. Nahezu gleichzeitig riss Melanie ihre Walther hervor und richtete sie auf den Makler.

„Legen Sie die Waffe weg, sofort, sonst mache ich Ihren Chef kalt. Ich gehe jetzt hier raus, Sie können mir gar nichts beweisen. War ein netter Versuch." Er machte Anstalten, aufzustehen.

„Bleiben Sie sitzen, Wolter. Es ist vorbei. Man wird Ihnen die Verbindung zu den Taten nachweisen, schon wegen der Tatsache, dass Sie dieses Telefon benutzen." Mit der freien Hand beendete sie den Anruf und damit den nervtötenden Ton.

Wolter lachte. „Sie sind hervorragend. Das muss ich zugeben. Ganz im Gegensatz zu der Laienspieltruppe im Taunus. Die haben einen Fehler nach dem anderen gemacht. Mein einziger Fehler war, dass ich auf Wolfgang gehört und Sie meiner Mutter zu Liebe engagiert habe. Ich hätte Sie längst erledigen sollen."

„Tja, hätte, wäre, wenn!", reizte sie ihn in der Hoffnung, er würde etwas Unbedachtes tun. „Eins interessiert mich. Warum war Ihr Bruder auf den Kanaren?"

„Ach, das wissen Sie auch? Respekt. Ich schickte ihn hin, um Bachmann zu überprüfen. Der Vogel entwickelte einen Hang zu Geschäften auf eigene Rechnung." Er funkelte sie an. „Jetzt legen Sie die Waffe weg! Das ist Ihre letzte Chance!"

„Pascal hör auf, leg die Waffe weg", meldete sich Schuldt. „Man muss wissen, wann es vorbei ist!"

Wolters Gesicht verzerrte sich. „Halts Maul, es ist deine Schuld. Hättest du mir nicht diese Schlampe angeschleppt, wäre alles gut."

Was sollte sie tun? Ihre Hand zitterte. Schweiß brach ihr aus und der Magensaft bahnte sich in der Speiseröhre den Weg nach oben. Was war los mit ihr?

Wolter lachte fies. „Tja, Sie sind lange raus. Zu lange! Ist nicht so einfach, auf jemanden zu schießen, nicht wahr?" Seine Stimme wurde sanft. „Leg das Ding weg und nichts passiert. Ich verschwinde auf Nimmerwiedersehen."

Er konnte sie nicht gehen lassen, so viel war ihr klar. In diesem Moment erschien Anja vor ihrem geistigen Auge, wie sie dalag, so hilflos, so schutzbedürftig. Die Wut schoss wie Magma eines Vulkans bei einer Eruption in ihr hoch, ihr gesamter Körper bebte.

Sie schielte zu ihrem früheren Vorgesetzten, der kurz auf den Boden sah, um sie wieder anzusehen. Er zwinkerte einmal, zweimal, dreimal. Plötzlich begann er, zu röcheln, griff sich ans Herz und sackte in sich zusammen. Wolter ließ sich den Bruchteil einer Sekunde davon ablenken und schaute zum Chef des Hamburger MEK.

Sie drückte ab, dann noch mal.

8. Juni

„Mel, warum hast du mir nicht gesagt, dass du eine Waffe mitnimmst?“ Holgers Blick beruhigte sie, da er anscheinend nicht vorhatte, übermäßig Stress zu machen. Sie war ihm dankbar, dass er sie ein paar Tage in Ruhe gelassen und nur ihre Schusswaffe konfisziert hatte.

„Weil du es mir ausgeredet und möglicherweise die ganze Sache abgeblasen hättest!“ Sie sah sich um. Sein Büro war riesig, selbst für den Leiter einer Polizeidirektion. Er hatte sogar Almdudler für sie besorgt.

„Du kennst mich gut!“, schmunzelte der Freund. „Wenn ich dich jetzt frage, was das für eine Pistole ist, die du …“

„Dann werde ich dir sagen, dass sie ordnungsgemäß auf meinen Namen registriert ist, da ich immer noch einen gültigen Waffenschein besitze und Papas Waffe umgemeldet habe. Ich bin ja nicht blöd!“

Holger atmete hörbar aus. „Gott sei Dank! Übrigens Kompliment! Dafür, dass du seit Ewigkeiten kein Schießtraining hattest, waren das beachtliche Treffer. Vor allem der Schuss in seine Hand war sensationell, aber auch der Schultertreffer war großes Kino!“

„Danke.“ Glückshormone durchfluteten ihren Körper. „Wolfgang musst du loben. Der Schreibtischtäter beherrscht nach wie vor unseren alten Trick aus dem Effeff! Sein Schauspiel mit dem Herzanfall war grandios und hat es mir leichter gemacht als gedacht. Das Schwein war kurz abgelenkt. Wie läuft die Vernehmung?“

Holger nickte. „Er erzählt überraschend viel. Hätte ich nicht vermutet. Wir haben die ganze Sache an die Herrschaften von der organisierten Kriminalität übergeben. Wolter hat in den vergangenen Jahren ein richtiges internationales Netzwerk aufgebaut. Korruption, Erpressung, Unterschlagung bis hin zu Gewalttaten. Der Fehler war, dass er sich in Afghanistan mit Grundke angefreundet hat, der die Idee hatte, alleinstehende Senioren auszunehmen und danach verschwinden zu lassen. Damit kam Mord hinzu, wobei die Bad Homburger Gruppe im entscheidenden Augenblick überfordert war. Als du aufgetaucht bist und sie mit deinen Ermittlungen in die Enge getrieben hast, haben sie endgültig die Nerven verloren. Wolter hat sich, so weit es ging, abgesichert. Zum Glück nicht genug."

„Weil Grundke so dämlich war, die geheimen Telefonnummern an die Pinnwand zu hängen. Ansonsten wäre es schwer geworden, Wolter aus der Reserve zu locken. Ich habe ihn trotzdem härter eingeschätzt. Wahrscheinlich hat er nicht daran gedacht, dass Wolfgang in unseren Plan eingebunden war und ihr die Wohnung verwanzt habt."

Holger sah ihr direkt in die Augen. Sie hatte Mühe, nicht wegzusehen. „Du hättest ihn erschossen, wenn es nicht gelungen wäre, ihn zu überführen, nicht wahr?"

Die sekundenlange Stille zerrte an ihren Nerven. „Keine Ahnung", antwortete sie schließlich halbherzig. Sie wusste es tatsächlich nicht und verspürte wenig Lust, sich darüber Gedanken zu machen.

„Er hat ausgesagt, dass Grundke Rosenthal und Schneider getötet hat. Ansonsten scheint der Abschiedsbrief der Mutter und deren Lebenspartner inhaltlich nahezu richtig zu sein. Allerdings war Grundke für das Zerlegen der Leichen zuständig. Vor seiner Zeit beim Bund hat er Metzger gelernt und sich nach dem Rauswurf aus dem Wehrdienst in einem Schlachthof durchgeschlagen." Plötzlich wechselte er das Thema. „Wie geht es Anja?"

Sie zuckte mit den Schultern. „Alles unverändert. Manchmal denke ich, sie ist bei mir, obwohl sie nicht kontrolliert reagiert. Die Ärzte sagen, wir müssten sie in eine spezielle Pflegeeinrichtung bringen. Ich habe die gesetzliche Betreuung für sie beantragt. Wenn die durch ist, werde ich die Villa unserer Eltern verkaufen und davon die Pflege bezahlen. Ich hab mir in der vergangenen Woche ein paar Sanatorien angesehen. Es gibt verschiedene Möglichkeiten."

„Prima. Komm zurück in den Polizeidienst! Ich habe einige Angebote für dich, sogar als Führungskraft."

***

„Hallo, Kleines." Melanie setzte sich an Anjas Bett und nahm ihre Hand. Der Blick der Schwester war starr in den Raum gerichtet, ab und zu blinzelte sie.

Sie sieht aus wie früher, als wir uns gestritten haben und sie nicht mehr mit mir reden wollte, dachte Melanie. Ihre Augen wurden feucht. Wenn es doch ein Streit sein könnte.

„Ich habe Neuigkeiten", begann sie. „Holger Liebig hat mir heute Morgen ein Jobangebot gemacht. Er ist schon der Zweite. Gestern hat mich Wolfgang bekniet, zurück ins LKA zu kommen." Sie versuchte, ihre Stimme munter klingen zu lassen, obwohl es ihr schwerfiel, und streichelte Anja. Es tat weh, zu akzeptieren, dass die Kommunikation einseitig verlief und sie nicht einmal wusste, ob ihre Worte bei Anja überhaupt ankamen. Melanie erinnerte sich an den kleinen Vortrag von Professor Rintler. Er hatte ihr ans Herz gelegt, ganz normal mit ihr zu sprechen. Es gäbe überzeugende Studien, die belegten, dass Wachkomapatienten sehr oft ihre Umgebung wahrnahmen und der Kontakt mit Angehörigen und Freunden zur Heilung beitrug.

„Schatz, wir müssen eine Unterkunft für dich suchen. Du darfst das Krankenhaus verlassen.“ Sie biss sich auf die Lippe, weil sie die Aufforderung des Arztes, Anja so bald es ging, in eine Pflegeeinrichtung zu verlegen, etwas geschönt dargestellt hatte. Man könne nichts mehr Sinnvolles für sie tun, hatte er das begründet.

Melanies Herzschlag beschleunigte sich, als Anjas Lider zu zucken begannen. Geschah das zufällig und war nur eine weitere unkontrollierte Aktion? Reagierte sie auf den Inhalt des Gesprächs? Sie drückte vorsichtig Anjas Hand, beugte sich vor und gab ihr einen Kuss auf die Stirn. Das Flattern verschwand.

„Ich war die letzten Tage unterwegs und habe mir einige Möglichkeiten angesehen.“ Es fiel ihr auf, dass sie unbewusst Begriffe wie Heim, Sanatorium oder ähnliche vermied.

Ein Ton ihres Handys zeigte ihr an, dass eine Kurznachricht eingegangen war. Sie nahm das Telefon aus der Hosentasche und las.

> Hallo Frau Gramberg, herzlichen Glückwunsch zu Ihrem Erfolg! Sie hatten doch recht, dass es einen Hintermann gibt. Respekt! Sandro Kimmerle
>
> P.S. Ich soll auch von Martin Schubert grüßen.

Melanie überlief ein warmer Schauer. Das passte ja prima.

„Anja, Hamburg hat uns in den letzten Jahren nur Unglück gebracht. Ich hasse die Stadt mittlerweile. Was hältst du davon, ganz wegzuziehen? Ich könnte mir vorstellen, dass uns beiden die Luft im Taunus guttun würde! Da leben liebenswerte Menschen und ich habe eine fantastische Unterkunft für dich gefunden, wo es dir an nichts fehlen wird!"

Melanie hatte das Gefühl, ihr Herzschlag setze aus. Anjas Blick irrte durch den Raum und aus einem Auge löste sich eine Träne. Hatte sie gerade ihre Hand fast unmerklich gedrückt?

ENDE

Dank

Jetzt ist mein Kriminalroman „Taunusgier“ tatsächlich fertig, was ohne die Mithilfe und Unterstützung vieler Menschen nicht möglich gewesen wäre.

An erster Stelle möchte ich die Leserinnen und Leser meines Debütromans „Verfluchtes Taunusblut“ nennen! Ich hätte nie gedacht, dass sich so viele für diesen Regionalkrimi interessieren und mir zudem auf unterschiedlichste Weise zu verstehen geben würden, dass sie auf das nächste Buch warten. Das hat sich beinahe wie eine Verpflichtung angefühlt. Ich freue mich sehr über Post auf meiner Mailadresse info@osvin-noeller.de.

Von Beginn an war meine Frau Birgit dabei, die meine Entwürfe gelesen und mit kritischem Blick begleitet hat. Zudem hat sie mich stets angespornt und mir das Gefühl vermittelt, dass ich die Geschichte erfolgreich zu Ende schreiben werde.

Meine Testleser Astrid, Doris, Volker, Achim und Klaus, haben mich bestärkt, aber auch auf Fehler und Ungereimtheiten hingewiesen.

Ursula Hahnenberg von der Büchermacherei hat den Krimi mit ihrem Lektorat stilistisch geschliffen, die richtigen Fragen gestellt und verhindert, dass ich einen Mord mit einer Waffe verüben lasse, mit der man nicht wirklich schießen kann.

Wie beim letzten Mal hat Gabi Schmid von der Büchermacherei Buchsatz, Layout und EBook, sowie die technische Umsetzung über tredition® mit gewohnter Professionalität übernommen.

Sabine Böck von der smartline werbeagentur entwickelte das tolle Cover und gab mir einige Tipps zum Manuskript.

Euch allen tausend Dank! Es war mir eine Freude und ich hoffe, dass Ihr alle beim nächsten Auftrag von Melanie Gramberg wieder dabei seid.

Falls ich jemanden vergessen haben sollte, möchte ich mich schon jetzt dafür entschuldigen und auch hier einen ausdrücklichen Dank aussprechen!

Der Autor

Osvin Nöller wurde 1958 in Frankfurt am Main geboren und verbrachte seine Jugend im Vordertaunus. Er lebt mit seiner Ehefrau in Bad Homburg. Der ehemalige Banker veröffentlichte 2018 seinen Debütroman, zu dem Monika Melzer-Hadji (Taunuszeitung) schrieb:

> *Osvin Nöller hat mit „Verfluchtes Taunusblut" einen empfehlenswerten Kriminalroman geschrieben, der mit einer guten Handlung und viel Lokalkolorit daherkommt.*

„Taunusgier" bildet den Start einer Serie rund um die Privatdetektivin Melanie Gramberg.

Näheres finden Sie auf der Website www.osvin-noeller.de und auf der Facebookseite www.facebook.de/osvinnoeller